사랑의열매 나눔총서 12

자선을 넘어 정의로
새로운 부의 복음

대런 워커(Darren Walker) 지음
이수현 옮김

From Generosity to Justice
A New Gospel of Wealth

내게 자선과 정의, 사랑의 의미를 가르쳐준 데이비드(David)에게.

Darren Walker

앤드류 카네기(Andrew Carnegie)는 1889년, 《부의 복음 The Gospel of Wealth》을 발표했다. 당시 미국은 도금 시대(Guilded Age)의 한가운데에 있었다. 상위 4,000가구가 나머지 미국 가정을 합한 것과 맞먹는 양의 부를 소유하던 시기였다. 카네기의 이 에세이는 현대 필란트로피의 기초를 놓았다. 오늘날 우리는 불평등 수준이 카네기 시대를 능가하는 새로운 도금 시대를 살고 있다. 기득권층과 소외계층 사이의 간극은 날로 벌어져, 더 이상 외면할 수 없는 상태에 이르렀다.

지금은 새로운 '부의 복음'이 필요한 시기다. 포드재단(Ford Foundation) 회장 대런 워커(Darren Walker)는 저서 《자선을 넘어 정의로: 새로운 부의 복음》에서 21세기 필란트로피에 대한 대담한 비전을 제시한다. 아이-젠 푸(Ai-jen Poo), 로렌 파월 잡스(Laurene Powell Jobs), 켄 프레이저(Ken Frazier), 칼리 헤어(Carly Hare), 엘리자베스 알렉산더(Elizabeth Alexander) 등 다양한 사상가, 활동가, 리더와의 대담을 통해 워커는 독자들에게 필란트로피를 경제적, 사회적, 정치적 정의를 달성하는 도구로 삼으라고 도전을 제시하고 용기를 불어넣는다.

이 과제를 실현하기 위해서는 겸손, 도덕적 용기, 민주적 가치와 제도에 대한 확고한 신념이 필요하다. 사회의 모든 구성원이 자신의 특권과 지위를 인식하고, 사회적 병폐의 근본 원인에 대처하며, 불의의 한가운데에서 이를 감내하는 이들의 목소리에 귀를 기울여야 한다. 카네기 시대에 자선을 위한 지침서였던 《부의 복음》이 이제 우리를 정의로 이끄는 길잡이로 재구성되었다. 우리가 각자 기여할 방법을 찾도록 돕는 나침반인 것이다. 정의가 우리를 부른다. 이제 우리가 응답할 때다.

발간사

나눔의 또 다른 가치, 정의를 더하다

　우리 사회복지공동모금회는 매일같이 수많은 기부자들을 만납니다. 그리고 그때마다 숭고한 마음으로 나눔에 동참하는 기부자들의 모습에서 깊은 감동을 받습니다. 기부는 단순히 재화를 나누는 행위가 아니라, 사회의 희망을 밝히고 사람과 사람을 잇는 연대의 가치 그 자체입니다. 우리의 공동체가 조금 더 따뜻해지고, 더 많은 이웃들이 내일을 꿈꿀 수 있는 힘은 바로 이러한 기부자들의 숭고한 선택에서 비롯됩니다.

　그러나 우리가 해온 일들을 돌아보면, 여전히 끝나지 않은 문제들 앞에 서게 됩니다. 빈곤과 차별, 불평등과 고립은 여전히 우리 사회의 구조적인 벽으로 존재하고 있습니다. 그래서 때때로 우리는 스스로에게 묻게 됩니다. "우리는 과연 이 소중한 기부를 통해 이웃들을 충분히 돕고 있는가? 우리가 하는 방식은 정말 문제의 근원에 다가가고 있는가?" 이러한 질문은 우리 모두에게 성찰과 새로운 방향 모색을 요구합니다.

바로 이 지점에서, 포드재단의 회장으로 얼마 전 퇴임한 이 책의 저자 대런 워커의 메시지는 선명하면서도 강력한 울림을 줍니다. 그는 다양한 필란트로피의 가치 위에 반드시 '정의'라는 원칙을 더해야 한다고 강조합니다. 단순히 현재의 어려움을 해결하도록 도움을 주는 차원을 넘어, 그 어려움의 기저에 있는 불평등의 뿌리를 바꾸고 구조적인 문제를 바로잡는 것이야말로 진정한 나눔의 길이라는 것입니다. 이는 우리에게 주어진 귀한 기부와 자원을 어떻게 사용해야 하는지, 새로운 기준과 통찰을 제시해 줍니다. 이 책에 나오는 여러 CEO들, 기업을 이어받은 2세들, 유명한 예술가들이 자신의 전 생애를 자선보다 정의를 선택하는 데 쏟는 모습은 큰 울림을 줍니다.

책 제목대로 '자선을 넘어서 정의로' 가는 길에 서기 위해서 무엇을 해야 할까. 우리가 기부자라는, 혹은 돕는 사람이라는 이름으로 가져왔던 주도성을 성찰하고, 우리가 갖고 있었던 특권을 인식하고 겸손하게 그들의 목소리에 귀를 기울여야 한다는 저자의 주장은 얼마를 어디에 나눌 것인지에 몰두했던 우리에게, 무엇보다 관점과 태도, 마음가짐과 경청을 새롭게 하라는 호소로 들립니다. 이는 기부자와 재단, 그리고 사회문제 해결을 위해 다양한 솔루션을 모색하는 수많은 기관들이 반드시 귀 기울여야 할 목소리라고 생각됩니다.

특히 사회복지공동모금회는 이러한 변화를 선도할 책무를 가지고 있습니다. 우리는 기부자들과 함께 걸어오며 따뜻한 나눔의 역사를 만들어 왔습니다. 이제는 더 나아가, 기부자들이 단순히 어려운 이웃을 돕는 차원을 넘어 사회문제의 근원에 다가가도록 안내하고 설득하는 역할을 감당해야 합니다. 공동모금회는 기부자들의 선한 의지를 더 큰 사회적 변혁으로 연결하는 다리이며, 그 다리를 튼튼히 세우는 것이 우리의 존재 이유이자 사명입니다.

마지막으로, 이 귀중한 책을 한국의 독자들에게 선보이기 위해 힘써 주신 출판사와 정성껏 고른 단어들로 최선을 다해 번역해 주신 번역가, 그리고 기획부터 출판까지 정성을 들여 책을 만든 나눔문화연구소의 수고에 깊이 감사드립니다. 이 책이 한국 사회의 나눔과 정의 담론을 한 단계 더 성숙하게 하는 소중한 길잡이가 되기를 소망합니다.

2025년 10월

사회복지공동모금회 회장 김병준

차례

발간사 　　　　　　　　　　　　　　　　　　　　003
서문 　　　　　　　　　　　　　　　　　　　　　008

서　론 새로운 부의 복음 　　　　　　　　　　　015

제1장 자선을 넘어 정의로 - 필란트로피의 연속선 　031

제2장 특권의 맹목성 - 접근성과 기회를 발견하고 공유하기 　045

　전통적 자선기관을 위한 새로운 패러다임
　　　- 엘리자베스 알렉산더와의 대담 　　　　059

제3장 무지의 자각 - 무엇을 모르는지 배우기 　081

　정의는 기쁨이다 - 로렌 파월 잡스와의 대담 　097

제4장 이타성의 주체로 거듭나기
　　　- 겸손한 마음으로 나눔 실천하기 　　　109

제5장 뿌리 파헤치기 - 결과가 아닌 원인에 대처하기 　125

지역사회 육성하기 - 칼리 헤어와의 대담　　143

제6장 가까이 다가가기의 힘 - 전문성과 경험을 모두 존중하기　161

　　보이지 않던 노동을 드러내다 - 아이-젠 푸와의 대담　175

제7장 신념의 용기 - 당당히 일어서서 목소리를 내다　189

　　정의를 대변하는 CEO - 켄 프레이저와의 대담　201

제8장 정의의 민주주의 - 우리의 해방은 서로 연결되어 있다　217

결　론 새로운 복음의 교리　231

참여자 소개　245
감사의 말　257
미주　265

서문

2020년 1월, 나는 내가 "희망을 향한 노력"이라고 이름한 일을 되돌아보며 새해 메시지를 썼다. 다가오는 한 해가 결코 쉽지 않을 것임을 예감했다. 그 무렵 불평등은 세계적으로 역사상 유례없는 수준에 이르렀다. 내가 〈뉴욕 타임스〉에서 밝힌 것처럼, 선의를 가진 많은 친구들이 국내외에서 눈부신 경제 성장에 관한 자신의 견해를 전하곤 했다. 하지만 내가 내 삶의 여정을 통해 알게 된 것은 사회적 이동성이라는 에스컬레이터가 멈춰 섰고, 그로 인해 피할 수 없고 은밀한 절망이 자리 잡아 민주적 가치와 제도를 질식시키기 시작했다는 사실이었다. 수백만 명의 사람들이 경제적 벼랑 끝에 아슬아슬하게 서 있는 가운데, 불안과 분노 그리고 불만은 더욱 깊어졌다. 이 불안을 악용하는 세력들은 점점 더 거짓과 무책임한 행동으로 대응할 것이 분명했다.

그래서 나는 수사적으로 묻게 되었다. "도대체 얼마나 **더 큰** 위기가 닥쳐야, 우리가 마침내 함께 행동에 나서게 될까?" 21세기

초 격동의 20년을 지나며 그 모든 일을 감내하고도 정의를 위해 힘을 모으지 못했다면, 과연 그런 날이 오기는 할까?

나는 그럴 가능성을 상상조차 하지 못했다. 몇 주 동안 신종 코로나바이러스가 아시아와 유럽 전역으로 확산하고 있었다. 실제로 내가 새해 에세이를 발표한 바로 그날, 미국 질병통제예방센터에서는 미국의 첫 번째 코로나19 확진 사례를 공식 발표했다. 그리고 모든 것이 바뀌었다. 어니스트 헤밍웨이의 대사를 바꾸어 표현하자면, 변화는 '천천히, 그리고 느닷없이' 일어났다.*

미국인들이 학교와 사무실을 폐쇄하고 경연 대회와 공연을 취소하던 그 3월의 한 주 동안, 루이빌에서 경찰관들이 브리오나 테일러(Breonna Taylor)를 그녀의 집에서 총격해 사망하게 했다. 바이러스가 맹위를 떨치던 그해 봄, 조지 플로이드(George Floyd)가 미니애폴리스 경찰관에 의해 목숨을 잃었고, 전 세계 수십억 명의 사람들이 텔레비전과 태블릿, 스마트폰으로 그 모습을 시청했다.

많은 사람이 거리로 나섰다. 그들은 미국의 형사 사법 구조와 대규모 수감 체계는 물론, 그에 못지않게 우리의 교실과 일터, 문화와 사회, 그리고 나아가 전 세계의 인종차별 역사와 유산을 뒤늦게나마 청산하라고 요구했다. 그리고 당연하게도, 당시 미국 대통령은 자유롭고 공정하게 치러진 선거의 결과를 인정하지 않았

---

* 어니스트 헤밍웨이의 소설 《태양은 다시 떠오른다》에 나오는 "How did you go bankrupt(어떻게 파산하게 되었지)?", "Two ways. Gradually, then suddenly(두 가지 방식으로. 서서히, 그러다가 갑자기)."를 변형해서 쓴 말(*로 표기하는 주는 모두 옮긴이의 주이다)

다. 그 결과 폭도들이 미국 국회의사당을 모독하고 미국 헌법을 전복하려 했다. 이는 짐 크로 시대* 이후 최악의 사례였지만 전례 없는 규모로 시민권을 박탈하려는 수많은 시도 중 하나에 불과했다.

내게 이번 사건은 단지 '정도의 차이'가 아니라 '종류부터 다른' 역사적 혼란으로 느껴진다. 2022년 한 논평에서 나는, 미국이 내 평생 그 어느 때보다 돌이킬 수 없을 정도로 분열되어 있으며, 어쩌면 1850년대에 우리 선조들이 걸었던 길과 유사한 궤도를 따라 돌진하고 있는 것 같다는 견해를 밝혔다.

극심한 불평등, 인종적 불의, 그리고 독재적·반민주적 무책임이 결합된 우리의 위기는 이런 개별적인 요소에다 650만 명(그리고 그 수는 계속 늘고 있다)이 넘는 사람의 목숨을 앗아간 팬데믹까지 더해져서 우리의 생존에 심각한 위험을 초래한다. 우리의 생명을 유지하는 생태계를 붕괴 직전까지 몰아가고 있는 기후 변화 역시 마찬가지다. 가뭄과 홍수, 폭풍과 산불이 더욱 심각해지고 있다. 더 나아가, 우리 자본주의의 왜곡과 이로 말미암아 계속 재생산되는 불평등은 그 무거운 짐을 빈곤층, 소외계층, 그리고 취약계층의 등 위에 떠넘겼다.

우리는 지금 실존적 위험을 마주하고 있으며, 세계 공동체와 국가 공동체로서 우리가 행동할 수 있는 기회의 창이 점점 닫히고

---

* 1876년부터 1965년까지 미국 남부에서 흑인과 백인을 공공장소·교육·교통 등에서 분리하는 짐 크로 법이 시행되었던 시대

있다. 만약 우리가 **오로지** 지금껏 해왔던 일만 한다면, 지난 몇 년간의 고통은 **그저** 시작에 불과할 것이다. 이런 상황 속에서, 필란트로피 분야는 2020년 초부터 불가피하게 여러 과감한 실험에 착수했다. 우선, 우리는 사회 변화를 선도하는 용기 있는 선지자들을 단순한 서비스 제공자가 아닌 협력자로 존중하며, 그들이 미래를 개척할 수 있도록 자율성과 자원을 제공하고자 노력하고 있다.

또한 우리는 미국 세법이 요구하는 대로 매년 기금의 5퍼센트만 기부하는 기존의 관행을 넘어, 우리의 더 많은 자산을 더욱 충실하게 활용하고 있다. 포드재단에서 이런 철학을 바탕으로 10억 달러 규모의 사명 연계 투자(mission-related investment, MRI)*를 실행했으며, 그것은 자본 시장이 재정적 수익뿐만 아니라 사회적 성과까지 거둘 수 있는 잠재력을 증명하고 있다. 2020년 가장 극심한 위기를 겪는 동안에는 10억 달러 규모의 사회적 채권을 발행함으로써 재단의 지급 비율을 사실상 두 배로 늘리고, 연이은 위기에 대응하고 있는 조직들에 자본을 공급했다. 많은 동료 재단도 나머지 95퍼센트 자산을 활용하는 유사한 전략을 실행하고 있다.

《자선을 넘어 정의로: 새로운 부의 복음》을 통해 나는 공공 부문과 기업, 시민 사회 전반에서 이러한 접근 방식과 그 외에 다양

---

* 비영리 재단이 자산을 운용하면서 재정적 수익뿐 아니라 기관의 설립 목적과 일치하는 사회적 가치를 실현하려는 투자 전략

한 접근 방식들이 다시금 주목받고 실행되기를 희망한다. 무엇보다, 떠오르는 신세대 리더들이 이 책에 담긴 아이디어를 구상하고 옹호하며, 도전과 압박 속에서 그 진가를 입증하고 있다.

궁극적으로 나는 필란트로피가 단일한 행동이나 기관을 의미하는 것이 아니라, 한쪽 끝에는 자선이, 다른 한쪽 끝에는 정의가 있는 연속선상에 있다고 믿는다. 그리고 우리가 어디에서든 어떤 방식으로든 이 연속선에서 자선을 넘어 정의로 나아가는 노력을 추진해야 한다고 그 어느 때보다 굳게 믿는다.

20세기 초, 시카고의 사회 고발 언론인이자 유머 작가인 핀리 피터 던(Finley Peter Dunne)은 "고통받는 자를 편안하게 하고, 편안한 자를 불편하게 하라"라는 인상적인 문구를 처음으로 썼다. 내 친구들인 엘리자베스 알렉산더와 켄 프레이저가 이 책에서 주장하듯, 우리는 이 두 가지를 모두 실천해야 한다.

내가 보기에 '고통받는 자를 편안하게 하는 것'의 핵심은 자선, 친절, 관용에 있다. 반면 '편안한 자를 불편하게 하는 것'의 핵심은 정의를 추구하는 일, 즉 재해석하고 개혁하는 방식에 있다. 전자는 '무언가를 돌려주라'라고 요구하지만, 후자는 '무언가를 내놓아야 한다'라고 주장한다.

편안한 자를 불편하게 하려면 불평등이 존재하니 구제가 필요하고 또 구제할 수 있다는 점을 인식해야 한다. 이 불평등은 이사벨 윌커슨(Isabel Wilkerson)이 완벽하게 표현한 '카스트', 아인 랜드(Ayn Rand)와 밀턴 프리드먼(Milton Friedman)이 주도한 사고방식과 '탐욕은 선이다'*라는 식의 과잉이 지배해온 수십 년, 그리고 **양심 없는** 자본주의로 응집되는 **의식적인** 선택의 결과물이다. 편안한 자를 불편하게 하려면 우리가 스스로 누리고 있는 접근성, 권한, 발언권, 가치의 막대한 불평등을 직시하는 방식을 돌아보아야 한다. 또한 우리를 무지하게 만들어 자신을 앞세우고 타인을 뒤로 미루는 근본적인 불평등들을 바로 잡고 회복해야 한다. 우리의 법, 규범, 관습, 행동에 내재한 특권의 순환 고리를 새롭게 설정해야 한다.

내가 이 책에서 주장하듯, 이 모든 것이 시대를 초월하는 용어와 원칙들로 정의되는 새로운 나눔의 복음이다. 그것은 우리가 속한 제도와 구조를 개선하고, 단기적인 성과를 넘어 가장 시급한 위기의 근본 원인에 대처하라고 요구한다. 설령 그 원인이 우리 자신과 연결되어 있더라도 말이다. 또한 이 복음은, 가장 가까이에서 문제를 겪고 있는 사람들과 지역사회가 가장 효과적인 해결책을 제시할 수 있다는 믿음을 가지라고 요구한다. 그들의 체화된 경험을 기존의 전문 지식과 동등하게 평가해야 한다고 요구한다.

이를 위해서는 도덕적 리더십과 도덕적 용기가 필요하다. 우리는 다음 분기의 수익 보고서나 다음 선거의 결과를 넘어, 더 포용적이고 공정한 사회를 향한 장기적 비전을 내다보아야 한다. 그

---

* 1987년 영화 〈월 스트리트〉의 대사로, 탐욕을 정당화하는 자본주의적 가치관을 상징함.

리고 이보다 어쩌면 더 어려울 만한 일을 해야 한다. 즉 극단과 경계, 도덕적인 우월감과 절대적인 확신에서 한 걸음 물러서서, 서로를 너그럽게 포용하며 호기심과 열린 마음, 공감으로 귀를 기울이고 배워야 한다.

평범한 시대에 희망은 보기 드문 것이다. 그러나 이 비범한 시대에 희망은 급진적인 것이다. 그래서 나는 우리가 극복할 수 있고, 극복해야 하며, 결국 극복할 것이라는 급진적인 낙관주의를 품고 이 책을 세상에 내놓는다. 두 걸음 나아갔다가 한 걸음 물러나는 승리와 패배의 반복 속에서도 우리는 진실을 향한 여정을 멈추지 않을 것이다. 그 여정은 화해와 완전한 정의, 즉 모든 사람을 위한 절대적인 평등으로 이어지는 상승의 길이 될 것이다.

2022년 11월

Darren Walker

서론

새로운 부의 복음

세계가 이처럼 심각한 불평등을 겪은 적은 없었다. 기술의 눈부신 발전에 힘입어 새로운 세대의 기업가들이 사람들의 삶과 일의 방식을 근본적으로 변화시키고 있다. 하지만 이 산업계의 거물들이 상상을 초월하는 부를 축적하는 동안, 대다수 사람들은 여전히 빈곤 속에 머물러 있다.[1]

걷잡을 수 없이 확산되고 있는 것은 경제적 불평등만이 아니다. 문화적, 정치적 불평등 역시 세계 곳곳에서 확산되고 있다. 사람들이 어떤 대우를 받는지, 누가 교육과 경제적 기회에 접근할 수 있는지, 어떤 집단이 자유롭게 자신을 표현하고 민주주의에 참여할 수 있는지에는 큰 격차가 존재한다. 심지어 가장 진보적이고 민주적인 국가들에도 저소득층, 여성, 장애인, 소수 인종 및 종교 집단, 원주민, 유색인종을 계속해서 소외시키고 배제하는 제도와 구조가 존재한다.

내가 지금의 현실을 묘사하고 있는 것처럼 들릴지 모르나, 사실 그렇지 않다. 이는 1889년 미국 산업가 앤드류 카네기가 훗날 《부의 복음》으로 일컬어지게 되는 에세이를 처음 발표했을 당시 세계의 상황이다. '도금 시대'*라는 적절한 별칭으로 불리는 이 시대에 산업 거물들은 전례가 없고 상상할 수 없을 만큼 호화로운 삶을 누렸던 반면, 평범한 사람들은 저임금, 열악한 노동 환경, 과밀하고 비위생적인 주거 공간을 견뎌야 했다.

당시 미국의 상위 4,000가구는 나머지 1,160만 가구의 부를 합친 것과 맞먹는 부를 소유하고 있었다.[2] 그 극심한 불평등 수준은 오늘날의 가장 충격적인 통계와 닮아있다. 오늘날 미국에서는 상위 세 명(상위 4,000가구와는 비교도 안 된다)이 하위 절반 인구의 부를 합친 것과 맞먹는 부를 소유하고 있다.[3] 카네기의 복음이 전해진 지 130년이 지난 지금, 옥스팜(Oxfam)에 따르면 세계적으로 상위 26명의 부호가 세계 인구의 절반인 하위 38억 가구와 맞먹는 부를 소유하고 있다.[4]

많은 이들이 우리 시대를 '새로운 도금 시대'라고 부르는 데에는 그만한 이유가 있다.[5] 실제로, 오늘날의 불평등 문제는 그 당시보다 더 심각하다. 경제적 불평등은 현재 이 위기의 한 가지 중대한 형태이며, 가장 많이 언급되는 형태이기도 하다. 그러나 다시

---

* 도금한 금속처럼 겉만 번지르르한 시대라는 뜻으로, 미국 역사상 급격한 산업 성장과 함께 정치 부패, 자본 독점, 심화된 빈부 격차가 특징이던 19세기 말을 가리킴. 마크 트웨인의 풍자적 표현에서 유래함.

한번 말하지만 유일한 형태인 것은 아니다. 우리는 정치와 행정, 문화와 예술 표현, 교육과 사회적 이동성에 만연한 불평등을 목격한다. 특히 여성, 장애인, LGBTQ* 공동체, 원주민 공동체, 유색인종, 빈곤층을 편견의 시각으로 대하는 우리의 제도와 구조에 불평등이 만연해 있다. 이런 다양한 형태의 불평등은 서로의 원인이자 결과이며, 서로 매우 의존적이고 복잡하게 얽혀 있다.

이런 불평등은 또한 추상적인 개념이 아니다. 거의 모든 사람이 매일 같이 불평등을 경험한다. 왜곡된 형태의 자본주의는 소유주에게는 과도한 부를, 노동자에게는 일상적인 불안정을 안겼다. 권위주의적인 지도자들은 권리를 억압하고, 분열과 불화, 기능 장애를 조장했다. 급속도로 발전하는 기술 혁신은 막대한 잠재력을 가지고 있지만, 소유주와 통치자에 의해 억압과 대체의 수단으로 전락했다. 이런 불평등은 특정한 사람들이 다른 사람들보다 기본적인 인권을 더 완벽하게 누린다는 사실을 반영한다. 그 결과 이 '다른 사람들'은 민주주의, 사회적 및 경제적 이동성, 그리고 자신의 인간 존엄성을 실현할 기회가 더욱 제한된다.

민주주의 강화를 사명으로 하는 사회 정의 재단의 회장으로서 나는 '불평등의 심각한 위협'이라는 한 가지 문제를 고민한다. 나와 동료들은 매일 같이 묻는다. "이 모든 형태의 불평등을 줄이기

---

* 여성 동성애자(Lesbian), 남성 동성애자(Gay), 양성애자(Bisexual), 트랜스젠더(Transgender), 퀴어(Queer) 또는 질문하는 사람(questioning)을 합친 말로, 성 정체성과 성적 지향의 다양성을 포괄하는 용어

위해 우리가 할 수 있는 일은 무엇일까?" 당대의 부의 불균형, 좀 더 구체적으로는 그로 인해 발생한 호화와 사치의 과시, 그리고 그가 두려워했던 잠재적 격변에 카네기는 파격적인 해답을 내놓았다. 그는 부유한 사람들이 살아 있는 동안 "다양한 대중 집단이 지속적으로 혜택을 받을 수 있고 그 결과 각자의 삶에 존엄성을 부여할 수 있도록 기부금"을 제공해야 할 특별한 의무가 있다고 썼다.[6]

한마디로, 필란트로피였다. 카네기의 사상은 부와 자선에 대한 세계의 관점을 근본적으로 바꾸었으며, 그의 철학은 미국의 필란트로피는 물론, 세계적인 기부 문화의 토대가 되었다. 이후 많은 필란트로피 활동은 부인할 수 없을 만큼 유익했다. 세계적으로 수백만 명의 사람들이 빈곤에서 벗어나고, 끔찍한 질병으로부터 보호받으며, 사회적, 경제적 기회를 제공받고, 삶을 개선할 수 있는 새로운 도구와 자원에 접근할 수 있었다.

20세기 동안, 카네기의 모델을 따라 제도적 필란트로피라는 새로운 분야가 등장하고 성장했다. 록펠러, 로젠월드, 멜런, 맥아더 등 미국을 대표하는 가문들은 학교와 도서관을 세우고, 새로운 백신을 개발하고, 농업을 혁신하고, 인류의 자유를 증진하는 재단을 설립하고 확장했다. 1990년 이후, 극심한 빈곤에 시달리는 인구는 10억 명 이상 감소했다. 2000년 이후, 미국을 제외한 모든 국가에서 산모 사망률이 감소했다.[7] 내가 영광스럽게도 회장으로 있는 포드재단은 수십억 달러를 기부해 미국의 공영 방송부터 방글라데시의 소액 대출과 녹색혁명에 이르기까지 다양한 프로그램을 지원했다.

여러분이 재단에서 일하거나 재단의 보조금을 받지 않더라도, 여러분의 삶은 어떤 방식으로든 필란트로피의 긍정적인 영향을 받았을 가능성이 매우 높다. 나는 내 삶에서 이런 일을 직접 목격했다. 훨씬 나중에야 깨달았지만 내가 다섯 살 때 어머니가 등록시킨 헤드 스타트(Head Start) 취학 준비 프로그램*은 포드재단이 지원한 시범 프로그램에서 출발한 것이었다. 또한 대학에 진학한 후에 펠 그랜트(Pell Grant)의 기초가 된 연구가 민간 필란트로피 덕분에 가능했다는 사실을 깨달았다. 내가 사랑한 예술가들, 존경한 지도자들, 지지한 운동들, 이 모든 것이 크든 작든 필란트로피의 재정적 지원을 받았다.

하지만 필란트로피가 좋은 성과를 거두고 아낌없이 자선 활동을 지원했지만, 이 분야가 여전히 개혁이 필요한 구조의 산물이자 수혜자라는 것은 공공연한 사실이다. 한 세대 전, 헨리 포드 2세는 필란트로피를 "자본주의의 산물"이라고 정의하며, 그 분야에 종사하는 사람들에게 깊은 고민거리를 던졌다. "[우리] 구조가 낳은 가장 유명한 자손 중 하나"로서 필란트로피가 어떻게 "자신의 선조를 강화하고 개선하는 데" 기여할 수 있을까?[8]

---

* 미국에서 저소득층 가정의 영유아에게 제공하는 교육, 보건, 복지 통합서비스 프로그램. 1965년 존슨 대통령의 '빈곤과의 전쟁(War on Poverty)' 정책의 일환으로 도입됨.

자선 재단이 (세금 면에서 큰 부담 없이) 존재할 수 있도록 허용하는 제도와 법률이 있다. 하지만 이러한 제도와 법률은 오늘날 우리가 목격하는 극심한 불평등에 일조한, 바로 그 구조와 다르지 않다는 점은 분명하다. 미국은 민주주의적 이상 위에 세워졌고, 이 이상을 지향하지만, 실제로 우리는 민주적인 방식으로 운영되지 않으며, 그렇게 운영될 수도 없다. 그리고 필란트로피는 공공 부문이나 다른 민간 부문들이 지는 다양한 책임이나 의무를 지지 않는다. 이것이 바로 우리가 늘 직면하는 모순이다. 이런 비민주적인 구조의 수혜자인 필란트로피가 어떻게 그 구조를 바로잡을 수 있을까?

필란트로피가 경제적, 정치적 구조 전체를 바로잡는 것은 불가능하다. 하지만 나는 오늘날 (개인, 기업, 재단을 막론하고) 부와 영향력을 가진 이들이 그런 구조의 편견과 결함의 수혜자로서, 어쨌든 이를 개선하려고 시도해야 할 절실한 책임이 있다고 믿는다. 설령 자신이 무엇을 하고 있는지 안다고 생각하더라도, 우리는 경청하려고 노력해야 한다. 문제를 실제로 겪는 사람들로부터 배울 수 방법은 경청뿐이기 때문이다. 우리는 새로운 파트너를 영입하고, 접근 권한이나 특권, 부를 가진 사람들뿐만 아니라 모든 계층의 이들과 새로운 방식으로 협력해야 한다.

비록 필란트로피 자체가 본질적으로 비민주적이지만, 우리는 민주적 제도를 강화하기 위해 노력해야 한다. 필란트로피가 시도하는 혁신이 얼마나 힘 있고 효과적인지는 바로 그 제도의 힘과 효과에 달려 있기 때문이다. 그리고 당연히, 더 포용적인 형태의 자본주의를 장려해야 한다. 설령 우리의 자원이 부분적으로 편향된 시장 시스템의 산물이라 하더라도, 시장은 다양한 사람들과 분기별 수익과 협소한 지표를 넘어서는 다양한 사회적 가치를 모두 포용하지 않는 한 결코 자유롭거나 정의롭다고 할 수 없기 때문이다.

 자본주의가 승자 독식 체제일 필요는 없다. 사실, 자본주의와 재분배는 종종 함께 작동한다. 미국인들은 매년 자선 활동에 수천억 달러를 기부한다. 그러나 우리는 포용적 자본주의와 원칙 없는 자본주의 사이에는 차이가 있다는 사실을 너무 자주 잊곤 한다. 포용적 자본주의란 공정한 임금과 적정 가격의 주택, 그리고 적정 비용의 교육, 깨끗한 공기와 물 같은 공유재를 제공하는 체제다. 귀족주의가 아닌 능력주의 환경을 추구한다. 경쟁의 장이 평평해질수록, 인류를 위한 더 나은 아이디어를 실현하는 데 자본주의의 부인할 수 없는 생산력을 더 많이 활용할 수 있다.

 이 모든 일을 해내려면 필란트로피가 불평등이라는 전염병에 면역성이 없다는 사실을 먼저 인식하고 대처해야 한다. 이 사실이 기부자와 지원금 제공자들을 불편하게 만들더라도 말이다. 우리가 불평등과의 싸움에 정당하게 참여하기 위해서는 지금 당장 이 불편한 진실을 받아들여야 한다.

 최근 수많은 언론인, 학자, 평론가들이 필란트로피라는 체계 자체에 통찰력 있고 때로는 날카로운 비판을 제기했으며, 그들 중에는 아난드 기리다라다스(Anand Giridharadas), 에드가 빌라누에바(Edgar Villanueva), 롭 라이히(Rob Reich) 등이 있다. 내가 동의할 수 없는 평가도 일부 있겠지만, 전반적으로 그들의 평가는 타당하고 귀중하며 본질적인 문제를 제기한다. 많은 이들이 필란트로피가 오히려 우리 사회 전반에 최악의 역학과 불평등을 되풀이한다는 점을 지적했다.

이런 모든 비판은 제각기 매우 실질적인 위험 요소를 강조한다. 바로 우리가 일하는 방식이, 우리를 만든 불완전한 시스템을 그대로 모방하고, 그래서 불의를 바로잡기보다는 영속시킬 수 있다는 점이다. 예를 들어, 우리는 보조금 수혜자들과의 관계, 심지어 민주주의를 강화하기 위해 노력하는 수혜자들과의 관계조차도 비민주적일 수 있다는 사실을 인지하고 있다. 우리의 자금에는 권력의 불균형이 따르며, 솔직히 이를 완벽하게 없애기는 어려울 것이다. 우리 구조에 깊이 내재한 가장 심각한 문제들, 우리가 그 어느 때보다 더 잘 이해하고 있는 문제들은 사라지지 않았다.

그래서 우리는 다시금 묻게 된다. 우리는 이 문제를 해결하기 위해 무엇을 할 수 있을까? 나는 그 해답이 자선을 넘어 정의를 향해 우리의 시선(그리고 노력)을 돌리는 것이라고 믿는다. 지금은 필란드로피에 대한 더 대담한 비전이 필요하다. 즉 필란트로피 자체와 우리가 속한 사회를 개선하는 비전이 필요하다. 그리고 지금은 필란트로피가 더 많은 목소리와 관점, 그리고 사람들을 포용하고 경청해야 할 때다. 필란트로피가 지금껏 강력했고 선의는 훌륭했지만, 우리에게는 정의를 실현해야 할 더 큰 의무가 있기 때문이다.

나는 이 개념에 관해 한동안 생각했다. 2015년 말, 〈뉴욕 타임스〉에서 나는 처음으로 필란트로피의 새로운 선언문(21세기를 위한 부의 복음)의 윤곽을 제시했다. 이는 단순히 카네기 시대로 돌아가자는 것이 아니라, 더 많은 이들이 필란트로피의 여정에 동참할 수 있도록 초대하는 것이었다. 전통적 자선기관을 이끄는 사람, 새롭게 부를 얻은 사람, 시민 사회의 구성원, 기업의 리더, 정책을 개발하는 사람, 많은 부나 특권이 없는 사람 등 누구에게나 이 새로운 복음에서 기여할 수 있는 자리가 있다.

하지만 이런 궁금증이 생길 수도 있다. 자선을 넘어 정의를 향해 나아간다는 것은 무슨 의미인가? 나는 그것을 이런 식으로 본다. 지역사회의 구성원에게 먹을 것을 제공하기 위해 푸드 뱅크에 통조림을 가져오는 것이 일종의 자선이라면, 그리고 푸드 스탬프,* 무료 학교 급식, 생활 임금 정책을 옹호하는 것이 더 심층적인 사회적 의무를 반영한다면, 사람들이 건강에 좋은 음식을 살 여유를 갖지 못하게 하는 빈곤과 억압의 구조를 해체하는 것은 정의를 실현하는 일이다.

어떤 지역 예술가를 지원하기 위해 특정 킥스타터(Kickstarter),**

---

* 미국 빈곤층을 위한 사회보장제도의 일부로, 취약계층에 대해 식료품 구입비를 지원하기 위한 대책으로 시작된 바우처

** 창의적인 프로젝트를 위한 크라우드펀딩 플랫폼

캠페인에 기부하는 것이 자선 행위라면, 다양한 예술가를 지원하고 농촌 지역 사회에 고품질 예술 프로그램을 제공하는 플랫폼을 구축하는 일은 정의로 향하는 연속선에서 더 멀리 나아간 것이다. 훨씬 더 정의로운 것은 자본만큼 창의성을 소중하게 여기는 사회를 건설하는 일일 것이다.

지역 교도소에서 수감자에게 교육을 제공하는 일이 자선에 더 가깝다면, 출소자들이 직장 세계에서 직면하는 편견에 맞서 싸우는 일은 정의에 더 가깝다. 그리고 궁극적으로 가장 정의로운 행위는 인종차별적인 수감 체계를 완전히 해체하려고 노력하는 일일 것이다.

요컨대, 자선은 여러분이 믿는 대의를 위해 기부하는 것이거나 불평등의 고통을 겪는 개인들을 도울 방법을 찾는 일일 수 있다. 하지만 정의는 개인을 넘어서는 일이다. 그것은 돈, 시간, 자원, 지식, 인맥을 투자해 애초에 자선이 필요하게 만든 근본 원인을 바꾸는 일이다.

정의를 향해 나아가는 것은 구조적 문제의 증상뿐만 아니라 문제 자체를 해결한다는 의미다. 공동체의 요구에 진지하게 귀 기울이고, 문제를 가장 가까이에서 겪는 개인과 조직에 플랫폼을 제공한다는 의미다. 아울러 단순히 자본주의가 낳은 조건을 개선하는 데 그치지 않고 시장 구조 자체를 강화하고 개선하기 위해, 즉 우리의 경제와 사회, 그리고 정부를 더 많은 사람을 작동하고 모든 이에게 동등한 기회를 제공하는 구조로 변화시키기 위해 노력해야 한다는 의미이기도 하다.

바꾸어 말하면, 자선을 넘어 정의로 향할 때, 우리는 사람들의 삶에 의미 있는 변화뿐만 아니라 공동체 전체에 지속 가능한 구조적 변화를 일으킬 수 있다. 그리고 우리는 이미 그런 변화를 일으킨 경험이 있다. 허리케인 카트리나가 닥치기 전후, 뉴올리언스 사람들은 도움이 필요했다. 식량과 거처, 담요가 필요했다. 깨끗한 식수와 홍수로부터 그들을 구조할 보트와 헬리콥터가 필요했다. 이에 응답해 온정이 넘치는 미국인들이 기꺼이 나섰고, 총 33만 시간에 달하는 봉사,[9] 5,100만 파운드가 넘는 식량,[10] 그리고 40억 달러에 이르는 성금을 도움이 필요한 이웃을 위해 제공했다.[11] 다른 나라들도 시간과 음식, 성금을 기부했다. 우간다에서는 바위를 자갈로 깨는 일을 하며 하루에 1.20달러밖에 벌지 못하는 여성 200명이 카트리나 피해자들에게 900달러를 기부했다.[12]

이 모든 것은 연민과 자선의 행위였다. 그것은 주는 사람과 받는 사람에게 모두 의미 있는 일이었으며, 필수적인 지원을 제공하고 수많은 생명을 구했다. 하지만 폭풍이 지나가고 몇 주, 몇 달이 지나 세계의 관심이 다른 곳으로 옮겨가자, 뉴올리언스는 새로운 도전에 직면했다. 바로 잔해를 수습하고 새로 시작해야 한다는 과제였다.

지금은 잊기 쉽지만, 당시 많은 이들은, 심지어 당시 미국 하원의장조차도 '초승달의 도시' 뉴올리언스를 재건하는 일을 중요하게 여기지 않았다.[13] 하지만 뉴올리언스는 반드시 부활해야 했고,

시민들은 새로운 터전을 가질 자격이 있었다.

　록펠러재단에서 일할 당시, 나는 동료들과 함께 도시 복구에 기여할 수 있기를 바랐다. 여기에 이름을 다 나열할 수 없을 만큼 많은 지역 지도자, 협력자, 친구들의 리더십 덕분에 우리는 통합 뉴올리언스 계획을 조직하고 실행할 수 있도록 350만 달러의 보조금을 지원했다.[14] 그것은 광범위한 대중 참여를 통해 도시 재개발의 청사진을 마련하는 계획이었다. 그리고 우리는 부시-클린턴 카트리나 기금과 그레이터 뉴올리언스 재단(Greater New Orleans Foundation)[15]을 포함한 여러 조직과 협력해 공동 활동을 지원함으로써 병목 현상을 해소하고 더욱 포괄적인 개발 계획을 마련하는 데 힘을 보탰다. 실제로 그 이후 몇 년 동안 이런 파트너십이 도시 전역에 수억 달러의 연방 자금과 수십억 달러 규모의 기업 투자를 유치하는 데 기여했다.[16]

　이 같은 활동들은 단기적인 구호를 넘어서서 구성원들이 의지할 수 있는 새로운 체계와 구조를 만드는 것을 목표로 한다는 점에서 정의에 더 가깝다. 물론 정의를 향한 여정, 즉 우리 자신과 마주하고 우리에게 이익을 주고 기존 상태를 구성하는 제도와 체계, 구조를 검토하는 일은 쉽지도, 편안하지도 않을 것이다. 그렇기 때문에 우리는 시야를 넓혀야 한다. 모든 사람이 스스로에게 물어야 한다. 우리는 누구를 포용하고 누구에게서 배울 수 있을까? 누구를 지지하고 일으켜 세울 수 있을까? 함께 배운 것을 바탕으로 무엇을 나눌 수 있을까? 이 변화를 실현하기 위해 어떻게 협력할 수 있을까?

그리고 이것이 바로 이 책의 핵심이다. 2015년 '카네기와 새로운 부의 복음'에 관한 글을 쓴 후, 나는 자선에서 정의로 나아가는 일에 열정적이고 기꺼이 참여하는 세계 여러 지역의 사람들로부터 소식을 받았다.

더 많은 사람과 이야기를 나눌수록, 더 많은 사람을 자선에서 정의로 이끄는 이 과정에 무엇이 필요한지에 대해 더 많이 배우게 되었다. 그리고 기존 재단이나 새로운 재단을 운영하거나 현장에서 활동을 조직하는 리더들의 관점들에서 더 많은 연결점과 공통점을 발견하기 시작했다. 이미 이 일을 실천하고 있는 사람들의 집합적인 지혜와 지침, 그리고 관점에 접근할 수 있는 길은 누구에게나 열려 있어야 한다.

이 책은 필란트로피가 자선에서 정의로 나아가기 위한 여정에 필요한 지식을 집대성하는 과정의 소박한 한 걸음이다. 이 책에는 내가 필란트로피 분야에서 20년간 걸어온 개인적인 여정과 다른 사람들에게서 얻은 지혜를 바탕으로 탄생해 새로운 부의 복음을 구성하는 일련의 원칙이 담겨 있다. (그리고 이 책의 곳곳에는 그 친구들과 나눈 대담에서 발췌한 내용이 실려 있으며 일부는 전문을 실었다.) 이제 우리는 함께 다음과 같은 주제를 탐구할 것이다.

- 접근성과 기회를 발견하고 공유함으로써 특권의 맹목성을 인식하는 법

- 무엇을 모르는지 배움으로써 무지를 자각하는 법
- 겸손한 마음으로 나눔을 실천함으로써 이타성의 주체로 거듭나는 법
- 결과가 아닌 원인에 대처함으로써 뿌리를 파헤치는 법
- 전문성과 경험을 모두 존중함으로써 가까이 다가가기의 힘을 활용하는 법
- 당당히 일어서서 목소리를 냄으로써 신념의 용기를 발휘하는 법
- 우리의 해방이 서로 연결되어 있음을 자각함으로써 정의의 민주주의를 실현하는 법

하지만 그 전에, 우리는 자각과 실천의 연속선, 즉 자선에서 정의로 이어지는 연속선을 살펴볼 것이다. 이 책을 읽을 때 여기에 실린 글을 모든 사람을 위한 초대장이라고 생각하기 바란다. 이는 배우고, 성장하고, 불편함과 친숙해지고, 더 나은 사람이 되자고 손을 내미는 초대이자 기회다. 필란트로피가 처음인 사람이든, 자기 분야에서 정의를 실현할 새로운 방법을 찾는 사람이든 상관없이 나는 여러분이 이 책에서 통찰력과 영감을 발견하기를 희망한다.

제1장

자선을 넘어 정의로
- 필란트로피의 연속선

> 빈곤을 극복하는 것은 자선의 제스처가 아닌,
> 정의로운 행동에서 비롯된다.[17]
>
> - 넬슨 만델라(Nelson Mandela)

2017년 미국인은 미국의 자선 단체에 4,100억 달러가 넘는 액수를 기부했으며, 이로써 3년 연속으로 사상 최고치를 기록했다.[18] 이 가운데 일부는 기업과 재단의 기부금이지만, 대부분은 개인이 기부한 돈이었다는 점이 더 인상적이다.

많은 미국인이 이런 유형의 자선 행위를 그저 국민성의 한 단면일 뿐이라고 생각한다. 1년 내내 수백만 명의 미국인이 노숙자 쉼터에서 자원봉사를 하고 옷과 음식 기부 운동에 참여하며 파괴적인 자연재해가 닥쳤을 때 구호 활동을 지원한다. 미국인은 유난히 마음이 후한 국민이다. 하지만 이러한 우리의 일상적 자선

행위가 정의에 대한 확고한 헌신을 토대로 한 것이 아니라면, 그것은 개인과 사회에 오히려 해가 될 수도 있다.

당연히 대다수 사람은 개인적인 기부를 이런 관점으로 바라보지 않는다. 수표를 끊어주거나 모금함에 돈을 넣을 때 우리는 자선과 정의의 미묘한 차이를 깊이 생각하지 않는다. 대신 우리가 지원하는 단체가 우리 돈을 신중하고 사려 깊게 사용할 것이라고 믿는다.

이런 의미에서 보면 자선은 쉽다. 우리가 선한 일을 하고 있다고 느끼게 해주는 간단한 방법이기 때문이다. 하지만 바로 그 안도감이 애초에 자선의 필요성을 발생시키는 근본적인 불평등을 외면하게 만들 수도 있다.

대다수 사람에게 자선은 '행위'로 인식된다. 하지만 필란트로피 분야에서는 (자선에서부터 정의에 이르는 스펙트럼의 한쪽 끝에 위치한) **'사고방식'**일 수도 있다. 나는 수십 년간 비영리 단체와 재단에서 일하면서 이러한 자선적 사고방식(charity mindset)의 한계를 몸소 목격했다.

실제로 이 자선적 사고방식만으로는 부족하다는 사실을 많은 사람이 실감한다. 이 사고방식은 근본적으로 당면과제에 초점을 맞춘다. 불평등의 근본 원인을 제기하기보다는 불평등의 단기적인 증상을 완화하는 데 그친다. 그리고 필란트로피 분야에서 자선적 사고방식은 받는 사람의 실제 경험보다는 주는 사람의 바람과 세계관에 특권을 부여하는 권력 역학을 고착시킬 수 있다. 어떤 사람들은 이 방식을 '거래적'이라고 표현하기도 한다.

앤드루 카네기의 《부의 복음 The Gospel of Wealth》에는 이런 우월감이 언뜻언뜻 드러난다. 그는 부자들이 자신의 자원을 어떻게 활용해야 다른 사람들에게 혜택을 줄 수 있는지를 가장 잘 알고 있다고 주장한다. 그는 부자란 "더 가난한 그의 형제들을 위한 대리인이자 수탁자로, 그들을 위해 자신의 우월한 지혜와 경험, 행정 능력을 발휘하면서 그들이 직접 하고 싶거나 할 수 있는 것보다 더 훌륭하게 그들을 돕는다"라고 생각했다.[19]

오늘날 카네기처럼 말하는 필란트로피스트는 찾기 어려울 것이다. 하지만 그가 했던 주장에 깔린 그 오만함은, 이만큼 노골적이지는 않아도 다양한 형태로 여전히 존재한다. 전통적인 자선재단뿐만 아니라 새롭게 양산된 억만장자 필란트로피스트들은, 비록 그 의도는 선하다 해도 자신들의 권력과 특권을 "뛰어난 지혜와 경험, 행정 능력"으로 착각하기 쉽다. 그 결과, 우리가 해결하고자 하는 문제에 가장 근접해 있는 사람들이 바로 수혜자들임에도, 그들을 파트너가 아닌 계약직 직원처럼 대하는 필란트로피스트가 무척 많다. 우리가 공동체에 봉사하는 것인데도, 그 공동체는 정작 의사 결정에 일조하거나 심지어 참여할 기회조차 얻지 못한 채 우리의 도움만 받을 뿐이다.

이처럼 제한적인 방식으로 자선에 접근할 때 우리는 돕고자 하는 바로 그 사람들을 깎아내리고 우리가 바꾸고자 했던 불평등을 오히려 강화시키게 된다. 오랫동안 소외되었거나 즉각적인 타격을 받았던 사람들의 관점을 고려하기보다는, 특정 의제를 결정하고 재정을 지원하는 권한을 극소수 사람들의 손에 맡긴다. 다시 말해 우리가 단순히 자선만을 제공한다면, 우리는 우리 사회의 근본적인 불공정을 제기하는 데 실패한다는 것이다. 소외된 공동체를 위해 봉사한다고 주장하면서 그 공동체에 권력을 되돌려주려는 노력은 전혀 하지 않는다.

우리의 사고방식을 자선에서 정의로 전환하려면 우리의 관심도 함께 전환해야 한다. 필란트로피 관점을 전환하는 논의에서, 우리는 주는 사람, 즉 기부자에게 초점을 맞추기가 쉽다. 하지만 우리가 섬기는 이들, 즉 수혜자들에게 주목하고 그들을 우선으로 생각할 때, 자선과 정의의 차이는 더욱 명확하게 구분된다. 도움을 받는 공동체는 자선과 정의의 차이를 직관적으로 인식한다. 그래서 그들은 흔히 정의를 중심으로 체계를 세우고 정의를 위해 투쟁한다. 정의야말로 구조적 불평등을 바로잡을 수 있는 더욱

> 다른 사람들의 문제에 대한 해결책을 찾으려고 애쓸 때 우리는 필연적으로 새로운 문제를 일으키게 된다. 우리의 의도와 실제 발생하는 결과 간의 불일치가 존재하기 때문이다. 그렇기에 우리는 공동체와 소통하기 위해 온 마음을 다해야 한다. 바로 이 지점에서 필란트로피에 접근하는 자선적 사고방식과 정의의 사고방식이 갈리게 된다.
>
> - 칼리 헤어, 체인지 필란트로피(Change Philanthropy)의 연합 이사

적합한 해결책이기 때문이다. 달리 표현하면, "**자선**이 없이는, 평화도 없다"*라는 활동가의 외침을 들어본 적이 있었던가?

매일 정의를 위해 싸우면서 최전선에서 일하고 생활하는 사람들로부터 정의에 대해 배울 것이 무척 많다. 이칼 안젤레이(Ikal Angelei)는 케냐의 환경 정의 활동의 리더로, 자신이 성장하고 지금도 살고 있는 트루카나 분지 호수(Lake Turkana Basin) 유역에 영향을 끼치는 문제들에 대처하고자 노력했다. 2008년 이칼은 에티오피아 정부가 추진하던 길겔 기베 3호 댐(Gilgel Gibe III Dam) 건설 프로젝트에 반대하는 캠페인을 시작했다. 이 댐은 정부가 케냐, 수단, 지부티 같은 다른 나라에 판매할 수력 전기를 발전하기 위한 것이었지만, 정부는 지역 원주민 공동체에 의견을 전혀 묻지 않았고, 심지어 통지하지도 않은 채 프로젝트를 시작했다.

이 사실을 알았을 때 이칼은 분노했다. 댐이 완공되면 투르카나 호수 주변의 지역 공동체는 중요한 수자원 공급원을 잃게 될 터였다. 그러면 생태계가 파괴되고 목축업자와 어부들은 하루아침에 생계를 잃게 될 것이며, 물 부족 사태로 말미암아 지역 전체가 무력 분쟁과 테러에 노출될 위험성이 더 커질 수 있었다.

이에 맞서 이칼은 투르카나 호수의 친구들(Friends of Lake Turkana)이라는 단체를 결성함으로써 분열된 지역 공동체를 하

---

* 아프리카계 미국인에 대한 인종적 폭력 행위에 반대하는 시위에서 시작한 정치 슬로건 "No justice, no peace"를 필란트로피에 적용해 변형한 문구

나로 모아 댐 건설에 저항했다. 그녀는 지역 원로와 족장, 케냐 의회, 그리고 유엔으로부터 지지를 확보했다. 더 나아가 세계은행, 유럽투자은행, 아프리카개발은행을 설득해 이 프로젝트에 대한 재정 지원을 철회하도록 만들었다.

비록 길겔 기베 3호 댐 프로젝트는 에티오피아 정부가 주도한 것이지만, 수십 년 동안 자선 단체들이 지원했던 자선 중심의 국제 개발 프로젝트와 매우 닮아있다. 표면상 그런 프로젝트는 해당 지역에 에너지, 자원, 일자리를 제공해 지역 경제를 활성화하겠다는 의도로 설계된다. 하지만 신중하게 실행하지 않을 경우, 소외된 지역사회가 이미 직면하고 있는 가장 고질적인 불평등을 반영하고 심화시키는 등 득보다 실이 많을 수 있다.

자선적인 접근으로 투르카나 호수 주민들을 돕는 방식은 이칼의 접근 방식과는 사뭇 매우 달랐을 것이다. 선의의 필란트로피스트가 생태계 파괴로 발생한 피해를 상쇄하고자 지역 원주민 공동체에 식량과 물을 배급하는 모습이 쉽게 그려진다. 이는 한층 더 큰 불의로 인해 발생한 실질적인 필요에 단기적으로 대처하는 개입 방식이다. 하지만 그저 불의의 징후에 대처하는 건 이칼이 원하는 바가 아니었다. 그녀는 근본 문제를 해결하기 위해 온몸을 바쳤다. 그녀의 활동은 자선 단체들이 무엇을 지원할 수 있고, 또 반드시 지원해야 하는지를 보여주는 본보기가 된다.

자선적 사고방식을 넘어서 자선에서 정의로 나아가려면, 먼저 현재의 불공정한 구조가 어떤 방식으로 우리에게 이익을 주고 있는지 인식하고, 우리 자신이 그 문제에 연루되어 있음을 자각해야 한다.

> 정의는 순수한 선이다. 정의는 그 자체로 목적이며, 바르게 생각하는 사람이라면 누구나 분명하고 단호하게 정의를 추구해야 한다.
>
> - 닉 하나우어(Nick Hanauer), 시애틀의 기업가 겸 필란트로피스트,
> 벤처 캐피털 회사 세컨드 애비뉴 파트너스(Second Avenue Partners)의 공동 설립자

사회적 구조가 망가졌다는 사실을 이해하는 일은 어쩌면 가장 쉬운 단계일지 모른다. 카네기조차도 불평등이 우리 사회와 시장, 제도가 조직된 방식에서 생기는 구조적인 부산물이라는 점을 인정했고, 이는 지금도 여전히 유효하고 많은 사람이 동의하며 현실에서도 확인할 수 있는 사실이다.

그러나 이와 동시에 카네기는 우리 사회가 비록 완전하지는 않아도 능력주의(meritocracy) 사회라고 믿었다. 즉 막대한 부를 이룬 사람들은 단지 다른 사람들보다 더 많은 재능과 기술, 지능을 타고났을 뿐이라고 보았다. 그는 동시대의 많은 필란트로피스트가 그랬듯 "경쟁과 축적, 분배라는 현재의 법칙이 우리에게 주어진 최선의 조건"[20]이라고 굳게 믿고서 자신이 개선하려 했던 불평등의 근본 원인을 파헤치는 일은 회피했다.

따라서 필란트로피스트들이 수많은 재단에 기부하는 막대한 부가 때로는 불의의 산물임을 인정하지 않는다면 그들의 사고방

식과 활동을 정의로 전환하는 일은 불가능하다.

부정할 수 없는 현실은 오늘날 많은 사람들이 사회를 능력주의로 경험하지 않는다는 점이다. 이들에게 있어 정치, 경제, 문화에 뿌리 깊게 자리한 불의는 기회를 제한하고 고통을 지속시킨다. 하지만 이러한 구조적인 불평등을 이해하고, 자신이 그 구조와 어떻게 연결되어 있는지 파악함으로써 열정적인 사회정의 운동가들은 변화를 일으킬 수 있는 도구를 스스로 갖춘다.

자선에서 정의로 나아가기 위해서는 더욱 깊이 사고하고, 관점을 전환해 모든 결정의 함의를 성찰해야 한다. 아울러 지속 가능하고 장기적이며 공평한 해결책을 모색해야 한다. 그러나 안타깝게도 자선적 사고방식은 종종 우리의 시야를 좁히고 영향력의 범위를 제한한다. 자선적 행위가 단기적으로 의미 있는 변화를 일으킬 수는 있지만, 지속적인 변화를 보장하지는 않는다는 것을 우리는 쉽게 상상할 수 있다. 이를테면 따뜻한 한 끼 식사가 배고픈 한 가족에게 큰 의미가 있을 수 있다. 하지만 식품 사막(food desert)*을 해소하거나 생활임금(living wage)**을 보장하지는 못한다. 재난 구호 기금은 태풍이 휩쓸고 지나간 도시를 복구하는 데 도움을 줄 수 있지만 빈곤 지역과 소수 민족 공동체가 자연재해에 가장 큰 타격을 받는 현실을 바꾸지는 못한다.[21,22] 누군가 자

---

* 인구가 줄어들거나 교통 환경이 열악해서 신선하고 건강에 좋은 식품을 쉽게 구할 수 없는 지역
** 노동자가 기본적인 인간다운 삶을 영위할 수 있을 만큼의 임금

신이 믿는 대의를 위해 돈을 기부함으로써 개인적으로 위안을 느끼거나 선한 영향력을 행사할 수 있다. 그러나 애초에 자선을 필요하게 만든 구조 자체를 변화시키지는 못한다.

로라 아릴라가-안드레센은 지금껏 이런 개념에 깊이 관심을 가졌다. 그녀는 로라 아릴라가-안드레센 재단(Laura Arrillaga-Andreessen Foundation)의 창립자이자 대표로서 필란트로피의 효율성을 개선하고 여성 리더십과 포용적 리더십 분야에서 다양한 교육 자원을 제공함으로써 발전을 도모하고자 노력했다. 2000년부터 포드 경영대학원에서 학생들을 가르치고, 실리콘 밸리 사회 벤처 기금(Silicon Valley Social Venture Fund)과 스탠퍼드 자선 및 시민 사회 센터(Stanford Center on Philanthropy and Civil Society)를 창립해 회장직을 맡고 있으며, 작가로서 《기부 2.0: 당신의 기부와 우리의 세계를 바꾸어라 Giving 2.0: Transform Your Giving and Our World》를 발표하기도 했다. 그녀는 다음과 같이 말한다. "자선이 사회적 완화책이라면, 정의는 사회적 교정책이다. 자선의 핵심은 사람들이 생존하도록 돕는 것이고, 정의의 핵심은 사람들이 번영하도록 돕는 것이다."

마이크로소프트 CEO를 지낸 필란트로피스트 스티브 발머(Steve Ballmer)도 비슷한 관점을 제시한다. 그는 아내 코니(Connie)와 함께 미국 빈곤 가정의 경제적 이동성(economic mobility)*을

---

* 개인이나 가구가 시간이 지남에 따라 경제적 지위를 변화시킬 수 있는 능력 또는 가능성

개선하고자 발머 그룹(Ballmer Group)을 설립했다. 스티브는 다음과 같이 주장했다. "자선에는 어마어마한 돈이 필요하지만, 구조적 변화를 통해 정의를 이루는 데는 어마어마한 돈이 필요하지 않다."

자선으로부터 정의를 향해 얼마나 이동할 수 있는지를 평가하기 시작할 때, 이러한 구분이 중요하기는 하다. 그러나 오늘날의 많은 자선단체들은 그들의 일이 자선에 해당한다고 생각하지 않는다. 이러한 단체들 중 다수가 여전히 시스템의 변화나 불평등을 만들어 내는 구조에 집중하지 않아서, 그들이 원래 의도했던 목적을 놓치고 있다.

지난 한 세기 동안 포드재단(Ford Foundation)과 같은 여러 재단이 학교를 세우고, 백신을 개발하고, 농업을 개혁하고, 자유를 증진하는 데 수백억 달러를 투자했다. 이런 노력이 없었다면 수백만 명의 사람이 새로운 기회를 얻지 못했을 것이다. 자선 단체들이 배고픈 사람들에게 음식을 제공하고, 질병을 치료하고, 시설을 건설하고, 생명을 구했다. 그러나 전 세계의 모든 재단과 기부자, 그리고 필란트로피스트들의 자원을 한데 끌어모아도 애초에 필란트로피스트를 필요하게 만든 근본적인 사회 구조를 바꾸기에는 여전히 역부족이었다.

정의를 명백히 지향하는 단체라도 자칫 자선적 사고방식으로 퇴보해 특권이 보장되는 현재의 상태를 강화하려는 유혹에 빠질 수 있다. 나 또한 그런 단체의 리더로서 이런 일을 직접 경험했기에, 나무에 집중하느라 숲을 보지 못하고 눈앞에 닥친 일에 몰두하느라 더 큰 선을 놓치기 쉬운 현실을 누구보다 잘 알고 있다.

물론 이런 말로써 우리 사회에서 자선이 지닌 중요성을 깎아내리려는 의도는 전혀 없다. 자선은 주린 배를 채우고 지친 이들에게 누울 자리를 제공하며 절박한 지역사회에 위안을 전한다. 무엇보다 자선은 인간의 근본적인 욕구다. 텍사스주 휴스턴에 주재한 아널드 벤처스(Arnold Ventures)의 변호사이자 공동 회장인 로라 아널드(Laura Arnold)는 이 점을 정확히 되짚었다. "자선은 인간의 일부입니다. 그러니 자선이 설 자리가 반드시 있어야 한다고 생각합니다. 자선은 우리가 사회와 공동체의 일원이 될 수 있는 한 방법입니다. 품위와 겸손, 그리고 인간성을 보여주는 한 방법인 겁니다."

옳은 말이다. 자선과 정의는 손잡고 함께 가야 한다. 의사들이 질병뿐만 아니라 증상까지 치료하는 데에는 그만한 이유가 있다.

의사이자 교육자, 행정가인 데이비드 스코튼(David Skorton) 박사는 이 점을 누구보다 잘 이해한다. 데이비드는 코넬대학교 총장과 스미스소니언 연구소(Smithsonian Institution)의 사무국장을 역임하면서 50억 달러에 달하는 기금을 유치했다. 기금 모금가이자 의사로서 그는 단기 치료와 장기 치료의 필요성을 인식한다. 스코튼 박사는 이렇게 설명했다. "전 의학에서 증상을 치료하면서 즉각적인 필요를 충족하는 일이 필란트로피와 같다고 생각합니다. 반면 정의는 근본적인 질병, 즉 증상의 원인을 치료하는 일과 같은 겁니다. 이상적인 세상에서 애초에 필란트로피를 필요하게 만드는 상황을 예방하는 일인 거죠."

자선적인 관점에서 보면 이 두 가지가 모두 꼭 필요하다. 당장 도움이 필요한 사람들을 돌보기 위한 단기적인 지원과 애초부터 자선이 필요하게 만든 상황을 바꾸려는 장기적인 노력이 병행되어야 한다.

올바르게 구현된다면 자선은 우리를 정의로 이끄는 통로가 될 수 있다. 아칸소주 벤턴빌(Bentonville, Arkansas)에 있는 크리스털 브리지스 아메리칸 미술 박물관(Crystal Bridges Museum of Art)의 창립자이자 이사회장이며 필란트로피스트인 앨리스 월튼(Alice Walton)은 이 점을 이렇게 요약했다. "자선은 일종의 행위이고, 정의는 일종의 결과물이다."

앞으로 우리는 단순히 자선을 실천하는 데 그치지 않고 사고방식을 바꾸어 더욱 의도적으로 정의를 추구할 수 있다. 그러려면 불의로부터 가장 큰 피해를 당한 사람들의 목소리에 귀를 기울여야 한다. 그들이야말로 문제를 가장 정확하게 이해하는 사람들이기 때문이다. 그들은 자선의 대상이 아니라 변화의 원동력이다. 정의는 포용적이다. 따라서 더욱 정의로운 세상을 만드는 일은 우리 모두의 몫임을 잊지 말아야 한다.

더 이상 자선이 필요 없는 세상을 만들기 위해서는 모든 각도에서 접근하고 모든 이용 가능한 렌즈를 통해 바라보는 포괄적인 노력이 필요하다. 물론 이렇게 공동 작업을 추진하는 게 쉽지만은 않으며, 시간이 필요할 것이다. 하지만 그 모든 일의 출발점은 다름 아닌 우리 자신이다. 우리가 모든 자선의 방향을 정의에 맞추겠다고 의식적으로 결정해야 한다.

제2장

특권의 맹목성
- 접근성과 기회를 발견하고 공유하기

특권은 눈을 멀게 한다. 그것이 특권의 본질이기 때문이다.[23]
- 치마만다 은고지 아디치에(Chimamanda Ngozi Adichie)

성공한 사람들은 흔히 우리가 무엇을 했기 때문에 성공한다고 생각한다. 그 성공을 가능하게 만든 환경에 대해 늘 인정하는 것은 아니다.

사회심리학자들은 이런 태도를 때때로 기본적 귀인 오류(fundamental attribution error)라 부른다. 〈하버드 비즈니스 리뷰 Harvard Business Review〉는 이 개념을 다음과 같이 요약한다. "우리는 성공하면, 그것이 자신의 재능이나 전략, 또는 현재의 모델 덕분이라고 판단하는 경향이 있다. 반면에 환경적 요인이나 우연한 사건이 영향을 미쳤을 가능성은 간과한다."[24]

이런 일련의 "환경적인 요인과 우연한 사건", 즉 우리가 통제

할 수 없지만 개인의 성공에 일조하거나 유리한 조건을 조성하는 상황과 구조적인 이점을 일컫는 또 다른 표현이 바로 '특권(privilege)'이다.

안타깝게도 특권을 가진 우리는 종종 그 특권을 인식하지 못한다. 그러나 자선을 위한 '새로운 부의 복음'을 세우기 위해 우리가 가장 먼저 해야 할 일은, 개인으로서든 분야로서든 우리가 가진 특권을 이해하고 드러내는 것이다.

페기 매킨토시(Peggy McIntosh)는 이 분야에서 가장 주목받는 대표적인 학자로 손꼽힌다. 그녀는 1988년 〈백인 특권과 남성 특권: 여성학 연구를 통해 발견한 관련성에 관한 개인적인 소견〉이라는 선구적인 논문을 발표했다. 이 논문에서 자신이 일상에서 거의 매일 체감하는 특권의 46가지 사례를 제시한다.

그 목록은 매우 놀랍다. 그것은 (대중매체에서부터 자신이 속한 지역사회에 이르기까지) 그녀가 경험한 세계 전반뿐만 아니라 그녀에 대한 다른 사람의 인식까지 아우른다. 그녀는 백인 특권이 식료품점과 미용실에서부터 붕대 색깔에 이르기까지, 일상 곳곳에서 어떻게 드러나는지 목격한다. 특히 인상적인 대목에서 그녀는 이렇게 말한다. "백인 특권은 보이지 않고 무게도 없는 배낭과 같다. 그 안에는 특별 규정, 보장, 도구, 지도, 안내서, 코드북, 여권, 비자, 옷, 나침반, 비상 장비 그리고 백지수표가 들어 있다."[25]

특권은 모든 사람에게 세상을 헤쳐 나가기 위한 고유한 도구 세트와 같다. 그리고 세상을 더 나은 곳으로 만들고자 하는 사람이라면 이런 도구의 원천을 반드시 이해해야 한다. 2014년 〈뉴요커〉의 조슈아 로스먼(Joshua Rosthman)과의 인터뷰에서 매킨토시는 이렇게 말한다. "특권이 작동하는 방식을 이해하려면 사회생활의 패턴과 시스템을 볼 수 있어야 하지만, 개인의 경험도 고려해야 합니다."[26]

그래서 우리는 종종 백인 특권에 관해 이야기한다. 그것은 꼭 필요한 렌즈이지만 그 자체만으로는 충분하지 않다. 매킨토시는 이에 대해 다음과 같이 설명한다.

> 백인이라는 사실은 우리가 고려할 수 있는 수많은 변수 중 하나일 뿐이다. 예를 들어, 형제자매 관계, 체형, 운동 능력, 언어 능력, 부모의 출신지와 교육 수준, 영어 구사 능력, 그리고 종교적·민족적 배경에 대한 선입견 등을 함께 고려할 수 있다. 우리는 모두 태어난 환경에 따라 앞서기도 하고 뒤처지기도 한다. 누구에게나 이런 두 가지 상황이 복합적으로 나타난다. 그것은 우리의 현재 위치, 만나는 사람들, 수행해야 할 역할에 따라 순간순간 달라진다.[27]

그렇기에 각자가 자기 삶에서 누리는 특권을 성찰하고, 개인적인 경험을 넘어서 그것이 작동하는 더 큰 사회 구조를 인식하는 것은 유용하다. 우리는 스스로에게 이렇게 물어야 한다. **내가 당**

연하게 여기는 혜택은 무엇일까? 내가 생각하지 않거나 걱정하지 않는 것 중에서, 우리 지역사회나 우리나라의 다른 사람들이 매일같이 직면하고 있는 것은 무엇일까?"

> 내가 다른 필란트로피스트들에게 한 가지 조언을 건넨다면, 그것은 자신의 특권을 발견하고, 이해하고, 드러내라는 것이다. 그리고 그 특권을 활용해 필란트로피에 대한 자신의 동기와 열망을 더욱 깊이 성찰하라는 것이다. 특권을 가진 사람들이 흔히 그 존재조차 인식하지 못한다는 사실을 깨닫지 못한다면, 그것은 곧 사회에 긍정적인 변화를 이끌 준비가 제대로 되어 있지 않다는 의미다.
>
> - 제프 레이크스(Jeff Raikes), 레이크스재단 공동 설립자

이제 나는 내가 가진 특권을 되돌아보며 그 목록이 꽤 길다는 사실을 깨닫는다. 내가 미국에서 태어났다는 건 특권이다. 미국이라는 나라는, 상대적으로 가난한 집안 출신이라는 사실조차도 세계 다른 지역과는 전혀 다른 의미를 갖는 곳이다. 내가 자선 병원에서 태어나 다정한 어머니 손에서 자란 건 특권이다. 어머니는 열심히 일하며 텍사스로 이주하겠다고 선택했으며, 나는 그곳에서 내 누이들과 친척들의 사랑을 듬뿍 받았다.

나는 또한 남성으로 태어났다. 그래서 (분명 내가 인식하지 못하는 여러 가지 면에서) 가부장적인 우리 사회가 예나 지금이나 남성과 여성에게 요구하는 기준이 다르다는 사실 덕분에 혜택을 누렸다.

나는 신체적, 감각적, 지적으로 어떤 장애도 없이 태어났다. 덕

분에 내 몸과 감각에 맞춰 설계된 세상을 자유롭게 이동하고 쉽게 접근할 수 있었으며, 내 특정한 필요가 고려되지 않아 힘겹게 살아야 하는 사회를 만나지 않을 수 있었다. 내가 쉽게 누리는 어떤 경험이 다른 누군가에게는 배제된다는 사실에 대해 걱정하거나 고민하지 않아도 된다는 것 또한 특권이다.

내가 1959년에 흑인으로 태어나, 시민권 운동의 수많은 성과가 법적 승인을 받아 제도화된 이후에 성장기를 보낼 수 있었던 건 특권이다. 더욱이 내가 몇 년만 일찍 태어났더라면, 훗날 내가 학계에서 성공하는 데 기반이 되었던 1차 헤드 스타트 프로그램에 참여하지 못했을 것이다. 나는 연방정부의 자금 지원과 포드재단 같은 기관의 연구 투자가 있었기에 그 혜택을 누릴 수 있었고, 이는 어디까지나 순전한 우연이었다.

나는 그동안 개인 필란트로피스트와 장학금 지원 덕분에 텍사스 거주 학생으로서 미국 최고의 공립대학교로 꼽히는 학교에 재학할 수 있었다. 이 또한 특권이었다.

이런 사실들을 인정한다고 해서 내 개인적인 성공이 사라지는 건 아니다. 오히려 내 성과를 더 넓은 사회적 맥락에서 바라볼 수 있게 된다. (정부, 기업, 자선 단체, 그리고 개인들이) 내가 성공할 수 있는 환경을 조성하기 위해 기울인 모든 노력이 명백하게 드러난다. 이런 조건들은 우리 사회가 내린 일련의 능동적, 그리고 수동적인 선택의 결과물이다.

그러나 이 가운데 어떤 특권도 내 삶에 불평등이 행사하는 힘에 대한 면역력을 키워주지는 못했다. 나는 남부에서 성장하면서 노예 제도의 유산인 편견, 차별, 인종주의가 나와 주변 사람들의 삶에 미치는 영향을 확실히 인식했다. 나만큼 전도가 유망했으나 나와 똑같은 특권을 누리지 못했던 내 사촌 중에는 결국 형사 사법 제도의 포로로 전락한 이들이 여럿 있다.

이 모든 것은 특권이 우리 삶에 지속적이고 연속적이며 때로는 이해하기 어려운 방식으로 영향을 미친다는 의미다. 특권은 우리 삶의 다른 영역에 존재하는 불의의 현실을 지우지는 않지만, 불평등의 어떤 경험들로부터 우리를 일종의 면역 상태로 만들어줄 수 있다.

이런 특권은 인생 전반에 걸쳐 다양한 형태로 나타난다. 나는 현재의 직위뿐만 아니라 내가 합류하기 오래전부터 존재했던 포드재단의 자원과 명성 덕분에 특권을 누리고 있다.

(내가 여기에서 일일이 열거할 수 없을 만큼 이처럼 광범위한 범주에서, 그리고 더 구체적인 여러 사례에서) 이를 명심하면서 우리가 모두 고려해야 할 것이 무척 많다. 잠시 멈춰 우리가 당연하게 여기는 혜택들을 살펴보아야 한다. 그리고 우리의 특권이 어떻게 복합적인 효과를 낼 수 있는지, 우리의 상황이 우리 삶 전체의 가능성과 궤적을 어떻게 넓히거나 좁힐 수 있는지 기억해야 한다.

예를 들어, 어떤 한 곳에서 태어난다는 건, 특정한 자원이나 혹은 특정한 네트워크와 전문적인 기회의 문을 열 수 있는 특정한 학교에 접근할 수 있다는 뜻이다. 일부 기관에서는 심지어 특정한 특권이 명문화되어 있다. 이를테면, 명문 대학에서는 졸업생의 자녀에게 특례 입학 자격을 부여한다. 이처럼 부당한 이점은 사실 체계적으로 제공된다. 학교에서는 특례 입학 제도를 통해 학부모들의 기부를 꾸준히 확보한다. 이는 특권층 학교와 특권층 부모 사이의 대가성 거래다. 즉 다른 가정에 교육적인 특권과 복합적인 효과를 제공할 수 있는 바로 그 기회를 소수의 학생에게만 국한하는 왜곡된 인센티브 구조인 것이다.

그렇다. 특권은 본질적으로 더 많은 특권을 창출하는 조건을 만든다. 또 한 가지 놀라운 점은 혜택을 제공하는 체계를 바로잡아야 할 임무를 다시 특권층에게 맡긴다는 사실이다. 물론 필란트로피 전반에도 특권이 존재한다. 하지만 이 분야의 리더들이 특권에 대해 성찰하고, 논의하고, 특권이 부여하는 책임 때문에 고심하고, 이런 특권을 다른 사람들에게 확대해야 할 필요성을 인식하고 있다는 점은 고무적이다.

데이비드 록펠러 주니어(David Rockfeller Jr.)는 특권에 대해 깊이 이해하는 인물이다. 록펠러 가문은 카네기 가문과 함께 미국 자선 사업의 선구자로 평가받으며 (운 좋게도 내가 한때 몸담았던) 록펠러재단은 100년 넘게 "전 세계 인류의 복지 증진"[28]을 목표로 삼았다. 이 재단의 원년 자금은 스탠더드 오일(Standard Oil)의 창립자이자 데이비드의 증조부인 존 D. 록펠러 시니어(John D. Rockfeller Sr.)의 것이었다. 이런 부가 남긴 유산 덕분에 데이비드는 명문 학교에 진학하고, 상당한 에너지와 시간을 필란트로피에

바칠 수 있었다.

현재 데이비드는 그의 아버지(데이비드 시니어)와 숙부들이 설립한 가족 재단인 록펠러 브라더스 펀드(Rockefeller Brothers Fund)의 이사직을 맡고 있다. 그리고 이 지위를 통해 특권을 어떻게 활용할 것인가에 대해 무척 오랫동안 고민했다.

특권을 누리지 못하고 성장한 부의 창출자들은 흔히 부를 창출하고 보존하는 일에 너무 몰두한 나머지, 그 모든 것이 특권임을 인식하지 못한다. 부를 우연히 손에 넣고 물려받은 우리 같은 사람들은 더 쉽게 감사하는 마음을 가진다. 나는 선조들이 창조한 부의 플랫폼 위에서 이것을 어떻게 사용할지를 결정하며 설렘을 가지고 시도할 수 있다는 사실에 무한히 감사할 따름이다.

우리가 특권의 원천을 바꿀 수는 없지만, 데이비드가 말했듯이 그 특권을 어떻게 사용할지는 스스로 결정할 수 있다. 특권이나 감사하는 마음은 굳이 록펠러 가문의 일원이 되지 않더라도 이해할 수 있는 개념이다.

멜로디 홉슨(Mellody Hobson)은 시카고에서 태어나 편모 슬하에서 자라며, 어린 시절 내내 살던 곳에서 쫓겨나고 생계를 유지할 수 없다는 위협과 현실을 경험했다. 흑인 여성으로서 멜로디는 페기 매킨토시가 처음에 강조했던 (백인 남성이라는) 특권이 주는 이점을 누리지는 못했지만, 학계에서 성공하고 재정적 안정을 이루고자 하는 의욕이 강했다. 현재 멜로디는 아리엘 인베스트먼트(Ariel Investments)의 대표로 재직 중이며 록펠러재단을 비롯한 여러 기업과 자선 단체의 이사직을 맡고 있다. 멜로디는 다음과 같이 말했다.

나는 이 놀랍고 기적 같은 삶을 살고 있다는 사실에 감사한다. 그건 실로 기적이다. 나는 매일 매순간 그것을 인식한다. 어떤 것도 당연하게 여기지 않는다. 아침에 눈을 뜨면 내게 잠잘 곳이 있고 쫓겨날까 봐 걱정하지 않아도 된다는 사실이 믿기지 않는다. 그게 내 젊은 시절의 무척 많은 부분을 차지했기 때문이다.

우리 남편은 언제나 여러분이 어린 시절에 겪은 일이 다른 방식으로 여러분에게 남는다고 말한다. 그리고 나라는 사람이 그런 일에 깊은 뿌리를 두고 있으니, 나는 내가 가진 이 특권에 똑같이 깊은 뿌리를 두고 있고 그 특권을 인식하고 있다. 그래서 나는 두 가지 일을 하려고 노력한다. 첫째, 다른 어떤 것과는 달리 그 특권을 감사와 겸손의 태도로 인식하려고 노력한다. 둘째, 그 특권을 가볍게 누리고 있다는 사실을 인식하려고 노력한다.

멜로디는 자신의 접근 방식을 설명하면서, 시티즌 유니버시티(Citizen University)*의 설립자이자 CEO인 친구 에릭 리우(Eric Liu)의 질문을 떠올린다. "당신은 나누는 사람인가요, 아니면 쌓아두는 사람인가요?"라는 질문에 멜로디는 이렇게 답한다. "저의 목표는 특권을 공유하는 겁니다."

특권을 공유한다는 것은 어쩌면 정의를 요구하고 실현하는 첫걸음일지도 모른다. 이를 위해서는 구조적 불균형을 인식하고 단순히 자원을 제공하는 차원을 넘어서 현재의 특권 구조를 확장하고 개선할 방식을 모색해야 한다.

이는 분명한 도전이다. 제프 레이크스는 이렇게 말한다. "안타깝게도 많은 사람에게 특권은 권리 의식으로 이어집니다." 레이크스는 레이크스재단의 공동 설립자이자, 마이크로소프트에서 30년 가까이 근무한 후 빌&멜린다 게이츠 재단(Bill & Melinda Gates Foundation)의 CEO를 지낸 인물이다. 그는 이어서 다음과 같이 덧붙인다. "'나는 이 특권을 누리고 있으며, 이로부터 부를 창출했기 때문에 사회를 변화시킬 최고의 아이디어도 내가 갖고 있을 것'이라고 생각하는 사람이 있을 수 있습니다. 그러나 그건 큰 착각이죠. 우리는 오히려 이렇게 말해야 합니다. '나는 특권을 누리고 있다. 그 사실을 인정해야 한다.' 사회를 위한 최선을 선택할 자격이 자신에게 있다는 생각에 빠져서는 안 됩니다."

---

* 미국의 비영리 교육 기관으로, 시민의식과 시민권의 실천적 의미를 교육하고 확산하는 데 목적을 둔 단체

다양한 형태의 특권을 인식하게 될 때, 우리는 그에 따른 책임 또한 분명히 인식하게 된다. 나의 친구 로라 아릴라가-안드레센도 이 말에 깊이 공감한다. 그녀의 아버지 존 아릴라가 시니어(John Arrillaga Sr.)는 실리콘 밸리를 개발한 공로자로 인정받고 여러 익명 필란트로피 활동에 참여한 인물이다.[29] 로라는 그의 발자취를 따라 봉사에 헌신하며, 실리콘 밸리 소셜 벤처 기금(Silicon Valley Social Venture Fund), 스탠퍼드 자선 및 시민 사회 센터(Stanford Philanthropy and Civil Society), LAAF.org[30]를 창립했다. 그녀는 자신과 특권의 관계를 이렇게 설명한다. "전 남다른 특권을 누리는 백인 여성입니다. 그렇기에 제가 가진 자원과 제가 만든 플랫폼을 통해 다른 이들의 삶을 나아지게 할 책임이 남달리 크다고 믿습니다."

로라는 이어서 이렇게 덧붙였다. "특권을 누리는 사람에게는 그 특권을 넘어서는 책임이 따릅니다. 다시 말해, 자신이 가진 특권을 통해 긍정적인 변화를 만들어내고, 더 큰 접근성, 더 큰 기회, 그리고 더 큰 힘을 창출해야 합니다."

이 말은 데이비드 록펠러 주니어(David Rockefeller Jr.)의 신념과도 맥을 같이한다. 그는 다음과 같이 말했다. "우리 할아버지께서 이렇게 말씀하셨습니다. '모든 권리에는 책임이 따르고, 모든 기회에는 도리가 따르며, 모든 소유에는 의무가 따른다.' 제게는 자선 분야에서 우리의 책임이 무엇인지 고민하는 일이 하나의 특권이었습니다."

우리가 인생에서 마주하는 특권에 대해 죄책감을 느낄 필요는 없다. 그러나 그것을 인정하고 이해한다면, 우리가 마주할 미래를 위한 더 단단한 토대를 마련할 수 있다. 체계적인 변화를 일으키기 위해서는 기존 사회 구조와 그로부터 자신이 어떤 혜택을 받고 있는지를 깊이 이해해야 한다. 그리고 어떤 형태이든 간에 특권을 가진 사람에게는 더 많은 일을 해야 할 책임이 따른다. 카네기는 이렇게 썼다.

> 그러나 지역사회에 확실히 도움이 되는 일에 참여하거나 이를 지원하는 일은 결코 백만장자들만의 특권이 아니다. 자신의 소박한 욕구를 채우고도 약간의 여유가 있는 사람이라면 누구나 이 특권을 더 부유한 형제들과 나눌 수 있다. 설령 여유가 없다 해도 적어도 자신의 시간 일부를 기꺼이 내어줄 수 있다. 시간은 대개 자금만큼 중요하며 때로는 그보다 더 중요할 수 있다.[31]

궁극적으로 특권은 단지 감사의 마음이나 도덕적 책임감을 불러일으키는 데 그쳐서는 안 된다. 그것은 특정한 문제와 걱정, 두려움에 대응할 수 있는 힘을 갖게 해야 한다. 특권은 변화의 동력이며, 이를 도구로 삼아 모든 사람에게 특권을 확대할 자원과 네트워크, 힘에 접근할 수 있다. 우리는 특권을 외면해서는 안 된다.

오히려 그것을 분명히 인식하고, 정의를 실현하는 수단으로서 책임 있게 사용해야 한다.

전통적 자선기관을 위한 새로운 패러다임
- 엘리자베스 알렉산더와의 대담

　포드재단에서 2년간 엘리자베스 알렉산더와 함께 일할 수 있었던 것은 내게 행운이었다. 당시 그녀는 재단에서 창의성과 표현의 자유를 담당하는 국장을 맡고 있었다. 2018년, 엘리자베스는 고등 교육, 인문학, 박물관, 문화 보존, 예술 등 다양한 분야에서 활동하는 앤드루 W. 멜런재단(Andrew W. Mellon Foundation)의 회장으로 임명되었다.

　재단에 이름을 남긴 앤드루 W. 멜런은 앤드루 카네기보다 약 20년 늦게 태어났다. 그는 은행가이자 기업가로, 막대한 부를 축적했다. 카네기와 마찬가지로, 멜런 또한 남북 전쟁 이후 대호황기 속에서 산업화와 그로 인한 불평등 구조로부터 이익을 얻었고, 이를 사회에 환원하려는 필란트로피스트의 길을 택했다. 두 사람은 각각 피츠버그에 교육 기관을 설립했는데, 이들은 훗날 통합되어 오늘날의 카네기멜런대학교(Carnegie Mellon University)가

되었다.

멜런재단의 이사장으로 취임한 엘리자베스 알렉산더는 자신의 폭넓은 지식과 경험을 적극적으로 활용했다. 그녀는 필란트로피 분야에서 경력을 쌓았을 뿐만 아니라, 뛰어난 학자이자 시인, 에세이스트, 희곡 작가, 회고록 작가로서도 명성을 얻었다. 교사이자 예술가로서 얻은 균형감각을 바탕으로, 보편적인 교육과 접근성을 옹호하며, 자신이 이끄는 전통적 자선기관을 그 방향으로 발전시키고자 힘썼다.

대런: 미국을 비롯한 전 세계에서 정의를 추구하는 데 있어, 필란트로피는 어떤 위치를 차지한다고 보십니까?

엘리자베스: 조지 소로스(George Soros), 헨리 포드, 앤드류 W. 멜런 같은 인물들을 떠올려 보면, 그들은 각기 다른 방식으로 부를 축적했고, 그 배경도 매우 다릅니다. 하지만 결국 하나의 공통된 결과에 이르게 됩니다. 특정한 곳에 과도하게 부가 집중되는 거죠. 우리가 알고 있는 바로는, 어느 한 곳에 과도한 부가 존재한다면 다른 곳에는 결핍이 존재할 수밖에 없습니다. 이런 점에서 전 필란트로피의 본질에는 '부의 재분배'라는 개념이 내재해야 한다고 생각합니다.

완벽한 균형이란 존재하지 않지만, 전 이런 아주 단순한 개념, 그러니까 어딘가에 너무 많은 것이 있다면, 그것을 나누어야 할 도덕적 의무가 있다는 개념이야말로 필란트로피의 핵심이라고 봅니다.

대런: 당신은 필란트로피를 단순히 부의 재분배로 보십니까? 아니면 그것이 불평등의 근본 원인을 해결하려는 시도라고 보시나요? 예를 들어, 존 D. 록펠러는 흑인들을 돕고자 했지만, 당시에는 '인종적 정의'라는 표현을 쓰지 않았습니다. 그는 흑인 여성 교육에 대한 신념이 있었고, 그의 처가는 그전부터 오랫동안 노예제 폐지 운동에 적극적으로 참여했어요.[32] 그래서 그는 흑인 여성과 소녀들을 위한 학교였던 애틀랜타 침례교 여자 신학대학(Atlanta Baptist Female Seminary)의 부채를 상환했고, 처가의 성을 따서 학교 이름을 스펠먼 신학대학(Spelman Seminary)으로 바꾸었죠. 이 학교는 오늘날 우리가 잘 알고 있는 전통적인 유명 여자 흑인 대학인 스펠먼 칼리지(Spelman College)가 되었습니다.[33] 하지만 그는 흑인 여성이 래드클리프(Radcliffe)나 스미스 칼리지(Smith College) 같은 전통적인 백인 여성 대학에 입학해야 한다고 주장한 적은 없었습니다.

엘리자베스: 우리 세대에서는 문제의 근본 원인에 접근할 때, 그곳에서 자선의 진정한 역할이 발휘된다고 생각합니다. 각각의 필란트로피 기관들은 정의가 변화를 일으키는 지점이 어디인지 정확히 인식하고, 그것을 분석할 수 있는 시

각과 전문성을 지닌 인력에 대해 깊이 이해하고 있어야 합니다. 물론 모든 사람이 모든 것을 할 수는 없겠지만, 그런 역량이 꼭 필요하죠. 그리고 무엇보다 중요한 건, 정의라는 개념이 어떻게 하면 충실하고 가시적인 주도성을 가질 수 있는지까지 판단할 수 있어야 한다는 점입니다.

저는 '확고한 주도성'이라는 개념이 매우 매우 중요하다고 봅니다. 그렇지 않으면, 아무리 좋은 일이 일어나고 돈이 투입되며 사람들이 프로젝트를 수행한다고 해도, 그 '정의'라는 개념이 지속성이나 가시성을 확보하지 못할 겁니다.

대런: 지금까지 많은 필란트로피스트들이 잘못 알고 있다며 사람들이 비난했던 부분을 지적하시는 것 같네요. 결국 우리가 수행하는 사명을 통해 누구에게, 어떤 공동체에 힘을 실어줄 것인가라는 문제 말입니다.

엘리자베스: 저는 포드재단에서 필란트로피스트로 일하며, 어떻게 하면 우리가 지원하는 사람들에게 '생각의 파트너'로서 더 의미 있는 역할을 할 수 있을지 오랫동안 고민했습니다. 우리가 같은 목표를 공유하고 다방면의 지식을 갖고 있다면, 단순히 자금을 지원하는 걸 넘어서 더 깊이 있는 공헌을 할 수 있을 겁니다. 하지만 동시에, 그 일의 주체가 누구인지도 분명히 인식해야 합니다.

그래서 전 이 문제가 결국 두 가지에 달려 있다고 생각합니다. 하나는 확실하고 전문적인 기관의 직원들이고, 다른 하나는 지역사회에 대한 깊은 이해를 바탕으로 수혜자를 신중하게 선정하는 일이죠. 일단 그런 선택이 되고 나면 우리가 이렇게 말할 수 있습니다. "좋습니다. 우리는 당신을 신뢰하기 때문에 선택했습니다. 그러니 계속해서 일일이 간섭하고 확인할 필요가 없죠."

우리가 어디에 전문성을 가지고 있는지, 그리고 우리가 함께 일하는 사람들로부터 무엇을 배울지를 겸손한 태도로 명심한다면 파트너십은 매우 유익할 수 있습니다.

물론 여기에는 겸손이 필요합니다. '겸손한 척'만 해서는 안 됩니다. 이 점이 정말 중요하다고 생각해요. 이를테면 "우리는 이 일과 아무 관련이 없다"라고 말하는 건 솔직하지 못한 태도죠. 결국 제 요점은 우리가 하는 일의 주도성을 가져가면서도, 그 안에서 적절히 균형을 잡으면 된다는 것입니다.

대런: 많은 필란트로피스트들이 그저 입을 다물고, 수혜자들이 문제에 대해 목소리를 낼 수 있도록 하는 게 우리의 역할이라고 말합니다. 그렇다면 필란트로피스트로서, 정의를 위해 목소리를 내는 일에서 당신의 역할은 무엇이라고 생각하나요?

엘리자베스: 그건 아마 수혜자들은 스스로 자신의 의견을 아

주 상세하게 표현하도록 하고, 우리들은 비교적 단순하게 우리의 목소리를 압축하는 훈련을 하는 거라고 생각합니다. 자 다시, 데런이 지적했던 지점, 그리고 제가 대런과 같이 재단에서 일을 했을 때 우리가 가졌던 원칙들로 돌아가 보자면, 모든 지원금은 다음의 질문에 대한 답을 해야 한다고 생각해요. "이것이 어떤 방식으로 불평등을 해소하고 있는가?"라는 질문이요. 그것은 어렵고도 흥미로운 과제였고, 우리는 모든 채널을 통해 면밀히 검토한 끝에 결국 그 단순한 질문에 대한 답을 마련할 수 있었습니다. 그것이 바로 포드재단이 세상에 내놓으려고 했던 것이었고, 수혜자들은 모든 세부 사항과 특징, 그리고 구체적인 내용을 구체적인 사례로 보여줄 수 있었죠.

저 역시 멜런의 생각에 공감합니다. 제가 이 일을 시작한 지 아직 얼마 되지 않았지만, 예를 들어 '멜런 메이스 학부 펠로우십 프로그램(Mellon Mays Undergraduate Fellowship Program)'을 떠올려 보면, 그 기본개념의 출발점은 바로 우리가 고등교육의 중요성을 믿는다는 것입니다.[34] 그리고 고등 교육이 왜 중요한지 그 가치를 분명히 밝히고, 아직 고등 교육이 모든 이들에게 보편화되지 않았으며 교수진의 다양성도 충분하지 않다는 현실을 인식한다면, 탁월함과 평등이라는 가치를 실현할 수 있는 흥미로운 지원 방법은 수백 가지나 될 겁니다.

이 경우 재단의 목소리는 분명합니다. 고등 교육에서의 탁월함과 평등은 우리가 추구하는 핵심 가치이며, 우리가 지원하는 모든 훌륭한 프로그램들은 이런 가치를 구체적인 방식으로 반영하고 있어요. 저는 바로 얼마 전에 우리가 지원하는 한 프로그램에 대해 알게 되었습니다. 리드 칼리지(Reed College)에서 1학년 인문학 과정을 완전히 개편할 계획이라는 거였죠. 이제 그 과정은 고대 그리스에만 국한되지 않고, 아테네도 볼 것이고 멕시코시티와 할렘도 공부할 예정입니다. 저의 역할에서는, 그것만으로도 설렙니다. 상상만 해야 하는 일이 아니라, 그것이 우리의 가치를 보여주고 있다고 말할 수 있어요. 그리고 그게 바로 우리가 믿고 있는 크고 아름다운 아이디어라고 말할 수 있어요.

대런: 그건 당신이 필란트로피의 역할을 바로잡도록 도와주는 것, 그리고 일으켜 세우는 걸 도와주는 것이라고 믿기 때문인가요? 이 프로그램에 가슴이 설레는 이유는 뭔가요? 할렘과 멕시코시티를 포함하고, 서로 다른 문화를 비교하고 대조할 수 있기 때문인가요? 아니면 역사적으로 배제되거나 무시되었던 무언가를 이제 이런 규범에 포함하기 때문인가요?

엘리자베스: 저는 'philo'(사랑)와 'anthropos'(사람들)에서 유래한 'philanthropy'라는 단어의 어원을 늘 떠올립니다. 실제

로 그 개념을 제 지침으로 삼고 있죠. 그 단어의 뿌리와 의미를 되새기는 것만으로도 제게는 정의를 실천하는 원동력이 됩니다.

하지만 한편으로, 제가 생각하기에 멜런이 집중하는 가장 중요한 가치는 고등 교육입니다. 지금 우리 사회에서는 고등 교육이 제대로 제공되지 않고 있어요. 심지어 대학에 진학하는 게 무슨 의미가 있냐고 의심하는 사람들까지 있을 정도로, 고등 교육의 가치가 과소평가됩니다. 그러니 우리가 고등 교육에 관심을 둔다면, 최고 수준의 교육이 모든 이에게 열려 있어야 한다는 게 정의의 핵심입니다. 만약 특정 집단, 특정 문명, 특정 국가, 혹은 특정 유형의 사람들이 지닌 사상과 관점이 인간 경험에 대한 우리의 집단적 이해에서 배제되었다면, 우리는 하나의 재단으로서 역사 전반과 현재에 이르기까지 탁월함과 사상, 그리고 행복이 어디에서 발견되었는지를 더욱 온전히 보여주는 작업을 지지합니다.

대런: 말씀을 들어보니, 필란트로피가 그 목표를 실현하는 데 핵심적인 역할을 한다고 굳게 믿고 계신 것 같군요.

엘리자베스: 맞습니다. 제가 그렇게 단호하게 말하는 건, 사람들을 진심으로 사랑한다면 당신이 가진 여분의 자원을 더 많은 사람의 삶을 향상시키는 데 사용해야 한다고 믿기 때

문입니다.

대런: 그렇다면 자선에서 정의로 나아가려 할 때 어떤 어려움이 따를까요? '저는 사람들을 사랑합니다. 하지만 그냥 자선만 하고 싶어요. 불편해지거나 정의와 관련된 일에는 얽히고 싶지 않아요.' 이렇게 말하는 사람도 있습니다. 당신이 포드재단과 더 넓은 세상에서 활동하면서 깨달으셨겠지만, 필란트로피스트가 정의를 추구하는 과정은 때때로 다른 필란트로피스트나 일반 사람에게 불편함을 줄 수도 있겠지요. 미 하원의원 존 루이스(John Lewis)가 지적했듯이, 발전하려면 불편함을 감수해야 합니다. 하지만 자선이라는 분야는 사람들에게 불편함을 주지 않으려고 노력하는 분야잖아요.

엘리자베스: 맞습니다. 저 역시 루이스 의원처럼, 제게 길잡이가 되는 말씀이 하나 있습니다. 바로 시인 루실 클리프턴(Lucille Clifton)이 한 전도사에게서 들었다는 말입니다. "나는 고통받는 이들을 위로하고, 안락한 이들을 괴롭히러 왔노라."[35]

이런 관점을 버리는 것은 제 삶 전체의 방향과 모순되는 일일 겁니다. 그래서 저는 이 원칙을 자선의 영역에도 그대로 적용하고 있습니다. 전 그 '불편함'이 전혀 불편하지 않습니다. 하지만 요즘 누가 필란트로피의 리더로 자리하고 있는지, 그리고 사람들이 그 불편함을 극복해 나가는 데 어떤 모델이 실질적으로 강력한 도구가 될 수 있을지를 생각해보면, 정말 흥미로운 지점이 많습니다.

제 경력의 한 부분은 사회경제적 배경과 이념, 그리고 경험이 서로 다른 학생들(제가 몸담았던 대학들의 특성상 대부분은 백인이었지만, 중요한 것은 여전히 다양한 구성의 학생들이었다는 점입니다)을 대상으로 아프리카계 미국인 연구에 따르는 도전과제들을 가르친 일입니다. 그 과정에서 학생들은 이전에 접해본 적 없는 주제들과 마주하고, 인종에 관한 대화를 어떻게 발전시킬 수 있는지를 배우며, 그 경험이 얼마나 변혁적이고 생산적인지 직접 체감하게 됩니다.

15년 전에 저와 함께 극작가 오거스트 윌슨(August Wilson)에 관한 한 강좌를 들었던 제 제자 한 명을 최근에 만난 적이 있습니다. 그녀가 시인이나 학자가 되지는 않았더군요. 대신 평등한 정의 이니셔티브(Equal Justice Initiative, EJI)에서 사형수들을 돕는 변호사로 일하고 있지요. 그런데 그녀가 그 세미나에서 함께 공부했던 내용 가운데 지금의 일에 직접적으로 도움이 되는 개념들을 짚어주었습니다. 제가 수업 중에 "흑인 문학을 배우는 건 당신만을 위한 게 아닙니다"라고 했던 말을 기억하고 있었어요. 그녀는 EJI 설립자인 브라이언 스티븐슨(Bryan Stevenson)과의 인터뷰에서도 그 말을 언급했고, 스티븐슨은 역시 "그 말이 정확히 맞다"라고 동의했다고 합니다. 그래서 그녀는 위대한 흑인 문학에서 배운 그 개념을 지금 본인의 일에 적용하고 있습니다. 이 무너진 사법 제도에서 도움이 되고자 애쓰는 그 일이 그녀 자신도 변화시키고 있는 거죠.

말하자면, 이 세대의 필란트로피 리더들은 삶의 경험이든, 직업적 경험이든 다양한 경험을 가지고 있습니다. 우리가 새로운 도구를 제공해 그들이 불편한 대화를 피하지 않고, 정의로 향하는 여정에서 오는 진정한 기쁨을 경험할 수 있도록 돕는 일, 저는 그게 정말 멋진 일이라고 생각합니다.

대런: 당신의 배경에 관해 듣고 싶군요. 어떤 일을 계기로 이 길에 들어서게 되었나요?

엘리자베스: 제 부모님 세대 이전에, 제 증조모와 증조부께서 부커 T. 워싱턴(Booker T. Washington)과 함께 터스키기대학교(Tuskegee University)를 설립하는 데 힘을 보탰습니다. 그분들은 노예로 태어나 전쟁 이후에 해방되셨는데, 모든 이에게 교육이 필요하다는 믿음을 갖고 계셨어요. 그 사실은 제게 깊은 감동과 큰 영감을 줍니다.

그 믿음의 힘(그리고 자신이 가진 특권이 무엇이든 상관없이 반드시 더 큰 공동체와 특권을 함께 나누어야 한다는 깨달음의 힘)이 세대를 넘어 저와 제 가족의 DNA에 새겨져 있습니다. 제 할머니는 할렘에서 사회복지사로 일하셨고, 할아버지는 할렘 지역사회의 할렘 병원에서 근무하셨습니다. 그분들은 여러분이 지역사회에서 어떻게 일해야 하는지를 보여주는 본보기였습니다. 교육이라는 특권과 기술이라는 특권을 가진 사람이 그 기술과 특권을 나누지 않는다면 죽은 거나 다름없다는 사실을 일깨워주셨죠.

제가 수십 년간 가르치며 목격한 것은, 무엇보다도 인생의 그 시점에 있는 젊은이들과 함께한다는 게 정말 멋진 일이라는 점입니다. 방금 말씀드린 이야기가 그 한 예이기도 하죠. 또한 그들이 포용에 대해 새롭게 이해하고, 그 개념을 바탕으로 무엇을 할 수 있는지 지켜보는 것도 멋진 일입니다. 모두가 언제나 같은 자리에 머무는 게 아니라는 사실을 깨닫게 되니까요. **당신**이 현재 같은 자리에 있다고 해서, 그 자리에 함께할 자격이 있는 **다른 이들**이 없다는 뜻은 아니며, 인생을 살아가는 동안 당신은 이 점을 항상 기억해야 합니다.

마지막으로, 예술가로서, 시인으로서 저는 다시 한번 제게 주어진 어떤 의무를 느낍니다. 그저 글을 쓰는 것이 아니라 그 글을 공유하고 다양한 곳에서 인류의 경이로움을 발견하기 위해 글을 씁니다. 한 인간이 어떤 사람인지, 어떻게 그에게 다가가야 할지 알 수 없으니까요. 이런 생각이 제 모든 작품에 생명을 불어넣습니다. 그리고 이런 원들이 점점 퍼져나가며, 세상을 더 넓게 감싸는 가능성(제가 생각하기에 이것이 필란트로피가 할 수 있는 한 가지 역할이기도 합니다), 그게 바로 제가 매우 깊이 신뢰하는 바입니다.

대런: 당신은 시인이기도 하니, 필란트로피에서 보기 드문 존재시죠.

엘리자베스: 네, 맞습니다. 전 시인이자 학자입니다. 이 두 가지 역할 모두 언어와 소통, 사고의 정밀성 같은 세부 사항에 아주 깊은 주의를 기울여야 하죠. 전 이런 태도를 주변 사람들과 나누고 싶습니다.

또한 저는 예술가들이 얼마나 놀라운 창의력으로 문제를 풀어가는지를 언제나 지켜보고 있고, 직접 경험하기도 했습니다. 예술가들은 모순을 감추지 않고 드러내는 사람들입니다. 서로 다른 것들을 동시에 받아들일 수 있습니다. 모든 것이 항상 깔끔하고 정리되어 있을 필요는 없는 거죠. 인간 존재 자체가 모순적이기 때문에, 해결책을 구하는 과정은 언제나 어렵고 복잡합니다. 예술가가 하는 일의 본질이 바로 이겁니다. 그 일이 필란트로피 분야에서 복잡한 문제에 대한 해결책을 고민하는 일에 대한 훌륭한 비유가 될 수 있어요. 창작자들은 종종 경제적으로 소외되어 있고, 때로는 낯선 외부인처럼 보입니다. 하지만 전 그들의 목소리를 존중해야 한다고 믿습니다. 해결책이 어디서 나올지는 아무도 모르니까요. 우리에게는 비전이 필요합니다. 당장은 눈에 보이지 않지만, 가능성을 발견하는 사람들이 필요합니다. 그리고 그들은 정책이 때로는 닿지 못하는 방식으로 우리의 마음을 움직이고, 서로의 인간성을 이해하게 만들 수 있는 비전을 제시해야 합니다. 제가 보기에, 그것이야말로 일종의 '마법'이고 '비법'입니다. 전 필란트로피 분야에서도 이 비법을 인정하고, 존중하고, 실제로 활용할 수 있기를 바랍니다.

대런: 어떤 사람들은 예술과 인문학을, 이를테면 사형제도나 형사사법제도 개혁과는 대조되는 고상한 지적 탐구로 여깁니다. 필란트로피스트로서 당신은 예술과 정의가 만나는 이 지점에 대해 어떻게 생각하십니까?

엘리자베스: 저는 EJI의 브라이언 스티븐슨과 그가 설립한 놀라운 공간, 평화와 정의를 위한 국가 추모관(National Memorial for Peace and Justice)을 떠올립니다. 브라이언은 우선 변호 활동부터 시민 지원, 정책 수립과 법률 제정, 법률 개정 등 다양한 일을 합니다. 하지만 그가 이토록 거대한 정의의 공간을 만든 데는 한 가지 이유가 있습니다. 그는 스토리텔링의 힘, 특히 예술적 스토리텔링의 힘을 이해하고 있어요. 이 힘이야말로, 사람들을 움직이고, 흔들며, 매우 인간적인 경험을 통해 마음을 바꾸게 만드는 원동력입니다.

우리는 법정 앞에 선 브라이언의 모습을 떠올릴 수 있습니다. 수많은 젊은이를 변호하는 일은 멋지고 그 자체로 가치가 있을 겁니다. 하지만 그는 거기서 한 걸음 더 나아갔습니다. 레거시 뮤지엄(Legacy Museum)을 만들어 한 공간으로 구체화함으로써 사회가 정의롭지 않다는 단순한 사실을 더 많은 사람에게 알렸죠. 아울러 강연과 베스트셀러 《저스트 머시 Just Mercy》를 통해 스토리텔링으로 사람들을 정의의 길로 이끌고 있습니다.

제가 보기에, 브라이언의 강점은 우리가 그저 이 문제를 예술적으로만 표현한 데 그치지 않는다는 겁니다. 대신 우리는 예술가들에게 '문제와 해결책을 어떻게 해석하고, 바라보는가'를 묻습니다. 깃발이나 포스터를 만들어내라고 요구하지 않아요. 우리는 그들에게 이렇게 말하죠. '진정한 비전을 보여주세요.'

당신은 샌포드 비거스(Sanford Biggers),* 타이터스 카파르(Titus Kaphar),** 행크 윌리스 토마스(Hank Willis Thomas)***에게 특정한 이미지를 만들어달라고 주문할 수 없었을 겁니다. 레거시 뮤지엄을 위해 그 잊을 수 없는 작품

---

* 영화, 영상, 설치, 조각, 음악, 퍼포먼스 등 다양한 분야에서 활동하는 미국 예술가
** 아프리카계 미국인을 주제로 미술사를 재구성하는 미국의 현대 화가 겸 영화 제작자
*** 주로 정체성, 역사, 대중문화와 관련된 주제로 작업하는 미국 개념미술가

(위로 들어 올려진 그 모든 손, 콘크리트에서 솟아오른 팔들)을, 한번 보면 결코 잊지 못할 방식으로 만든 것은 행크 윌리스 토마스의 상상력이었죠. 그래서 여러분은 그 작품이 불러 일으킨 느낌을 평생 잊을 수 없을 겁니다.

대런: 필란트로피가 그런 종류의 노력, 특히 스토리텔링과 서사에 더 많이 투자해야 한다고 생각하시나요?

엘리자베스: 아니요, 저는 필란트로피를 하는 사람들이 진정성을 가지고, 탁월하게 그 일을 수행해야 한다고 생각합니다. 사실 그건 누구나 할 수 있는 일이 아니에요. 모든 사람이 깊이 있는 지식과 전문성을 가지고 예술에 헌신할 수는 없으니까요. 전 포드재단과 멜런재단(그리고 역사와 인력, 그리고 깊이 있는 지식을 갖춘 다른 기관)이 이 일을 정말 잘 해내기를 바랍니다.

예술계에서 자금과 관련해 흥미로운 점이 하나 더 있다면, 그게 항상 규모에 비례하지는 않는다는 겁니다. 영향력을 발휘하는 데 반드시 수백만 달러가 필요한 건 아니에요. 어떤 때는 큰 자금이 필요하지만, 그렇지 않은 때도 있죠. 무언가를 만들 때 때로는 많은 돈이 들지만, 돈이 많이 들지 않을 때도 있습니다.

예를 들어, 제가 EJI를 위해 시를 썼을 때 든 비용은 정확히 0원이었습니다. 단 한 푼도 들지 않았죠. 그리고 바라건대 그 시가 누군가에게 생각할 거리를 주었으면 좋겠어요. 물론 조각품을 만드는 데에는 비용이 들고, 예술가들은 그에 대한 보상을 받습니다. 당연한 일이죠. 하지만 그 투자에서 얻는 지속적인 가치를 생각해보면, 그건 꽤 특별하고 경제적인 일입니다.

대런: 맞습니다. 하지만 그와 동시에, 예술가로서 당신(당신의 창의성이나 행크 윌리스 토마스의 창의성)에 대한 투자도 있었죠. 당신은 자선 단체로부터 개인 장학금을 받았고, 인적 자원에 대한 투자도 받은 겁니다. 제가 우려하는 부분은, 특히 최근의 필란트로피 분야에서는 수치 지표를 중심으로 이 모든 움직임이 일어난다는 거예요. 다시 말해, 측정할 수 없는 건 투자할 가치가 없다, 우선순위에서 밀려난다는 식으로 생각하는 거죠. [남아프리카 공화국 판사] 알비 삭스(Albie Sachs)가 "모든 사람은 아름다움을 누릴 자격이 있다"고 말했을 때를 떠올리게 됩니다. 그런데 어떤 필란트로피스트들은 '그래요, 누구나 아름다움을 누릴 자격이 있죠. 하지만 아름다움은 무엇무엇 다음에 와야 하는 겁니다'라고 생각하는 것처럼 보여요. 여기에서 말하는 '무엇무엇'이 그들이 정한 우선순위인 셈이죠.

엘리자베스: 맞아요. 수치 지표에 관한 질문으로 돌아가 보죠. 이 대목에서 저는 흥분과 도전 의식을 느낍니다. 실제로 바

로 얼마 전에 멜런예술대학의 동료들과 함께 '예술의 영향력에 관한 문제를 어떻게 신중하게 전달할 수 있을까'라는 주제로 대화를 나누었습니다. 예를 들면 이런 반응이 있을 수 있다고 생각합니다. '글쎄요, 그걸 어떻게 측정해야 하죠. 측정할 수 없는 거 아닌가요' 또는 '이게 어떤 보상을 주는지 보여줄 수 있나요? 눈에 보이지 않는데요?' 같은 식의 의문 말이에요.

혹은 정반대 편에서는 (필란트로피 분야에 들어오기 전의 저도 이편에 가까웠을 겁니다) 이런 의문을 내놓을 겁니다. '예술의 가치를 측정한다는 겁니까? 왜 그러는 건가요? 예술은 인간의 영혼을 독특한 방식으로 움직이는데, 그건 애초에 측정할 수 없는 거잖아요?'

그리고 실제로 지역사회의 예술과 경제 개발에 관한 연구들이 있죠. 그건 정말 유용한 연구라고 생각해요. 다만 그건 전체의 일부분일 뿐입니다. 실제로 얼마나 많은 사람이 정의가 평등하지 않다는 사실을 이해하는지 내가 측정할 수는 없어요. 그야말로, 그리고 우리가 모두 이 사실에 동의하겠지만 수백만 명의 사람들이 《앵무새 죽이기 To Kill a Mockingbird》를 읽거나 동명의 영화만 보았어도 그 사실을 이해합니다. 그래서 전 이 두 가지 사례의 중간 어딘가에서 엄밀하고 유용한 고민을 하면서 이 분야의 다른 사람들과 힘을 모아 그것을 발전시키고자 합니다.

대런: 그렇다면 포드재단이나 멜런재단처럼 오랜 전통의 조직이 정의를 위한 활동에서 맡아야 할 과제는 무엇이라고 보십니까?

엘리자베스: 저는 지금 자선 분야에서 다양성에 관련된 언어와 사고가 사용되는 방식이 불만스럽습니다. 저를 포함한 몇몇 사람들은 소외된 이들의 목소리를 드높이는 것이 우리가 일하는 방식의 핵심 가치라고 생각했습니다. 이는 포드재단에서 제가 해온 일의 특징이었고, 앞으로 멜런재단에서도 제가 중요하게 여기는 가치의 한 측면일 겁니다.

하지만 우리는 문화가 변화함에 따라 일부 주류 조직들이 자신들의 위치와 자금원을 새로운 정의의 기준에 비춰보기 어렵다고 느낀다는 점도 알고 있습니다.

그렇다고 해서 제가 그것을 적대적이고 대립적인 태도로 보는 건 아니에요. 다만 조직은 이렇게 말해서는 안 된다고 생각합니다. '이제 다양성이 중요해졌으니, 이 사람들에게 달려가서 우리가 진작 실천해야 했던 다양성에 대한 대가를 치르라고 말하겠다.' 전 지금이 제임스 볼드윈이 1950년대에 남긴 말을 되새기는 순간이 되기를 바랍니다(이건 결코 공격적으로 한 말이 아닙니다). "이 세상은 더 이상 백인 중심이 아니며, 다시는 그렇게 될 수 없습니다."[36]

이 말의 진짜 의미는 이렇습니다. '미국을 보라. 이 나라는 아름답고도 복잡하며, 다양한 목소리와 경험을 공존하는 나라다. 때로는 이들을 잇는 실이 엉성하게 느껴질지 모르지만 결국 하나로 묶여 있다.' 여기서 중요한 것은, 우리가 하나의 공동체, 다양성을 지닌 하나의 공동체라는 사실입니다. 이건 팩트예요. 그리고 그 안에는 풍요로움과 아름다움, 그리고 힘이 있습니다.

그래서 전 우리가 서로에게서 어떻게 배울 수 있을지를 긍정적이고 철저하게 함께 고민하는 파트너가 되어야 한다고 생각합니다. 그리고 이런 질문을 던져야 한다고 봅니다. '그것이 필란트로피의 가치인가? 어떻게 하면 서로 다른 목소리들이 각자 최상의 역량을 발휘하며 함께 의견을 나누는 공동체를 만들 수 있을까?'

제가 생각하기에 제1단계는, 제게는 도전이기도 한데, 이런 공간들, 이런 가치들, 이런 도구들이 왜 문화 전반에 중요한지에 대해 이야기하는 겁니다. "예술과 문화가 왜 필요한가요? 인문학이 왜 필요한가요?"라고 반론하는 사람이 있겠지요. 지금 이런 것들이 심한 공격을 받고 있으니까요. 그래서 전 르네상스 시대와 그 가치들에 관해 이야기하는 것, 다시 말해 디지털화가 진행되는 상황 속에서 그 가치들이 사라지지 않도록 보존하고 소중히 여기는 일의 중요성에 관해 이야기하는 것이 제1단계라고 생각합니다.

하지만 매우 즉각적인 제2단계는 이겁니다. 지금 이 가치 있는 것들에 일부 사람만 접근할 수 있다면, 모든 사람이 접근할 수 있도록 만들어야 한다는 겁니다.

우리 이사회와 면담할 때 이 아이디어에 관해 대화를 나누면서 저는 이렇게 말했습니다. "제가 생각하기에 멜런의 소명에 내재한 정의에 대한 비전이 바로 이겁니다. 여러분이 제가 그렇게 표현하는 것에 이의가 없기를 바랍니다. 저는 그렇게 믿고 있으니까요."

그리고 한 이사님께서 "우리는 우리가 옳은 일을 하고 있다고 생각합니다"라고 말씀하셨는데, 그 말이 참 멋지다는 생각이 들었습니다.

그래서 이렇게 생각했죠. **'당신은 옳은 일을 한다는, 그런 멋지고 고전적인 가치를 가지고 있군요.'** 그런데 있잖아요. 우리는 그게 뭔지 알고 있어요. 그건 정의의 또 다른 표현입니다.

제3장

무지의 자각
- 무엇을 모르는지 배우기

> 어떤 경우든 무지가 권력과 손을 잡으면 확실히 정의를 가로막을 수 있는 가장 지독한 적이 된다.[37]
>
> – 제임스 볼드윈(James Baldwin)

나는 최근 캘리포니아의 샌 퀜틴(San Quentin) 주립 교도소 안에서 전설적인 예술 후원가이자 필란트로피스트인 아그네스 건드(Agnes Gund)와 함께 앉아 있었다. 그녀는 가족과 친구들에게 '애기'라는 애칭으로 불린다.

애기는 여든 살의 할머니다. 그녀는 미스 포터스 스쿨(Miss Porter's School), 코네티컷칼리지(Connecticut College), 하버드대학교를 졸업했고 현재는 뉴욕 현대미술관의 명예 관장이다. 그녀는 남자 교도소의 철문과 경비원, 금속 탐지기를 통과하는 모습보다는 파크 애비뉴(Park Avenue)를 걷는 모습이 더 자연스러울 법한 사람이다. 그러니 그녀의 친구들이 그랬던 것처럼, 여러분도 분명 궁금할 것이다. '애기는 대체 왜 거기에 갔던 걸까?'

정답은 이렇다. 애기는 배우기 위해 그곳에 갔다. 불과 몇 달 전까지만 해도 아그네스 건드가 교도소를 방문할 것이라고는 누구도 상상할 수 없었을 것이다. 하지만 에바 듀버네이(Ava DuVernay) 감독의 강렬한 다큐멘터리 〈13th〉(미국의 노예 제도와 대규모 수감의 연관성을 다룬 작품)를 본 뒤 그녀는 큰 충격을 받았다. 극장을 나선 그녀는 나중에 이렇게 말했다. "집에 돌아가서 결정했죠. 이게 내가 해야 할 일이라고."[38]

영화를 본 다음 날, 그녀는 내게 전화를 걸어 조언을 구했다. 나뿐만이 아니었다. 그녀는 여러 전문가와 대화를 나누고, 학업을 이어갔으며, 그녀의 집에서 듀버네이를 만났다. 또한 미셸 알렉산더(Michelle Alexander)의 2010년 저서인 《뉴 짐 크로 New Jim Crow》를 읽었다. 이 모든 것은, 이 문제에 대한 무지를 정보로 바꾸기 위한 과정이었다.

사법 제도의 실태와 대규모 수감에 대한 통계, 그리고 그것이 본인의 손자들(손자 여섯 명은 흑인이다)에까지 영향이 미친다는 사실에 충격을 느낀 그녀는 정의를 위한 자선활동을 하기로 결정했다. 2017년, 그녀는 평생 아끼던 예술 작품, 로이 리히텐슈타인(Roy Lichtenstein)의 그림 〈Masterpiece〉를 매각했고, 그 수익금의 일부를 '정의를 위한 예술 기금(Art for Justice Fund)'을 설립하는 데 사용했다. 형사 사법 제도 개혁에 1억 달러 이상을 투자하는 걸 목표로 한 기금이었다. 그 당시 필란트로피 분야에서는 형사 사법 제도 개혁을 주요 의제로 삼지 않았고, 애기와 같은 예술 후원자들은 '자선' 차원에서 활동할 뿐, 정의 실현에는 적극적으로 참여하지 않았다. 하지만 그런 시기에 애기는 다른 이들이 제도적 변화를 도모할 수 있는 플랫폼을 마련했다.

이미 그녀는 이 분야에서 성과를 거두었고 관련 문제에 대한 지식도 갖추고 있었다. 그런 점에서 보면 그녀가 굳이 교도소까지 찾아갈 필요는 없었을 것이다. 하지만 기금이 출범한 후에도 형사 사법 제도는 그녀에게 여전히 낯선 영역이었고 그녀는 수감자들이 처한 현실을 알지 못했다. 이 사실을 깨달은 그녀는 그 현실을 직접 마주하기로 결심했다.

그날 샌 퀜틴 교도소에서 우리를 안내했던 남성은 애기와는 전혀 다른 삶을 살아온 사람이었다. 그는 흑인이었고, 열여섯 살에 유죄 판결을 받아 종신형을 선고받은 뒤 35년째 복역 중이었다. 그 긴 수감 생활 동안 그의 수염은 어느새 희끗희끗해졌다. 애기는 세련되면서도 실용적인 다운 조끼를 입고 있었고 그녀의 가이드는 '죄수/수감자'라고 적힌 재킷을 걸치고 있었다. 두 사람이 이야기를 나누는 모습을 바라보며 나는 슬픔과 희망을 동시에 느꼈다. 너무나도 판이한 인생을 살아온 두 사람이 어깨를 나란히 하고 서서, 손을 맞잡고, 정의로 향하는 같은 길에 헌신하며 걷고 있었다.

애기는 단지 선의나 문제를 해결하고 싶다는 마음만으로는 충분하지 않다는 사실을 깨달았다. 먼저 자신이 무엇을 모르는지를 알아내야 하며, 어떤 영역에서 정의를 실현하는 데 방해가 될 수 있는 편견이나 선입견이 (자신도 모르는 사이에) 내면에 자리하고 있는지를 식별해야 한다. 그리고 진정으로 의미 있는 변화를 이루고자 한다면, 반드시 자신의 안전지대를 벗어나야 한다.

애기는 편안한 아파트를 떠나 교도소 생활을 직접 지켜보고, 자신이 돕고 싶은 사람들과 마주 앉아 이야기를 나누면서, 자선을 넘어 정의를 향해 나아갔다. 현재의 사회 정치적 환경에서, 특히 미국에서 이것이 우리 모두에게 하나의 본보기가 될 수 있다. 먼저 우리의 무지와 한계를 직시하고, 우리가 무엇을 도울 수 있는지 자문하고, 다른 사람들이 길을 찾을 수 있도록 손을 내미는 일 말이다.

2017년 8월, 많은 사람이 공포에 질린 채 백인 우월주의자들의 모습을 지켜보았다. 그들은 권력자들의 무지하고 인종차별적인 발언에 용기를 얻어 샬러츠빌 거리를 행진하고 있었다. 나치와 남부연합기를 휘두르며 모욕적이고 인종차별적이며 반유대주의적인 구호를 외치는 이들의 영상이 전국은 물론 전 세계에 생생하게 퍼져나갔다. 그것은 오늘날 우리의 세상에 만연한 무지의 혼란스러운 초상이었다.

우리는 이처럼 혐오스럽고 노골적인 무지에 자주 직면한다. 그리고 곧바로 그것을 알아차린다. 인종, 민족, 종교, 성적 지향을 근거로 사람들을 겨냥하는 상징과 비방에 익숙하며, 그것에 눈살을 찌푸리고, 맞서 싸운다. 우리는 가장 노골적인 형태의 무지와 편견에 맞서는 일이, 그리고 언제 어디서든 인종차별과 편견에 맞서 싸우는 일이 얼마나 중요한지 잘 알고 있다.

하지만 무지와 편견에 대해 생각할 때, 우리는 자신이 속한 편안하고 익숙한 세계 밖에 있는 '다른' 사람들과 다른 체계들을 떠올리는 경향이 있다는 점에 주목해야 한다. 우리는 가장 극단적인 사례에 주목하고 싶은 유혹을 느낀다.

사실 무지와 편견이 어떤 모습인지 알고 싶다면, 거울을 들여다보는 것만으로 충분하다. 노골적인 무지와 편견(이를테면 극단적인 편견과 인종차별)이 드러날 때마다, 그것은 더욱 교묘한 방식으로 우리 자신의 사고를 오염시키고 사회 정의의 실현을 방해한다.

안타깝게도, 그리고 종종 의도하지 않았음에도, 무지는 우리의 가정과 태도, 세계관에 단단히 깊이 내재해 있다. 우리가 기억하고 언급하는 우리 역사 속의 극단적인 차별 사례들(예컨대 법으로 정당화된 인종 분리 정책)은 오늘날 미국을 비롯한 여러 나라에서 용납되지 않지만, 차별과 편견은 훨씬 미묘한 형태로 여전히 우리 주변 곳곳에서 나타나고 있다.

이처럼 눈에 잘 띄지 않는 형태의 편견은 개인과 조직, 그리고 공동체에도 실질적인 영향을 미친다. 연구자들은 차별과 그 결과에 관한 90건의 연구를 메타분석한 뒤, 〈하버드 비즈니스 리뷰 Harvard Business Review〉에서 다음과 같이 보고했다. "모든 직무와 개인적 성과의 전반에 차별이 미치는 미묘한 영향이 최소한 공공연한 차별만큼 나쁘다."³⁹ 이 연구에 따르면, 이런 미묘한 편견이 더 자주 발생하며, 그런 경우 우리는 무슨 일이 일어났는지 알아내려고 더 많은 시간과 에너지를 소모하게 되고, 상황을 해결할 방법을 좀처럼 찾기 어렵다.

더욱이, 유명 작가이자 포드재단 수혜자인 제임스 볼드윈이 지적했듯, 우리 안에 뿌리내린 무지가 "권력과 손을 잡으면" 그것은 자신과 직접적인 관련이 없는 특정 사람이나 문제를 무시하게 하거나, 혹은 기존의 편견이나 신념에 일치하는 사람이나 프로그램을 선호하게 만든다.

따라서 우리가 자신의 특권을 인지하지 못하듯, 우리 안의 무지 또한 자각하지 못할 수 있다. 데이비드 록펠러 주니어는 이 점을 다음과 같이 정확하게 설명했다. "저는 대부분의 사람과 마찬가지로, 제가 무의식적으로 품고 있는 인종차별주의적이고, 계급차별적이며, 전반적으로 부정적인 견해를 인지하지 못하고 있다고 생각합니다. 그리고 이런 편견을 인식할 수 있을 만큼 자각하려면 큰 노력이 필요하다고 봅니다. 저 역시 다른 모든 사람과 마찬가지로 해야 할 일이 있습니다."

맞는 말이다. 우리 모두 각자 해야 할 일이 있다. 리더로서 우리는 스스로에게 다음과 같은 질문을 던져야 한다. 나는 무엇을 모르는가? 어떤 편견을 가지고 있는가? 어떤 무지 속에 머물고 있는가? 그리고 누구와 대화해야 하고, 어디로 가야 하며, 내가 전문성이 부족한 분야와 경험에 대해 더 많이 배우기 위해 무엇을 해야 하는가?

문제는 우리가 무엇을 모르는지 모른다는 데 있다. 불평등과 시간이 흐를수록 심화하는 편견(우리가 갇혀 있는 '버블')의 영향으로 말미암아, 우리는 자신의 무지를 견제하고 시야를 넓혀 줄 사람들보다는 자신의 편견을 공유하는 사람들과 어울리게 된다. 사실 무지의 만연한 힘이 끔찍한 이유는, 그것이 가장 선한 의도로 행동하는 이들마저 사로잡을 수 있다는 데 있다.

나는 직접 경험을 통해 이 점을 알게 되었다. 내가 포드재단 회장으로 취임한 초기에, 우리는 재단의 문화와 자산, 프로그램을 면밀히 검토하고, 어떻게 하면 더 혁신적인 영향을 미칠 수 있을지 방법을 모색했다. 이를 위해 조직 문화를 개선하고자 열심히 노력했다. 뉴욕에 있는 재단 본사를 현대화하는 데 투자했고, 기부금과 같은 다른 자산을 정의 실현에 활용할 수 있는 새로운 방식을 구상했다. 물론 무엇보다 중요한 과제는, 모든 프로그램의 방향을 전면적으로 재조정해 모든 형태의 불평등에 대응하는 것이었다.

포드**포워드**(FordForward)를 구체화하고 정의하며 재단 활동의 초점을 불평등 문제로 전환하는 작업이 수개월에 걸쳐 진행되었다. 우리는 재단 내부는 물론이고 외부에 있는 수백 명의 사람들과 몇 시간씩 대화를 나누고 다양한 의견을 수렴했다. 그러나 포드**포워드**를 공식적으로 발표했을 때, 예상치 못한 일이 일어났다. (우리의 가장 소중하고도 건설적인 파트너로 꼽히는) 리스펙트어빌리티(RespectAbility)의 대표 제니퍼 라즐로 미즈라히(Jennifer Laszlo Mizrahi)가 내게 다소 신랄한 이메일을 보냈다. 그녀는 나를 위선자라고 비난했다. 그리고 나는 비난받아 마땅했다.

매우 유감스럽세도, 나는 향후 전략을 거창하게 밝히면서 전 세계 인구 가운데 약 10억 명에 달하는 거대한 공동체를 전혀 언급하지 않았다. 그들은 바로 어떤 형태로든 장애를 안고 있는 사람들이었고, 그 가운데 80퍼센트는 개발도상국에 거주하고 있었다.[40]

제니퍼뿐만 아니라, 전 펜실베이니아 주지사인 톰 리지(Tom Ridge)와 캐럴 글레이저(Carol Glazer)[두 사람은 각각 전미 장애인기구(National Organization on Disability)의 회장과 대표를 맡고 있었다]부터 내 친구 미키 에델손(Micki Edelsohn)에 이르기까지 여러 사람이 똑같은 메시지를 전해왔다. 델라웨어주 윌밍턴(Wilmington, Delaware)에 있는 훌륭한 단체, 홈즈 포 라이프 재단(Homes for Life Foundation)의 공동 설립자인 미키는 내게 이렇게 썼다. "불평등에 맞서 싸우는 당신의 모습은 존경스럽습니다. 하지만 불평등에 관해 이야기하면서 어떻게 장애인을 언급하지 않을 수 있습니까?"

(눈에 보이든 보이지 않든) 장애가 있는 사람들은 우리가 활동하는 모든 분야에서 심각한 불평등에 직면해 있다. 미국 인구조사국과 미국 노동부의 통계에 따르면, 장애인의 빈곤율은 비장애인의 두 배가 넘고,[41] 장애인이 취업하거나[42] 학사 학위를 취득할 가능성[43]은 비장애인의 절반 수준에 불과하다.

많은 사람이 미키와 똑같은 메시지를 내게 전했고, 이런 피드백을 받을 때마다 내 가슴은 더 깊이 무너져 내렸다. 충격이었다. 도대체 어떻게 이걸 놓칠 수 있었을까? 내 무지가 부끄러웠다. 나는 내 안에 있던 편견을 깨닫고 겸허해졌고, 동시에 적잖은 두려움도 느꼈다. 어떻게 된 일인지, 내가 우리 기관에 내재해 있다고 여겼던 견제와 균형의 체계가 세상에 만연하고 집요하게 존재하는 불의의 한 형태를 알아채지 못했던 것이다.

나는 특권을 누리는 분야의 리더다. 사립학교를 다닌 적도 없고, 부유한 가정에서 자라지도 않았기에, 계층을 차별하는 편견이 어떻게 드러나는지를 잘 알고 있다. 흑인이자 동성애자인 나는 살아오면서 각기 다른 정도의 의도나 공격성을 드러내는 다양한 형태의 무지를 마주했다. 이번 일이 일어나기 전에는 내가 의도치 않은 차별까지 알아차릴 수 있으리라 생각했다. 이 전략을 수립하는 동안 누군가는 이 문제를 제기할 거라고 믿었다. 그러나 그 몇 달 동안 내가 이 문제를 한 번이라도 거론한 기억이 없다.

나는 스스로에게 묻고 또 물었다. **어떻게 내가 불평등의 이토록 중요한 측면을 간과할 수 있었을까? 어떻게 우리 조직 전체가 그걸 간과할 수 있었을까?**

이 복잡한 질문들을 용감하게(그리고 정확하게) 제기한 이들은 답을 알고 있었다. 그들은 포드재단에서 눈에 띄는 장애를 지닌 리더가 없다는 점, 장애인을 고용하기 위한 적극적인 노력이 없었다는 점, 그리고 웹사이트, 행사, 소셜 미디어, 건물 등 어떤 측면에서도 장애인을 위한 접근성이 충분히 고려되지 않았다는 점을 지적했다. 거의 50년 된 우리 본사 건물에서는 신체장애가 있는 이들에게 극히 제한적인 접근만 허용되었다. 말할 필요도 없이, 이런 현실은 우리 재단의 사명과 상충하는 것이었다.

우리는 자신의 무지를 인식하고, 의미 있는 변화를 이루어야 한다는 사실을 깨달았다. 그 중요한 첫걸음은 우리의 오류를 인정하고 우리보다 지식과 경험이 풍부한 이들에게 조언을 구하는 것이었다. 우리는 수많은 장애인 당사자와 장애인 권리를 옹호하는 이들과 대화를 나누면서 포드재단의 모든 활동에 장애를 포용하고 통합하기 시작했다. 이를 위해 프로그램 담당자들을 대상으로 교육을 진행하고, 어려운 대화를 회피하지 않았으며, 전문가들을 내부 인력으로 영입했다. 아울러 채용 관행을 개선하기 위해 실질적인 조치를 하고, 누구나 물리적으로 접근하고 환영받을 수 있는 공간을 만들기 위해 본사의 리노베이션 계획도 수정했다.

이처럼 체계적이고 의도적인 접근 방식을 통해, 우리는 2017년과 2018년에 500만 달러가 넘는 장애인들만을 위한 지원금을 조성할 수 있었다. 이 보조금과 우리가 재단 내부에서 기울인 다양한 노력이 모여서 우리는 장애 정의 분야에서 실질적인 영향력을 발휘했고, 비교적 짧은 시간 안에 선도적인 역할을 하게 되었다. 이 모든 변화는 기존 프로그램을 장애인에게 더 포용적인 방향으로 개선한 결과였다.

나는 이 경험에서 아주 많은 것을 배웠다. 특히 진정으로 정의를 위해 싸우려면 자존심을 내려놓고 자신의 부족함을 인정하며, 사람들의 조언을 얻어 모든 문제의 각 측면을 이해해야 한다는 점을 배웠다.

> 어떤 공간에 있을 때면 나는 항상 스스로에게 묻는다. 나와 같은 자격이나 자원이 없다는 이유로 그 공간에 있을 수 없는 사람은 누구일까? 다른 이들은 들어갈 수 없는데, 내가 가진 특권 덕분에 들어갈 수 있었던 공간은 어디일까? 그 특권으로 인해 역사적으로 사람들이 어떤 공간에서 배제되었는가? 그리고 내가 그 공간에 있다면, 나는 그 특권을 어떻게 사용할 것인가? 나는 나 자신을 온전히 받아들이고, 그에 대해 당당할 수 있을까? 어떻게 하면 누군가에게 상처를 주지 않으면서 무지에 맞서고, 그들이 배운 것을 기억에 남길 수 있을까?
>
> - 멜로디 홉슨, 아리엘 인베스트먼트 대표

자신의 무지에 맞서고, 편견을 드러내고, 더 많이 배우는 것은 결코 혼자 해낼 수 있는 일이 아니다. 오히려 이는 계속해서 반복적으로 참여해야 하는 지속적인 과정이다. 조직과 개인마다, 그리고 상황에 따라 이 과정은 각기 다른 형태를 띤다.

2017년 나는 포드재단이 후원한 전시인 '민족의 영혼: 흑인 권력 시대의 예술'을 관람하기 위해 런던을 찾았다. 이 전시는 미국 역사에서 짧지만 강렬했던 1963년부터 1983년의 시기를 담아냈으며, 관람객들에게 시민권과 흑인 권력에 대한 담론이 아프리카계 미국인 예술가들의 작품에 어떻게 반영되었는지를 보여주었다. 전시를 둘러보면서 나는 깊이 감동받았다.

그러나 전시된 작품들에 담긴 사상과 문제에 가장 깊은 영향을 받은 이들, 즉 이 전시가 궁극적으로 영감을 주고자 했던 미국인들이 정작 이 전시를 접할 가능성이 가장 낮다는 사실이 머릿속을 떠나지 않았다. 만약 그들이 선조들의 예술을 직접 감상하고자 한다면, 바다를 건너 세계에서 물가가 가장 비싼 도시로 손꼽히는 곳까지 찾아가야 했다.

필란트로피스트이자 예술 후원자인 앨리스 월튼은 이 문제를 곧바로 인지했고, 이를 해결할 기회를 놓치지 않았다. 그녀는 이 전시를 크리스털 브리지스 미국예술박물관(Crystal Bridges Museum of American Art)으로 옮겨 2018년에 몇 달간 전시를 진행했다. 그 결과, 미국 시민권 운동에 대한 심도 있는 탐구를, 이 행사에 직접 참여하고 영향을 받은 공동체들이 예술을 통해 소통할 수 있는 장으로 탈바꿈시켰다.

이는 크리스탈 브리지스 프로젝트의 일부이자 철학이다. 이 예술과 문화의 오아시스는 2011년에 문을 열었고,[44] 그 이후로 앨리스는 아칸소 지역사회에 강력하고 의미 있는 예술을 선보이기 위해 끊임없이 노력했다.

이 박물관의 기본 철학은 단순하다. 앨리스는 내게 이렇게 말했다. "사람들이 전시실을 둘러볼 때, 벽에 걸린 작품들 속에서 자신을 발견하고, 이 다문화 국가와 연결감을 느낄 수 있어야 합니다." 그래서 그녀는 박물관을 순전히 자신의 관점으로만 구성된 작품으로 채우는 대신, 자신의 편견을 인정하고 더 폭넓은 관람객에게 어필할 수 있는 작품을 선정하기 위해 노력한다.

물론, 하나의 편견을 인정하는 것만으로는 항상 충분하지 않다. 종종 여러 가지 선입견과 편견이 작용하기도 한다. 크리스탈 브리지스 초창기의 앨리스와 그녀의 팀이 바로 그런 경우였다.

미술관을 처음 열었을 때, 나는 미술관을 설립하고 운영하는 데에만 온전히 집중했다. 그런 다음 내부 연구를 집중적으로 들여다보기 시작했다. 관람객이 어떤 사람인지, 얼마나 자주 오는지, 누구와 함께 오는지 등의 지표들을 살펴보았다. 그리고 우리는 충격과 실망을 금치 못했다. 관람객들은 경제적인 수준 면에서는 다양했지만(아마 미술관 관람이 무료라서 그랬을 것이다), 인종적으로는 그렇지 않다는 사실을 알게 되었기 때문이다. 간단히 말해, 우리의 관람객 구성은 우리가 위해 일하는 다양한 지역사회를 제대로 반영하지 못하고 있었다.

앨리스와 그녀의 팀은 당황스러웠다. 그들의 소장품은 원하는 만큼 다양하지는 않았지만, 대부분의 박물관보다 민족적·인종적으로 훨씬 더 다양했다. 그렇다면 박물관 관람객들이 박물관의 예술만큼 다양하지 않은 건 어째서일까?

팀은 시선을 내부로 돌렸고, 곧바로 **자신들**에게 문제가 있음을 깨달았다. 박물관을 운영하고 일하는 이들이 자신들이 봉사하고자 하는 지역사회를 제대로 반영하지 못했던 것이다. 그동안 더 다양한 관객을 확보하는 최선의 방법을 알고 있다고 생각했지만, 실제로는 그들을 이끌어줄 더 다양한 내부 인력이 필요했다.

이런 필요성을 인지한 앨리스와 그녀의 팀은 행동에 나섰다. 그녀는 이렇게 말했다. "우리는 채용 정책을 바꿨어요. 그때부터 사람을 채용하기 전에 먼저 인력 풀이 다양하게 구성되어 있는지 확인했죠. 작은 변화였지만 그 결과는 엄청났습니다. 곧바로 직원 구성이 다양해졌고, 그에 따라 관람객도 다양해졌죠." 이제 앨리스는 이제 관람객 구성 면에서 박물관이 지역사회보다 오히려 더 다양한 문화를 반영하고 있다며 자랑스럽게 말한다.

한 박물관에서 이런 변화를 목격하면서, 앨리스는 이런 역학 관계가 다른 박물관에서도 어떤 식으로 작동하는지를 더욱 의식하게 되었다. 포드재단 동료들과 나는, 앨리스와 월튼 가족 재단과 함께 '미술관 리더십 다양화 이니셔티브'에 참여해 더 많은 사람과 더 많은 공동체가 예술계에 참여할 길을 열어준 것에 뿌듯함을 느낀다. 우리는 전국 각지의 미술관들이 인재를 육성하고, 큐레이터와 경영 인력을 다양화하는 이니셔티브를 개발할 수 있도록 20개 프로그램에 총 600만 달러를 지원했다.

이 모든 기관에서 우리는 앨리스가 얻은 교훈을 실천하고자 노력하고 있다. 앨리스의 말처럼, 박물관이나 기관이 "지역사회의 다양성을 반영"하려면 "적극적인 역할을 하고, 기관의 울타리를 넘어 지역사회 속으로 들어가야" 한다. 이는 단지 박물관에만 국한되는 문제가 아니다. 우리가 모두 채용과 리더십에서 다양성을 확대함으로써 시야를 넓히고, 기관에서 무지함을 키우거나 편견을 조장하지 않도록 막을 수 있다.

여러분의 입장, 관점, 소속 조직, 성향과 관계없이, 자신의 무지를 인식하고 잠재된 편견을 없애는 일은 정의를 향한 여정에서 반드시 거쳐야 할 과정이다. 이때 다양한 시각을 조직에 받아들이거나 자신의 무지에 대한 책임을 져야 할 것이다. 아니면 자신의 안전지대에서 벗어나 세상을 다른 시각으로 바라보도록 이끄는 공간으로 나아가야 할 것이다. 의식적이든 무의식적이든 간에 편견을 없애지 않는 한, 우리는 결국 누군가를 소외시킬 위험을 피할 수 없다.

정의는 기쁨이다
- 로렌 파월 잡스와의 대담

로렌 파월 잡스는 어디를 가든 항상 목록을 들고 다닌다. 이 목록에는 '무엇'에 대해 이야기할지가 아니라 '누구'에 대해 이야기할지가 적혀 있다. 그것은 그녀가 "하나님의 일"이라고 일컫는 일을 실천하는 이들의 이름이다. 이들은 현장에서 직접 활동하는 사람들, 그리고 그들과 연대하는 단체들이며 그녀는 불의에 맞서 싸우는 그들의 모습에서 영감을 얻는다.

로렌의 목록에는 브라이언 스티븐슨 같은 유명 활동가, 엘리사 빌라누에바 비어드(Alisa Villanueva Beard)와 빌 바이넘(Bill Bynum) 같은 리더, JR과 애나 디비어 스미스(Anna Deavere Smith) 같은 예술가들이 포함되어 있다. 그 밖에도 원 에이커 펀드(One Acre Fund)의 공동 설립자이자 전무이사인 앤드류 윤(Andrew Youn), 전국 이민 포럼(National Immigration Forum)의 알리 누라니(Ali Noorani), 대안적 환경에서의 교육 우수성 센터(Center for

Educational Excellence in Alternative Settings)를 운영하는 데이비드 도메니치(David Domenici), 사법 보호 대상 청소년을 위한 단체를 설립한 크리스타 개넌(Christa Gannon) 등 수많은 이들이 보이지 않는 곳에서 조용히 활동하고 있다. 그 목록은 끝이 없다.

이것이 바로 로렌의 방식이다. 그녀는 자신보다는 다른 사람들에게 빛을 비춘다. 불과 몇 년 전까지만 해도 사람들은 로렌을 고(故) 스티브 잡스의 아내로만 생각했을 것이다. 하지만 이제 그녀는 선구적인 활동가이자 필란트로피스트로서 더욱 정의로운 세상을 향해 독창적인 길을 개척한 인물로 자리매김했다. 2004년 로렌은 에머슨 콜렉티브(Emerson Collective)라는 유한책임회사를 설립하고, 점점 주목받고 있는 신생 필란트로피 모델을 시험한 선구자로 평가받았다. 이후 그녀는 조직과 자신이 가진 모든 자원을 활용해 불평등을 조장하는 구조에 맞서 싸웠다.

그녀는 아래로부터 운동을 지지하고, 리더들에게는 위로부터 로비를 펼쳤으며, 양옆으로는 정치와 필란트로피 활동에 적극적으로 관여한다. 또한 자신이 신뢰하는 이들을 후원하고 다양한 분야의 파트너들을 결집한다. 이들은 교육 개혁과 이민 정책부터 독립 언론과 사회 정의 리더십의 필요성에 이르기까지 세계가 직면한 핵심 과제에 시간과 에너지, 그리고 자원을 아낌없이 투자한다.

대런: 당신은 인종 정의를 위한 많은 활동을 지원하셨습니다. 유색인종이 주도하는 여러 단체와 특정 기업가들에 대한 투자도 지원하셨죠. 필란트로피스트의 관점에서 볼 때, 정의란 당신에게 어떤 의미인가요?

로렌: 사실 필란트로피의 정의는 제게 필란트로피 그 자체입니다. 저는 이 두 가지를 구분하지 않아요.

제 말의 의미를 설명하려면, 제가 어떻게 사회 분야에 첫발을 들이게 되었는지부터 말씀드려야 합니다. 사실 전 우연한 계기로 사회 정의 운동가가 되었거든요.

그때 제 나이가 아마 스물아홉 살이었을 겁니다. 지역 고등학교 졸업반 학생들에게 강연을 해달라는 초청을 받았어요. 아이들의 선생님은 매주 금요일마다 외부 연사를 초청하려고 애쓰셨는데, 그날은 제게 대학과 교육, 그리고 제 경험에 관해 이야기해달라고 요청하셨죠.

저는 캘리포니아에서 자라지 않았기 때문에, 그곳의 고등학교를 방문한 건 그때가 처음이었습니다. 당시만 해도 캘리포니아의 교육 제도는 훌륭했고, 그래서 다른 학교에서도 그것을 모델로 삼는다고 믿고 있었어요. 1970년대에는 실제로 그랬습니다.

하지만 1978년 주민발의안 13호가 통과되면서 재산세 부과 기준이 변경되었고, 그 결과 공립학교 재정 지원이 평준

화되었습니다. 주 정부가 저소득층 지역사회에 제공한 '평준화 공식'은 턱없이 부족했죠. 그래서 제가 1994년 칼몬트(Carlmont) 고등학교의 한 교실에 들어섰을 때, 그 학교는 13년 동안이나 재정 지원금이 동결된 상태였어요.

내가 들어선 학교는 말 그대로 '깨진 유리창'이 방치된 곳이었습니다. 문짝들이 경첩에서 떨어져 나가 있었습니다. 아이들은 커다란 파카에 4XL 바지를 입고 있었는데, 마치 숲속에서 곰을 마주친 사람처럼 두려움에 사로잡혀 몸집을 부풀린 듯한 인상을 받았어요. 실제보다 더 많은 공간을 자기 영역이라고 주장하고 싶은 겁니다. 그런 생각이 제 머릿속을 스치고 있었습니다.

제가 교실에 들어가 학생들 곁에 앉았을 때, 그들은 여느 고등학생들과 다를 바 없이 매우 친절하고 상냥했으며 열린 마음으로 호기심을 보였습니다. 기대와 질문으로 가득한 모습이었죠. 저는 그들에게 말을 붙이기 시작했다가 곧 "그냥 질문해도 돼요"라고 말하게 되었습니다. 늘 듣기만 했던 아이들에게는 낯선 경험이었을 겁니다.

그러자 아이들이 내게 질문하기 시작했어요. "대학은 어떤 곳인가요?", "어떤 종류의 수업을 들었나요?"

저는 질문으로 답했습니다. "여러분 중에 대학 캠퍼스에 가본 사람이 몇 명이나 있나요?"

한두 명 정도 있었습니다.

― 로렌 파월 잡스와의 대담

"여러분의 형제자매 중에 대학에 다니는 사람이 있나요?"

이번에도 한두 명 있더군요.

마지막으로 이렇게 물었죠. " SAT를 본 사람은 있나요?"

아무도 없었습니다.

그래서 제가 선생님께 여쭤봤어요. "이렇게 놀라운 학생들에게 조언을 해주시는 분은 누구신가요?"

선생님은 이렇게 대답하셨습니다. "이 학교에는 정규 학생이 1,600명입니다. 작은 사무실에 지도교사 한 명, 그리고 대학에 편지를 쓰고 팸플릿을 모으는 시간제 직원이 한 명이 있어요. 하지만 실질적으로 이 아이들에게 조언하는 사람은 아무도 없습니다."

그래서 전 그들에게 이렇게 말했습니다. "좋아요, 제가 앞으로 한 달 동안 여러분의 대학 진학 상담 교사가 되겠습니다. 매주 금요일마다 다시 올 거예요. 그리고 여러분 한 사람, 한 사람과 함께 할 겁니다."

대런: 그럼, 금요일마다 학교를 다시 찾아가 아이들의 상담 교사 역할을 하신 건가요?

로렌: 네, 다음 12주 동안요. 그리고 알게 되었죠. 학생 서른다섯 명 가운데 4년제 대학을 지원할 때 필요한 수업을 들은 학생은 단 세 명뿐이라는 걸요.

대런: 그게 당신의 전환점이었나요?

로렌: 맞아요. 당시 전 자연식품 회사를 운영하고 있었어요. 직원이 50명이었죠. 하지만 아직도 그 일 때문에 화가 나요. 아직도 끔찍하고, 아직도 기분이 상해요. 그런 불의를 직접 마주하면 다시 이전과 똑같아질 수는 없습니다. 아이들의 영어, 수학, 생명과학, 외국어의 수업 일수가 모두 1년씩 모자라더군요. 아무도 그들에게 그런 게 필요하다고 말해주지 않았으니까요. 제가 그 모든 걸 처음으로 알려준 사람이었죠.

대런: 슬펐다기보다는 분노했다는 말씀이군요.

로렌: 정말 많은 걸 경험했어요. 분노했죠. 영향을 받았죠. 어떤 면에서는, 부끄러웠습니다. 제게 큰 도움이 되었던 공교육, 진정한 기회의 문이었던 공교육이 학생들에게 평등하고 공정하게 제공되지 않는다는 사실이 부끄러웠습니다. 저는 공교육을 소중히 여겼고, 그것이 미국의 핵심 가치이자 제대로 기능하는 민주주의에 필수적인 구조라고 믿었는데 말입니다. 이번 경험으로 그렇지 않다는 사실이 매우, 충분히 명확해진거죠. 그 통찰이 제 남은 생 동안 제가 하는 일의 초석이 되었습니다.

대런: 그 경험이 에머슨 콜렉티브의 설립에 영향을 주었나요?

로렌: 물론입니다. 에머슨은 지금까지 학생들, 그리고 그 가족들과 함께 일하고 있어요. 네, 맞아요. 그 경험이 에머슨의

설립뿐만 아니라 XQ 인스티튜트의 설립, 필란트로피 포트폴리오, 교육 기술 투자, 이민 개혁을 포함한 교육 분야 전반의 심도 있는 모든 작업의 밑바탕이 되었습니다. 이 모든 것은 2001년, 첫 번째 고등학교 졸업반 학생들을 위한 드림법(DREAM Act)* 옹호 활동에서 시작되었어요. 그들 중 많은 학생이 서류가 미비한 상태였고, 그래서 주 정부나 연방 정부의 교육 기금을 받을 수 없었습니다.

대런: 그럼, 당신은 드리머**들을 직접 경험하신 거군요?

로렌: 맞습니다. 16년 동안이죠. 그리고 드림 법 옹호자로서 워싱턴 D.C.를 처음 방문했는데, 그때 제 이전 상사였던 존 코자인(Jon Corzine) 당시 상원의원에게 전화를 걸었습니다. 그분이 그 법안의 공동 발의자였죠. 저는 드림법이 2001년이나 2003년 혹은 2007년에 통과될 거라고 믿었습니다. 그러다가 2008년, 2013년 아니면 2014년쯤에는 가능하리라고 생각했죠.

대런: 하지만 당신의 필란트로피는 활동주의의 정치적 현실과

---

* 미국의 연방정부법안으로, 어린 나이에 부모와 함께 불법적으로 입국한 청소년들이 합법적으로 체류하고 교육을 받을 수 있도록 하는 법안. 여러 차례 의회에서 논의되었으나 연방 차원에서는 아직 정식 통과되지 않았고, 대신 DACA(Deferred Action for Children Arrivals) 제도가 시행되어 행정명령을 통해 불법체류 청년에게 임시 체류와 취업허가를 부여하고 있음.

** DREAM Act의 혜택을 받을 수 있는 불법 체류 신분인 청소년

깊이 맞물려 있는 듯하네요.

로렌: 실 하나를 당기면 천 전체가 따라 움직이죠. 그런데 그 실만 계속 당길 수는 없어요. 결국엔 천에 손을 대야 합니다. 그러면 '이걸 처음부터 다시 짜야 한다'라는 사실을 깨닫게 될 겁니다.

대런: 그렇다면 필란트로피와 정치 과정에 대한 투자가 모두 필요하다는 말씀인가요?

로렌: 맞습니다.

대런: 많은 사람이 두 번째, 즉 정치적인 부분을 꺼립니다. 많은 필란트로피스트들도 그 분야를 그다지 편안해하지 않죠.

로렌: 하지만 정의는 정치적인 문제입니다! 시민사회뿐 아니라 거버넌스에도 용기가 필요하죠. 모든 선출직 공무원과 리더들의 용기가 필요합니다. 누구에게나 각자의 역할이 있으니까요. 정치와 정책 변화 없이는 당신에게 필요한 변화를 대규모로 실현할 수 없지요.

대런: 이 모든 일에서 어떻게 인종과 젠더의 문제를 보게 되셨나요? 그간 당신의 활동은 드리머 같은 인종 불평등 문제나 노예제의 잔재처럼 브라이언 스티븐슨이 다루고 있는 문제에 초점을 맞춘 경우가 많았잖아요.

로렌: 그건 단순합니다. 우리 사회 전반에 자원이 불평등하게

분배되고 있어요. 따라서 자원이 불공평하게 분배되는 지점을 들여다봐야 합니다. 그것은 종종 인종과 성별에 따라 결정됩니다.

교육이 대표적인 예입니다만, 모든 문제에서 이런 불평등을 확인할 수 있어요. 일례로 환경 정의를 살펴보면, 정치인의 관심을 받는 부유한 지역사회에서는 환경 문제가 잘 해결되고 사회적 체계가 원활하게 작동하는 경우가 많습니다. 이를테면 팰로앨토(Palo Alto)에서는 수돗물에서 납이 검출되지 않지만, 전국의 저소득층 유색인종 거주 지역에서는 상황이 다르죠.

실제로 저소득층 공동체는 사회적 체계를 접할 때마다 심각한 불평등에 가장 집중적으로 노출됩니다. 가장 많은 도움이 필요한 사람들, 가장 가난하고 가장 위험에 취약한 사람들이 오히려 가장 적은 혜택을 받고 있습니다. 역설적인 현실이죠. 도움이 가장 절실한 사람들이 가장 많은 혜택을 받을 수 있도록 사회적 체계를 재설계해야 합니다. 교육 자원 역시 가장 필요한 이들에게 우선적으로 배분되어야 합니다.

대런: 당신은 사회 구조를 분석하는 렌즈를 통해 세상을 명확하게 통찰하는 능력이 탁월하십니다. 그 점이야말로 당신을 돋보이게 하는 요소죠. 어떤 사람들은 "저는 사회 구조

를 감당하기 어렵습니다. 그냥 한 학교에 집중하고 싶어요" 라거나 "한 가족에 집중하고 싶어요"라고 말합니다.

로렌: 그게 바로 제가 하는 일입니다. 제 생각에 그런 식으로 생각하는 많은 사람이 어떤 문제에 시간과 에너지, 자원을 모두 투입하지 않으면 사회 구조에 맞서는 것이 불가능하다고 여길 겁니다. 그런데 실제로 그렇게 하고 있다면 단지 한 학교만 돕는 데에는 만족할 수 없을 겁니다. 왜냐하면 일단 한 번 본 걸 못 본 척할 수 없으니까요.

불평등의 규모와 범위를 이해하게 되면, 대부분의 사람들은 내게 **대응할 능력이 있다면 마땅히 대응해야 한다**고 느끼게 될 겁니다. 물론 이는 당신이 불평등의 실상을 깊이 체감할 때만 가능한 일입니다. 그리고 그것은 전적인 투자를 요구하죠.

제게는 그 일이 세상에서 가장 기쁘고 행복을 주는 일입니다. 우리는 하루 종일 정의롭지 못한 사회 구조를 어떻게 바꾸어야 할지 고민합니다. 그리고 우리는 불의와 불평등에 맞서 싸우는 사람들과 함께 일합니다. 이만큼 멋진 일이 있을까요?

대런: '기쁨'이라는 단어를 쓰셨는데, 참 흥미롭군요. 필란트로피스트로서 당신에게 기쁨을 주는 것은 무엇인가요?

로렌: 저는 다른 사람의 삶에 긍정적인 변화를 일으키는 데 참

여할 수 있다는 것이 인생에서 가장 큰 특권이라고 생각합니다. 자신의 노력으로 누군가의 삶을 개선할 수 있다는 사실을 깨닫는 일은 정말 중요한 일입니다. 그리고 그건 인류의 가장 숭고한 목적이죠.

어떤 식으로든 제가 젊은이들의 삶에 변곡점이 된다는 것, 또는 누군가의 삶에 변곡점이 되는 사람이나 단체와 교류한다는 건 정말 큰 행복입니다. 그게 제 영혼과 정신을 가득 채워줍니다. 덕분에 나는 매일 잠에서 깰 때마다 우리가 이룰 수 있는 일을 떠올리면 가슴이 설렙니다.

제4장

이타성의 주체로 거듭나기
- 겸손한 마음으로 나눔 실천하기

가장 진정으로 나눔을 실천하는 사람들은 칭찬이나 보상을 바라지 않고 묵묵히 베푼다.[45]

- 캐럴 라이리 브링크(Carol Ryrie Brink)

척 피니(Chuck Feeney)는 여러 계층에서 "자선 사업계의 제임스 본드"로 불린다.[46] 그는 면세점 사업으로 큰 재산을 모은 후, 30년 넘게 그만의 비밀스러운 사명을 추구했다. 바로 파산하는 것이다.

척은 자신의 소망을 이루기 위한 여정을 순조롭게 진행하고 있다. 지금껏 그가 기부한 돈만 해도 80억 달러가 넘는다.[47] 그리고 그는 기부를 하면서 대부분 그 사실을 철저하게 감추었다.

척은 자신의 필란트로피를 계속해서 감추기로 결심했을 뿐만 아니라, 카네기의 《부의 복음》에서 직접적인 영감을 받아서 1984년 한 재단에 전 재산을 투입했다. 그가 직접 '애틀랜틱 필란트로피스(The Atlantic Philanthropies)'라고 이름 붙인 재단이었다.[48] 그때부터 그 재단은 고등 교육과 공중 보건, 인권 운동, 과학 연구를 지원했다. 남아프리카 공화국에서 에이즈 치료의 접근성을 확보하는 데 공헌했고, 베트남의 새로운 공중 보건 체계를 구축하는 데 자금을 지원했다.[49]

1997년 그의 정체를 세상에 드러낼 뻔한 한 건의 소송이 제기된 뒤에야 척은 처음으로 자신의 이야기를 공개했다. 그전까지 그의 재단은 철저히 익명으로 운영되었다.[50] 이후에도 척은 일정 부분 익명성을 유지했다. 지금까지 척의 이름을 딴 건물이나 프로그램, 사업은 단 하나도 없으며, 그는 여전히 이 원칙을 고수하고 있다.

데이비드 스코튼 박사는 내게 이렇게 말했다. "척은 몇 년 동안 '내 마지막 수표가 부도나기 바란다'며 같은 말을 반복했답니다." 두 사람은 척의 모교인 코넬대학교에서 여러 프로젝트를 함께 진행했다. 이후 데이비드는 '피니'라는 이름을 활용해 "미래 세대의 필란트로피스트들에게 영감을 주고 싶었다"고 말했다.[51] 그는 척이 자신의 이름을 딴 건물이나 회관을 세우는 것에 강하게 반대할 것을 알았기에 그의 발자취를 따르도록 다른 이들에게 영감을 줄 만한 다른 방식을 선택했다. "저는 그에게 자선 메달을 만들어 전국적으로 상으로 수여하자고 제안했어요."

그러나 척은 단칼에 거절했다. "그런 일은 하지 않겠다고 내가 말하지 않았나. 이제 더는 묻지 말게." 척이 그렇게 말했던 순간을 스코튼은 생생히 기억한다. "정말 재밌는 장면이었죠."

우리가 카네기의 복음을 21세기에 맞춰 새롭게 해석하고, 단순한 자선을 넘어 정의를 실현하려 할 때, 척의 이야기는 우리 각자에게 중요한 질문을 던지게 만든다. **우리는 다른 사람의 해방에 더 관심이 있는가, 아니면 우리의 유산에 더 관심이 있는가?**

필란트로피에는 자선을 실천하는 기부자들에게 '명명식'을 통해 그 공로를 기리는 오랜 전통이 있다. 거액의 기부에 대한 보답으로 건물에 기부자들의 이름을 붙인다. 이런 행사에 따르는 의전과 형식을 통해 기부는 더욱 주목받게 되고, 기부자의 이름은 죽은 뒤에도 오랫동안 살아남게 된다.

우리 누구나 우리가 잘 아는 사람들, 그리고 심지어 잘 모르는 사람들까지도 우리의 가장 훌륭한 모습, 즉 우리의 존재, 우리의 성취, 우리의 삶을 기억해 주기를 바란다. 이는 부나 명예의 수준과 관계없이 누구나 모두 공유하는 소망이다. 하지만 필란트로피에 참여하는 사람들은 유산을 남기고 싶다는 이런 열망과 선행을 실천해야 할 책임을 혼동하지 않도록 특히 주의해야 한다. 이런 자아 중심적인 열망을 경계하지 않는다면 정의를 실현하기보다는 허영심을 채우기 위해 기부할 위험이 있다.

때로는 이름을 남길 기회가 우리의 동기를 왜곡하여, 일부 분야에는 기부가 집중되고, 다른 분야는 소외되는 현상을 낳기도 한다. BOK 파이낸셜 코퍼레이션(BOK Financial Corporation) 회장이자 대주주이며 조지 카이저 가족 재단의 설립자인 조지 카이저

(George Kaiser)에게, 이는 명백한 문제였다.

이름을 남길 기회는 대개 프로그램이 아닌 물리적 구조물에 부여된다. 발레, 오페라, 필하모닉 오케스트라가 있는 것은 멋지고, 도서관이 있는 것도 멋진 일이다. 하지만 이런 시설들은 주로 부유층의 후원을 받는 곳이다. 예를 들어, 유아 교육 프로그램에 이름을 남길 기회는 드물다. 인정보다는 강력한 도덕적 목적이 기부의 원동력이 되어야 한다.

석유와 가스, 상업 은행업, 그리고 사모펀드를 통해 부를 축적한 조지는 남은 순자산을 재단에 기부하기로 약속했다. 어린 시절 자애로운 부모님과 양질의 교육, 그리고 경제적 계층 상승에서 비롯된 자유를 누렸던 그는 자신이 가진 이 특권을 깊이 인식하고 있었다. 그런 조지는 모든 아이에게 균등한 기회를 제공하는 데 중점을 두고 그의 재단을 운영했다. 그의 재단은 유아 교육, 사회복지 지원, 형사 사법 지원 제도, 시민 참여 증진 사업, 지역 사회 보건 사업 등 다양한 영역에 자금을 지원하며 그 사명을 달성하고자 노력한다.

재단 기금의 대부분은 아이들이 빈곤에서 벗어날 기회를 넓히기 위한 프로그램의 개발과 운영에 사용된다. 이들 프로그램은 시간이 지나면서 측정 가능한 성과를 보일 수 있고, 후원자에게 개인적인 만족감을 주는 기회가 되기도 한다. 하지만 재단은 기부자에게는 감정적으로 덜 만족스럽게 느껴질지라도, 아이들에게 훨씬 더 큰 의미가 있을 수 있는 사회 운동과 정책 활동에도 적극적으로 투자한다.

사실 가장 중요한 영향력은 눈에 보이지 않거나 수치로 측정되지 않는 경우가 많다. 측정 가능한 결과가 없다는 이유만으로 훌륭한 프로그램이 시작도 하지 못한 채 무산될 위험이 존재한다. 이와 관련해 아놀드 벤처스(Arnold Ventures)의 공동 회장인 존 아놀드는 정책 활동에 대한 재정 지원이 부족한 현실을 지적하며 이렇게 말한다.

> 정책 활동에 대한 투자는 충분치 않다. 새 건물을 위한 기금 모금 행사에서 기부한 후원자들은 건물의 상징적인 벽돌 하나를 가리키며 "이건 내가 돈을 댄 거야. 내 기여의 결과를 눈으로 직접 볼 수 있지"라고 말할 수 있기 때문이다. 하지만 정책 사업에서는, '그렇지 않았다면 어떤 일이 일어났을까'를 확인하기 어려울 뿐만 아니라 단기적 성과나 중기적 성과도 명확히 드러나지 않는다.

존이 필란트로피의 현실에 대해 내린 평가는 전적으로 타당하며, 나는 그 점이 우려스럽다. 필란트로피스트들이 수행할 수 있는 가장 중요하고 근본적인 과업은 바로 새로운 정책을 추진하는 일이기 때문이다. 포드재단은 과거 넬슨 만델라 같은 시민권 운동 지도자들을 후원한 우리의 유산을 자랑스럽게 여긴다. 만델라는 자국의 인종차별적 아파르트헤이트 정책*을 철폐하고자 노력했다. 그리고 프랭크 토머스(Frank Thomas)가 이끌던 시절의 포드재단이 만약 만델라에게 정량화가 가능한 결과나 재단의 이름이 새겨진 법안이나 건물을 원했다면 결코 그를 지원을 하지 않았을 것이다.

존 스트라이커(John Stryker)는 이 생각을 한 단계 더 발전시켰다. 그는 할아버지 호머 스트라이커(Homer Stryker) 박사[52]가 설립한 의료 기술 회사인 스트라이커 코퍼레이션의 최대 주주다. 이름의 의미와 유산이 어떻게 작용하는지를 누구보다 잘 알고 있는 인물이다. 2000년 그는 LGBTQ 사회 정의와 유인원 보호에 전념하는 아커스재단(Arcus Foundation)을 설립했다. 원래 이 재단의 이름은 존 스트라이커 재단(Jon Stryker Foundation)이었으나 그는 깨달은 바가 있었다.

> 내가 모든 일의 중심이 되고 싶지는 않았다. 사람들에게 무언가를 상징하는 기관, 사람들이 각자의 일에서 도움을 받을 수 있는 장소를 만들고 싶었다. 그것은 함께 일하는 수많은 동지가

---

* 남아프리카공화국의 비(非)백인에 대한 분리와 차별 정책

중심인 곳이었다. 나는 희망과 지성, 그리고 이성의 상징을 세우고자 진심으로 노력했고, 아커스는 바로 그런 상징이 되었다.

존은 재단에서 자신의 이름을 지움으로써, 자신보다는 사명과 공동체가 중심이 되는 구조를 만들고자 했던 것이다. 이처럼 우리가 필란트로피의 이면에 감추어진 의도를 성찰하고, 자선에서 정의로 나아가고자 한다면 스스로에게 던져야 할 또 하나의 중요한 질문이 있다. **우리는 진짜 필요한 일을 하는 대신, 보기 좋고 쉬운 일만 하고 있는 건 아닐까?** 자신의 이름을 딴 건물이나 대학 강당이 생기면 거의 즉각적인 만족감을 느끼게 된다. 그것은 여러분의 기부가 실체로 드러나는 가시적인 증거가 되기 때문이다. 즉각적인 보상은 매우 매력적일 수 있다. 특히 여러분의 기부금이 모교나 대학, 또는 교회에 도움이 된다면 더욱 그렇다. 그러나 불평등과 불의가 만연한 시대에는 이런 형태의 필란트로피가 아무리 중요하다 해도 반드시 가장 가치 있는 방식이라고 단정할 수는 없다.

정의를 실현하려면, 우리에게 주어진 기회와 자원이 다른 이들에게는 왜 주어지지 않았는지를 반드시 인식해야 한다. 이런 인식을 통해 우리는 특권 구조가 어떻게 작동하는지 이해하고, 나아가 그런 구조를 변화시켜 모든 이의 삶을 더 나은 방향으로 이끌 수 있다. 따라서 자신의 특권을 인식한 후, 그 특권을 가능하게 한 제도들을 지지함으로써 다른 이들도 같은 지위에 이를 수 있도록 도와야 한다고 생각하는 것은 자연스러운 일이다.

우리가 몸담은 기관이 우리에게 중대한 영향을 미친다는 사실은 부인할 수 없다. 하지만 자선을 실천할 때 다음과 같은 질문을 던져볼 필요가 있다. **내 자원이 가장 절실한 곳은 어디인가?**

교육 기관과 종교 단체에 기부하는 일은 분명 찬사를 받아 마땅하다. 하지만 우리의 기부가 가장 필요한 곳이 반드시 충분한 자원과 재정을 이미 확보한 기관이나 프로그램은 아닐 수 있다. 물론 이런 기관들도 선한 일을 실천하고 있으나, 정의를 추구하는 관점에서 보면 재정과 자원이 절실한 분야에 투자하는 편이 훨씬 더 효과적일 것이다. 이런 투자에서는 즉각적이고 눈에 보이는 감정적인 보상을 얻지 못할 수 있지만 정의 실현에는 훨씬 더 이로울 것이다.

궁극적으로 '유산 vs. 정의', '쉬운 길 vs. 어려운 길'이라는 이분법적 선택에서 직면하는 한 가지 본질적인 요소는 바로 '에고(ego)'다. 안타깝게도 우리가 자신의 특권을 인정한 이후에도, 사회의 편견을 마주한 이후에도, 정의를 적극 추구하기로 결심한 이후에도 여전히 에고가 우리의 발목을 붙잡을 수 있다.

> 필란트로피 분야가 직면한 문제 중 하나는 필란트로피의 상당 부분이 필란트로피스트 개인의 삶의 경험에 기반을 두고 있다는 점이다. 실제로 미국 내 자선기금의 약 60퍼센트는 대학과 종교 기관, 의료 시설, 의학 연구, 그리고 이와 관련해 기부자의 이름을 남기는 일을 위해 쓰이고 있다. 물론 이런 기관들이 모두 필란트로피스트들의 삶에 중요한 역할을 했고, 지금도 선한 일을 많이 실천하고 있다. 하지만 그렇다고 하더라도 이들이 반드시 자선활동이 집중해야 할 가장 효과적인, 또는 도덕적으로 바람직한 대상은 아니다.
>
> - 조지 카이저, 조지 카이저 가족 재단 설립자

새로운 부의 복음을 실천한다고 해서 반드시 '에고'를 완전히 내려놓아야 하는 것은 아니다. 그러나 그것을 경계하는 태도는 분명히 요구된다. 자선에서 정의를 향해 효과적으로 나아가기 위해서는 개인적인 열망과 목적에서 벗어나는 법을 배워야 한다. 필란트로피 분야에서 리더로 활동할 수 있겠지만 '내가 주인공'인 것은 아니다. 로라 아릴라가-안드레센이 자신의 새로운 리더십 모델인 '레거시 리더십'을 정의하며 지적했듯, "그것은 자기 자신의 발전만을 위한 리더십이 아니라, 타인의 발전을 염두에 두는 리더십이다."

필란트로피 분야에서 '에고'는 개인이나 리더만의 문제는 아니다. 기관 또한 자신들의 기여를 드러내고 싶어 하는 유혹에 빠질 수 있다. 하지만 이런 경향은 협력을 가로막고, 누구에게 공로를 돌려야 하는지를 더 혼란스럽게 만든다. 선한 의도를 가지고 있든, 혹은 지속적인 투자를 정당화하는 것이 목적이든 간에 협력하면서 공로를 인정받으려 한다면 '에고'와 '로고'가 선한 영향력을 발휘하지 못하도록 발목을 잡을 수 있다. 이것이 우리가 정의를 향해 함께 나아가는 방식을 제한할 수 있다.

필란트로피의 효과를 겸손하게 이해하는 인물이 있다면 그것은 아마 스트라이브 마시이와(Strive Masiyiwa)일 것이다. 1993년 스트라이브는 자신의 고국인 짐바브웨에 에코넷그룹(Econet Group)을 설립했다.[53] 정부와의 법적 분쟁 끝에 사업 허가권을 받아낸 그는 회사를 다국적 통신 기업으로 성장시켜 29개국에 진출시켰고, 짐바브웨 최초의 억만장자가 되었다.[54]

스트라이브와 아내 치치는 거의 처음(1996년)부터 하이어라이프재단(Higherlife Foundation)을 설립해서 발전시켰다. 이 재단은 지난 20여 년 동안 25만 명의 아프리카 청년에게 양질의 교육을 제공하는 데 전념했다.[55] 스트라이브는 개인의 필란트로피 외에도 필란트로피의 유명 인사로서 록펠러재단 이사회에서 15년 넘게 활동했다.[56] 그러나 이처럼 감동적인 사연과 인상적인 이력을 가지고 있음에도 그는 다음과 같은 사실을 우리에게 상기시킨다. "필란트로피는 공로를 인정받지 않고 무언가를 할 때 가장 효과적이다."

막대한 부와 자원을 가진 개인이나 조직일수록 자기 과대화(self aggrandizement)의 위험에 노출되기 쉽다. 구조의 억압과 불의에 시달리는 사람들을 동반자로 보기보다는 자신을 '구원자'로 보는 시각에 빠지기 쉽다. 아무리 훌륭한 사람일지라도 이처럼 강력한 사고방식에서 완전히 자유롭기 어렵다.

마틴 루터 킹 주니어의 신념을 기억해야 한다. "필란트로피는 칭찬할 만하지만, 필란트로피를 필요하게 만드는 경제적 불의를 외면해서는 안 된다."[57] 모든 필란트로피스트와 활동가, 그리고 정의를 사랑하는 사람들은 그의 리더십과 유산으로부터 영감을 얻을 것이다. 사실 확신하건대, 누군가 사회 정의를 위한 투쟁에 많은 사람을 동참하도록 영감을 불어넣은 선견지명이 있는 리더를 꼽는다면 킹 목사가 그 목록의 상위권에 있을 것이다. 그는 경외심을 자아내는 혁명적인 인물이었지만, 그렇다고 해도 인간적 에고에서 완전히 자유롭지는 못했다.

많은 사람이 시민권 운동이라 하면 곧바로 킹 목사를 떠올린다. 그러나 그보다 인지도는 낮아도, 절대 뒤지지 않는 중요한 리더가 있다. 바로 엘라 베이커(Ella Baker)다. 버지니아주 노퍽에서 태어난 베이커는 어린 시절부터 정의 실현을 위해 헌신했다.[58] 어린 시절, 그녀는 노예 생활을 직접 겪은 할머니로부터 경험담을 들었다. 1930년 집단행동을 통해 흑인 경제력을 강화하고자 설립된 청년 흑인 협동조합 연맹(Young Negroes' Cooperative League)에 가입하면서, 소외된 사람들을 위한 투쟁의 중요성을 깊이 깨달았다. 이처럼 확고한 신념은 1957년 그녀를 애틀랜타로 이끌었고, 그곳에서 그녀는 킹 목사의 남부 기독교 지도자 회의

(Southern Christian Leadership Conference, SCLC)와 이후 학생 비폭력 조정 위원회(Student Nonviolent Coordinating Committee)의 운영에 이바지했다.[59]

베이커는 킹 목사 및 그의 조직과 긴밀히 협력했지만, 킹 목사와 직접 관련된 문제라 하더라도, 조직의 효율성을 해친다면 주저 없이 그 문제를 지적했다. 그녀는 SCLC의 가부장적 구조에 만연한 성차별을 조롱했으며 킹을 둘러싼 대단하고 과장된 페르소나를 비판했다. 바바라 랜스비(Babara Ransby) 교수는 저서 《엘라 베이커와 흑인 자유 운동 Ella Baker and the Black Freedom Movement》에서 다음과 같이 주장한다. "베이커는 킹 목사 개인에게 초점을 맞추는 것이 대중의 자신감을 떨어뜨린다고 느꼈다. 사람들은 자신은 할 수 없지만 킹 목사는 해낼 수 있는 일들을 종종 경이롭게 바라보았다. 그의 유창한 연설은 사람들에게 영감을 주는 동시에 사람들을 압도했다."[60] 킹 목사에게 거리낌 없이 반대 의견을 표현했던 베이커는 언젠가 그에게 이렇게 물었다. "왜 사람들이 당신을 그렇게 거창하고 영웅적인 인물로 바라보도록 내버려두는 겁니까?" 그러자 킹 목사는 "그저 사람들이 그러기를 원할 뿐"이라고 답했다.[61]

킹 목사의 리더십은 의심의 여지가 없지만, 베이커가 킹 목사를 비판한 데에는 충분한 이유가 있었다. 킹 목사가 풍기는 '구세주'라는 이미지(그가 명확히 부인하지 않았던 이 이미지)는 추종자들을 고무하는 데에는 도움이 되었지만, 때로는 운동으로부터 시선을 흐트러뜨렸다. 다양한 배경을 가진 개인들의 집단적인 풀뿌리 운동보다는 킹 목사 개인에게 지나치게 관심이 집중되었다.

오늘날 우리가 시민권 운동을 어떻게 인식하는지만 봐도 알 수 있다. 아이들은 어릴 때부터 마틴 루터 킹 주니어의 이름을 배우고, 그의 이름을 딴 학교와 거리, 그를 기리는 연방 공휴일*이 존재한다. 반면, 이 운동에 함께했던 다른 현장 활동가들, 특히 킹 목사의 그늘에서 치열하게 싸웠던 여성들과 LGBTQ 구성원들은 이와 똑같은 대우를 받지 못했다. 다이앤 내시(Diane Nash), 셉티마 클라크(Septima Clark), 베이어드 러스틴(Bayard Rustin), 도로시 하이트(Dorothy Height), 패니 루 헤이머(Pannie Lou Hamer) 같은 인물들의 이름은 여전히 자주 언급되지 않는다. 이는 일정 부분 킹 목사의 화려한 대중적 이미지가 다른 이들의 공헌을 가릴 수 있도록 방치한 결과다.

이제 우리는 질문하지 않을 수 없다. 만일 이 강력한 롤모델들이 더 많은 주목을 받았다면, 시민권 운동은 (그 당시와 현재 젊은 여성과 LGBTQ 공동체에) 어떤 의미로 다가왔을까? 만일 그들의 사례가 개개인이 지닌 변화의 힘을 일깨웠다면, 전 세계 사람들에게 어떤 의미가 있었을까? 유감스럽게도 우리는 결코 그 답을 알 수 없을 것이다.

정의를 실현하는 것은 결코 쉬운 일이 아니다. 그것은 고되고, 지

---

* 1월 셋째 월요일

루하며, 끊임없는 노력을 요구한다. 우리가 아주 오랫동안 개인의 기회와 자유를 빼앗았던 억압적인 제도를 해체하려면 철저한 겸손을 포함해 많은 것이 필요하다. 마틴 루터 킹 주니어 같은 위대한 인물이라 하더라도, 때때로 이런 요구에 미치지 못할 수 있다.

겸손의 중요성을 되새길 때마다, 나는 이 싸움이 우리 모두를 뛰어넘는 큰 과제임을 깨닫는다. 반대로, 가면 증후군*에 시달리며 내 능력을 의심할 때도 역시 그렇다. 나는 누구도 이 일을 혼자 감당할 필요가 없고, 무엇보다 누구도 모든 질문에 대한 답을 갖고 있지 않다고 생각한다.

이 진실을 받아들이는 일은 절대 편하지만은 않다. 누구도 자신이 모자라거나 충분하지 않다고 느끼고 싶어 하지 않기 때문이다. 하지만 지금 이 순간, 우리는 이 불편함 속으로 한 걸음 더 깊이 들어가라는 부름을 받고 있다. 로라 아릴라가-안드레센의 말처럼, 우리는 "불편함 속에서 위안을 찾으라"라는 부름을 받고 있다.

우리가 항상 옳은 일을 할 수는 없다. 실수를 저지를 것이고, 도움이 필요할 것이다. 우리는 때때로 부족할 수밖에 없다. 가장 뛰어난 사람들조차도 마찬가지다. 우리는 스스로를 중심에서 밀어내고 정의의 대의를 중심에 둘 수 있도록 선제적 조치를 취해야 한다. 우리의 특권을 점검하고, 편견을 직면하며, '에고'를 내려

---

* 자신의 성공을 노력이 아닌 운의 탓으로 돌리고 자신의 실력이 드러나는 것을 꺼리는 심리를 일컫는 용어

놓고, 겸손을 실천할 수 있어야 한다. 진정한 확신을 가지고 이런 예방적 조치를 실행할 때, 우리는 정의를 실현하는 길에 한 걸음 더 나아가게 된다. 더 나아가 이는 곧, **불의**의 근본 원인을 찾아 나서는 다음 단계에 나설 준비가 되었다는 것을 의미한다.

제5장

뿌리 파헤치기
- 결과가 아닌 원인에 대처하기

빈곤의 반대는 부가 아니라 정의다.[62]

― 브라이언 스티븐슨

정의를 상징하는 이미지로 가장 먼저 슈퍼마켓이 떠오르지는 않을 것이다. 하지만 1999년 패스마크(Pathmark)*가 할렘 125번가에 문을 열었을 때, 지역 주민들은 마침내 30년 동안 받아 마땅했던 것을 얻게 되었다. 바로 다양한 상품을 갖춘 슈퍼마켓이었다.[63]

패스마크가 등장하기 전까지 슈퍼마켓 체인들은 할렘을 기피했다. 상점 절도 문제와 지역사회의 구매력 부족을 우려해 할렘에는 매장이 들어서지 않았던 것이다. 하지만 패스마크는 다른

---

* 미국 뉴저지주 이슬린에 본사를 둔 한 소매업체 협동조합 소유의 슈퍼마켓 브랜드

도심 지역에서 성공을 거둔 후, 이 역사적인 뉴욕 근린 지역에 도전하기로 결정했다.

패스마크 슈퍼마켓은 할렘에 본사를 둔 아비시니안 개발 공사(Abyssinian Development Corporation, ADC)에 의해 설립되었는데, 1994년 나는 이 비영리 단체에서 봉사할 영예를 누렸다. 지역사회 활성화에 전념하는 ADC는 주민들이 자신들의 사회·문화·경제 생활을 주도할 수 있도록 돕기 위해 다양한 프로젝트를 개발하고자 노력했다. ADC는 단순히 지역사회의 신선 식품 접근성이나 주택 문제를 해결하는 데 그치지 않고, 이런 문제의 근본 원인인 지역사회에 대한 투자 부족을 해소하는 데 집중했다.

세상을 둘러보면, 우리의 관심과 배려가 요구되는 불공정한 결과들이 곳곳에서 눈에 띈다. 수백만 명의 사람들이 다음 끼니를 어디서 해결할지조차 확신하지 못한다. 국내외 수많은 가정이 적정한 가격의 주택, 아니 최소한의 거주 공간조차 마련하지 못해 어려움을 겪고 있다. 전 세계 곳곳에서 자연재해는 전체 지역사회, 특히 저소득층 공동체를 파괴하고 있다. 필란트로피 분야에 몸담은 개인으로서 우리는 세계 기아 지원 사업에 자금을 지원하거나 노숙자 쉼터를 열거나 구호 및 재건 프로젝트에 공헌함으로써 이런 어려운 현실에 대응할 수 있다. 이런 노력은 높이 평가할 만하고 시급한 필요를 해결하는 데 도움이 되지만 문제의 근본 원인인 구조적 문제를 반드시 해결하는 것은 아니다.

이는 부분적으로, 우리가 직면한 가장 큰 문제들의 증상들이 매우 눈에 잘 띄기 때문이다. 긴급한 상황은 근본적인 문제로부터 우리의 주의를 분산시킨다. 우리는 길거리에서 노숙하는 사람들을 목격하고, 동네에 신선한 과일과 채소를 구할 곳이 없어 영양실조에 걸린 아이들의 이야기를 듣는다. 새 학년을 맞아 기본적인 학용품을 마련하느라 어려움을 겪는 많은 가족을 알고 있다. 이런 징후들이 눈에 잘 띄다 보니 근본 원인인 질병을 해결하기보다는 표면적인 증상을 다루는 편이 훨씬 쉽다. 게다가 그렇게 하면 마음이 한결 편해진다.

노숙자 쉼터에 기부하거나 명절에 어떤 가족을 후원하면 자신의 특권에서 비롯된 '생존자의 죄책감'을 완화하는 데 도움이 되고, 그래서 기분이 좋아진다. 그러나 결국 정의를 실현하는 것은 단지 기분 좋은 일을 하는 것이 아니라, **좋은** 일을 실천하는 것이다. 그리고 그것은 자선을 넘어서는 일이다.

좋은 일을 실천한다는 것은 애초에 자선이 필요하게 된 근본 원인을 드러내는 불편한 작업을 의미한다. 문제를 파헤치는 그런 과정이 항상 즐거운 것은 아니다. 실제로 평등한 정의 이니셔티브(EJI)의 평화와 정의를 위한 국가 추모관을 방문했을 때 내가 깨달았듯이, 그것은 상당히 고통스러운 일일 수 있다.

브라이언 스티븐슨은 1989년, 앨라배마주의 가난한 사형수들이 직면한 법적 지원 부족 문제를 해결하고자 EJI를 설립했다. 변호사를 선임할 형편이 되지 않은 앨라배마주 수감자들에게는 선택의 여지가 거의 없었다. 국선 변호인이 지원되지 않았고, 주에서 지정한 변호인의 수임료는 사건당 최대 1,000달러에 이르렀다.[64] 앨라배마주에서 부당하게 유죄 판결을 받고 사형수가 된 사람에게는 가난하다는 사실 자체가 사형 선고인 셈이다.

EJI는 이를 바꾸기 위해 힘썼다. 2016년 기준으로 EJI의 법률 지원을 통해 사형 판결이 뒤집힌 사례는 115건에 이르며, 이 중 일부는 석방되기도 했다.[65] 설립된 지 30년이 지난 후 EJI는 활동 범위를 넓혀, 미성년자와 더불어 신체적·정신적 장애가 있는 이들까지 포함해 법적 지원을 제공하고 있다.[66]

최근 몇 년간, EJI는 단순히 법률 지원 활동뿐만 아니라 미국의 과잉 수감 위기를 초래한 고통스러운 역사를 파헤치겠다는 확고한 의지로써 전국적인 주목을 받았다. EJI는 지금껏 형사 사법 제도에 나타나는 불의를 해결하는 것 외에도 미국의 인종, 빈곤, 노예제와 린치의 역사 연구를 선도했다. 《뉴 짐 크로》에서 미셸 알렉산더가 보여준 작업처럼, EJI의 연구 활동은 미국의 인종차별 및 백인 우월주의와의 오랜 투쟁과 형사 사법 제도의 인종적 편견 사이의 직접적인 연관성을 조명한다. EJI는 구조적 병폐의 한 가지 증상을 해결하겠다는 단순한 사명으로 출발했지만, 이제는 그 근본 원인인 인종차별을 해소함으로써 과잉 수감 문제에 맞서는 대규모 운동의 선두에 서게 되었다.

EJI는 오늘날의 인종적 불평등을 해결하려면, 국가가 과거의 고통을 극복해야 한다는 사실을 인식하고 있다. 무언가가 무너졌고 그런 상태가 오랫동안 지속되어 왔다는 사실을 인정하지 않고서는 진정한 치유와 회복이 불가능하다는 점을 잘 알고 있다. 그렇게 해서 EJI는 연구 보고서를 발간하는 데 그치지 않고 오래도록 미루어졌던 이 심판의 과정을 촉진하고 있다.

2018년 4월 26일, 앨라배마주 몽고메리에 EJI의 평화와 정의를 위한 국가 추모관이 개관했다.[67] 이곳은 "노예로 살았던 흑인, 린치를 당하며 공포에 떨었던 사람, 인종차별과 짐 크로 법* 아래에서 굴욕을 당한 아프리카계 미국인, 그리고 현대의 '유죄의 추정'**과 경찰 폭력에 시달리는 유색인종의 유산"을 기리는 미국 최초의 기념관이다.[68] 나는 이 특별한 공간이 개관한 날 직접 방문하는 영광을 누렸고, 그것은 감동이라는 말로 표현할 수 없는 경험이었다. 이 기념관을 거닐며, 나이와 성별을 불문하고 단지 피부색 때문에 구타당하고 고문당하고 린치당한 사람들의 이름을 읽어 내려갈 때 몹시 고통스러웠지만 꼭 필요한 일이라고 느꼈다.

EJI는 이 기념관을 통해 우리가 불의의 희생자들을 애도하고, 불평등의 고통을 되돌아보며, 과거의 참상을 기억할 수 있는 공간을 마련했다. 이는 우리가 역사의 근본적인 결함을 직시하고 그것이 현재의 결함과도 깊이 연결되어 있음을 더욱 깊이 깨닫는 소중한 기회를 선사했다. EJI는 연구 활동과 이 기념관을 통해,

---

* 미국에서 흑인과 백인을 법적으로 분리하고, 흑인을 체계적으로 차별하기 위해 제정된 주 및 지방 법률. 1876년부터 1965년까지 미국 남부에서 시행됨.

** 어떤 사람이 체포되거나 형사 사법 제도에 연루되었을 때, 무죄로 생각되기보다는 처음부터 유죄라고 짐작하는 사회적·제도적 태도

표면 아래를 들여다보는 것, 즉 우리가 목격하고 절실한 마음으로 해결하고자 하는 불의의 열매를 맺게 한 뿌리를 파헤치는 것이 무엇을 의미하는지 보여주고 있다.

> 우리가 극복해야 했고, 그리고 여전히 씨름하고 있는 한 가지 큰 도전과제는 때때로 '과정'보다 '결과물'에 지나치게 집중하는 태도다. 가장 시급한 문제에 맞서 싸우는 과정에서, 우리는 때때로 근본 원인을 간과한다. 우리가 일해야 하는 곳이 바로 그 매트릭스 내부이기 때문이다. 즉, 우리가 받은 자원들 모두는 우리가 전달해야 하는 구체적 결과물인 것이다. 그래서 우리는 구조적 문제보다 그런 결과물에 초점을 맞춘다.
>
> - 이칼 안젤레이, 투르카나 호수의 친구들 설립자

우리 사회의 불평등을 낳은 근본 원인을 드러내는 일은 중요하다. 하지만 그 결과로 형성된 구조를 바꾸는 일은 전혀 다른 차원의 과제다. 마이클 브라운(Michael Brown)*이나 에릭 가너(Eric Garner),** 또는 우리가 잃은 모든 마이클, 에릭, 트레이본, 타미르, 산드라와 같은 사람들의 구체적인 사례에만 주목할 수는 없

---

* 2014년 미주리주 퍼거슨(Ferguson)에서 경찰의 총격으로 사망한 18세의 아프리카계 미국 청년
** 2014년 뉴욕시에서 경찰이 체포 과정 중에 목을 조르는 제압을 가해 사망한 아프리카계 미국인. 죽기 전 그가 반복해서 말한 "I can't breathe(숨을 쉴 수 없어요)."는 이후 인종차별 항의 시위의 상징 구호가 됨.

으며, 그러고 싶은 유혹에 빠져서도 안 된다. 그들에게, 그리고 그들과 같은 많은 사람에게 무슨 일이 일어났는지를 이해하려면, 눈앞에 보이는 현실 너머를 보아야 한다. 과거를 직시하고 그것이 현재에 어떻게 영향을 미치는지를 성찰해야 한다. 다시 말해 각각의 사건이 더 큰 사회적 관습이나 힘과 어떻게 연결되어 있는지를 성찰해야 한다. 인종차별이 과잉 수감의 뿌리에 있다는 것을 안다면, 우리는 어떻게 그 뿌리부터 문제를 해결할 수 있을까? 흑인 피고인이 부당하게 유죄 판결을 받는 원인이 사법 제도의 차별에 있다면, 우리는 어떻게 개인이 아닌 구조의 차원에서 그 편견에 맞설 수 있을까?

이런 질문에 대한 명확한 해답을 찾기는 어렵다. 만연한 불의를 뿌리째 뽑아낼 수 있는 손쉬운 해결책은 존재하지 않는다. 그렇기는 하지만 우리가 근본 원인에서부터 시작할 때 비로소 혁신적이고 공정한 해결책이 드러날 수 있다. 모든 해결책이 프로그래밍에서 나오는 것은 아니다. 뿌리에서 원인을 들여다보면 더 깊은 구조적 문제가 드러나듯, 가장 근본적인 체계와 구조를 다시 설계할 때 해결책을 찾을 수 있다.

예를 들어, 포드재단의 임팩트 투자*와 사명 연계 투자(mission-related investment, MRI)는 흥미로운 사례가 된다. 다른 여러 재단과 마찬가지로, 포드재단은 자본주의 체제의 산물이다. 설립 초

---

* 재무 수익을 추구하면서 동시에 사회적·환경적 영향을 통해 측정 가능한 가치를 창출하려는 투자 방식

기에 이 재단은 포드 자동차 회사의 무의결권 주식의 과반을 보유하고 있었다. 20세기 중반에 이 주식을 매각하면서 발생한 수익과 현재의 시장 투자 자산을 통해 기금을 조성한다. 자유 시장 경제의 주요 수혜자로서 우리는 종종 사회 불평등을 조성하는 구조로부터 이익을 얻고 있는 셈이다.

포드재단의 전 회장 헨리 포드 2세는 생전에 "우리 경제 체계에 대해 어떤 책임을 져야 하는지 검토해야 한다"라고 쓴 적이 있다.[69] 그는 또한 "[시장] 제도의 가장 전형적인 후손으로 꼽히는" 포드재단이 어떻게 하면 "그 선조들처럼 현명하게 행동하여" 체계를 강화하고 개선할 수 있을지 생각해야 한다는 도전과제를 제시했다.

좀 더 직설적으로 말하면, 우리는 시장 제도에 의해 형성되었고, 지난 세기의 상위 1퍼센트가 제공한 자본으로 기반을 마련했다. 우리는 막대한 자원의 관리자이며, 자본주의 체제에 참여하고 그로부터 혜택을 누린 수혜자다. 결과적으로, 우리의 활동은 말 그대로 자본 수익에 의해 가능해진 것이다. 그렇기에 나는 우리가 행운의 기반이 된 이 체제를 "강화하고 향상시킬" 책임이 있다고 믿는다.

내 신념은 자본주의를 부정하는 것이 아니다. 위대한 경제학자 애덤 스미스는 시장이 사회의 현실을 외면할 수 없다면서 "구성원의 대다수가 가난하고 비참한 사회는 결코 번영하고 행복할 수 없다"라고 주장했다.[70] 스미스는 선지자였다. 자본주의의 선구자였을 뿐만 아니라 《도덕 감정론》의 저자이기도 했다. 그는 이 책을 《국부론》보다 더 중요한 저작으로 여겼다. 그는 필란트로피가 "대다수"의 "번영"에 이바지함으로써 더 강력한 안전망과 공정한 경쟁의 장을 조성해야 한다고 믿었다.

포드재단은 시장의 가장 큰 결함인 불평등을 바로잡고자 기부금을 관리하고 활용하는 방식을 재고한다. 1969년, 미국 세법은 재단이 매년 총자산의 최소 6퍼센트를 지출하도록 규정했다.[71] 이후 이 비율은 5퍼센트로 조정되었다. 포드재단은 이 요건을 충족하기 위해 최근 몇 년간 연간 약 6억 달러 규모의 지원금 예산을 편성했다. 나머지 95퍼센트의 자산은 투자 시장에 투자되며, 이를 통해 창출된 재정 수익으로 장기적인 기금 지급 능력을 유지한다.

2017년 봄, 포드재단은 필란트로피의 이 표준 프로토콜을 재구성했다. 수개월에 걸쳐 분석하고 계획한 끝에 이사회는 MRI를 위해 최대 10억 달러로 기금을 배정하는 방안을 승인했다. 이런 투자를 통해 기금을 위한 재정 수익을 확보하는 동시에 불의, 즉 소외된 지역사회에 대한 투자 부족 문제를 해결할 수 있다.

우리 시장 체제에는 최대한의 금전적 수익을 달성해야 한다는 사고방식이 깊이 뿌리내려 있다. 우리는 무엇보다 재정적 수익을 최우선으로 여긴다. 이런 사고방식은 일종의 회의주의와 위험 회피 성향을 낳으며, 이는 다시 불평등을 심화시킨다. 우리는 저소득 지역에 투자하기보다는 이미 '입증된' 지역에 집중적으로 자금을 투입하는 경향이 있다. 또한 투자 유형 면에서는 사회적 수익을 금전적 수익만큼 가치 있게 여기지 않는 경우가 많다. 만일 잠재적 투자의 영향력을 정확히 계산하거나 정량화할 수 없다면, 우리는 그 기회를 회피한다. 그 결과, 특정 지역에는 자금이 풍부하게 지원되는 반면, 다른 지역은 심각한 자금 부족에 시달리는 불균형한 시장 구조가 형성된다. 그리고 이런 소외된 지역들이 저소득층과 유색인종 사회에 집중되어 있다는 사실은 결코 놀라운 일이 아니다.

세계 여러 지역에서 어떤 지역사회에 투자하지 않으면 해당 지역의 사업 활동이 부족해지고, 그 결과 실업률이 높아진다. 대부분의 경우 높은 실업률은 높은 빈곤율과 직결되며, 이는 다시 여러 가지 문제를 낳는다. 예를 들면, 사람들이 건강에 좋은 음식을 구매할 경제적 여유가 없고, 양질의 의료 시설을 이용할 수 없다. 교통수단이 제한되고, 공립학교의 인력이 부족해진다. 이런 근본적인 투자 문제는 종종 다른 불평등의 원인과 함께 작용해 여러 가지 불공정한 결과를 낳는다.

주택의 가격이 지불가능한 수준이 되도록 하고 사회통합 기능을 하도록 하는 투자를 선택하거나, 저소득 계층의 필수적인 금융서비스 접근성을 확대하는 등의 경우에도, MRI는 이 문제를 해결하는 데 중요한 역할을 할 것이다. 우리는 손쉽거나 재정적인 형태의 보상을 기대하기 어려운, 이른바 '위험 지역'에 적극적으로 투자함으로써, 시장의 근본적인 문제를 바로잡고자 한다. 또한

MRI는 지역사회에 더 저렴한 주택을 제공하고, 대출을 받고 사업 자금을 조달할 능력을 강화함으로써, 이런 지역에 너무나 오랫동안 절실히 필요했고 마땅히 주어졌어야 할 경제적 관심을 제공할 것이다.

포드재단뿐만 아니라 자본주의의 다른 수혜자들도 어떻게 시장 체제를 개선하고 그 안에 내재한 불평등의 근본 원인을 해결해야 하는지에 대해 고민하고 있다. 한 가지 고무적인 사례로 성공적인 기업가이자 벤처 캐피탈리스트인 닉 하나우어를 들 수 있다. 그는 자신의 부와 영향력을 활용해 불평등의 뿌리를 겨냥함으로써 불평등을 완화했다.

닉은 기업가로서 여러 기업을 창업해 큰 부를 쌓았다. 그의 조부와 종조부는 나치 독일을 피해 도망친 뒤, 현재 퍼시픽 코스트 페더 컴퍼니(Pacific Coast Feather Company)로 알려진 침구 사업을 시작했다.[72] 닉은 이 가족기업에서 일하며 다양한 잡무를 경험했다. 그의 가족이 회사의 소유주였지만, 그는 육체노동을 하면서 회사에서 승진하기 위해 노력해야 했다. 닉은 이 경험을 통해 일의 가치를 배웠다고 말한다. 그는 아마존의 초기 투자자, 여러 회사를 창업하고 매각한 기업가, 그리고 결국 벤처 캐피털 회사 세컨드 애비뉴 파트너스를 공동 설립한 인물로 큰 성공을 거두었음에도, 그 교훈을 결코 잊지 않았다.

이런 이유로, 닉은 수년간 최저 임금 인상을 위해 투쟁했다. 2014년 6월, 그의 고향 시애틀에서 닉의 노력이 결실을 거두었다.

그는 시 당국이 최저 임금을 시간당 15달러로 점진적으로 인상할 수 있도록 규정하는 조례를 통과시키는 데 일조했다.⁷³ (소기업에는 적응할 시간을 더 제공했지만, 대기업은 더 신속하게 움직여야 했다.) 가장 주목할 만한 점은 아마 이 최저 임금 인상 대상에 팁을 받는 근로자가 포함되었다는 것이다. 연방정부는 현재 이들의 최저 임금을 2.13달러로 정하고 있다.⁷⁴

이 정책이 시행된 지 몇 년이 지난 후, 닉은 그것이 완전한 성공을 거두었다고 평가했다. 그는 〈폴리티코 매거진 POLITICO Magazine〉에 다음과 같이 썼다.

2014년 6월 조례가 통과되었을 당시, 시애틀의 실업률은 이미 4.5퍼센트로 안정적인 수준이었다. 2017년 4월에는 이 수치가 2.6퍼센트로 하락하며 사상 최저치를 기록했는데, 이는 사실상 노동력이 부족한 상태다. 시애틀은 현재 미국에서 가장 빠르게 성장하는 대도시로 손꼽히며, 외식 산업 또한 호황을 누리고 있다. 1인당 식당 수는 샌프란시스코에 이어 두 번째로 많고, 외식 서비스 산업의 일자리 증가율은 전국 평균을 훨씬 웃돈다. 한때 임금 인상에 대해 우려를 표하던 식당 소유주들은 이제 오히려 인력을 구하는 일이 얼마나 어려운지에 대해 하소연하고 있다.⁷⁵

닉은 이런 변화가 가능했던 것은 최저 임금 인상이 몇 가지 근본 원인에 영향을 미치기 때문이라고 설명한다. 그는 그것이 구조적 빈곤은 물론, 자본주의 체제의 문화에도 영향을 준다고 본다. 결국 사람들에게 더 많은 임금을 지급하면 더 많은 사람이 시장에서 소비할 수 있는 자금을 갖게 된다. 그러면 기업은 더 많은 고객을 확보하게 되고, 증가한 수요를 충족시키기 위해 더 많은 근로자를 고용해야 한다.

이런 '선순환'이 더 정의로운 결과로 이어지는 것은 우연이 아니다.[76] 닉이 말했듯이 "사람이 많을수록 시장이 더 정의로워지고, 정의는 모든 번영의 원천이 된다." 우리가 누리는 번영도 이 흐름에 포함된다.

물론 닉이 이 분야에서 실천하는 일은 대부분, 미국 정부의 기준으로는 '자선'에 해당하지 않는다. 그것은, 예컨대 미국 적십자에 기부하는 것처럼 세금 공제 혜택이 주어지는 행위가 아니기 때문이다. 필란트로피스트들은 이를 'c3' 기부와 'c4' 기부의 차이라고 설명한다. 501(c)3 단체는 세금 공제 혜택을 받을 수 있는 자선 단체, 종교 단체, 교육 단체 등을 말하며, 정치적으로 중립적인 성격을 띤다. 반면 501(c)4 단체 역시 비영리이긴 하지만, 정치적 입장이 있을 수 있다. 하지만 문제는 후자의 단체에 기부하면 세금 공제 혜택을 받을 수 없다는 점이다.

하지만 닉은 부유한 사람들이 이런 구분에 신경 쓰지 말아야 한다고 주장한다. 사실 이는 근본 문제에 접근하는 데 방해가 될 뿐이다. 그는 내게 이렇게 말했다. "전 머릿속으로 c3와 c4 달러를 구분하지 않습니다. 세금 공제 여부도 따지지 않아요. 오직 어떻게 해야 진보에 가장 크게 기여할 수 있을지만 생각합니다." 닉은 이어서 다음과 같이 설명했다. "제가 c3에 속하는 재단을 통해 노숙자 쉼터에 100만 달러를 기부할 수도 있고, 같은 100만 달러를 활용해 노숙자 문제를 해소할 목적으로 매년 3억 달러의 세금을 걷자는 캠페인을 펼칠 수도 있죠. 이런 선택은 제게 고민할 필요도 없는 문제입니다."

하지만 정의 지향적인 필란트로피에는 한 가지 단점이 있다. 바로 동료들로부터 보편적인 인정을 받지 못할 수도 있다는 점이다. 닉은 다음과 같이 지적한다. "노숙자 쉼터에 100만 달러를 기부하면 부유한 지인들은 박수를 보내고, 언론은 당신의 자선을 칭찬하는 기사를 쓰죠. 반면 세금을 걷어서 노숙자 문제를 구조적으로 해결하자는 정치 캠페인에 100만 달러를 기부하면 증오 편지가 쏟아집니다. 동료들에게 외면당하고, 언론에서는 당신을 공산주의자라고 비난하죠."

특히 부유한 사람들에게는 이런 반응이 힘들 수 있다. 자신이 속한 집단과 충돌하거나 적대감을 자초할 수 있기 때문이다. 하지만 단지 인정받기 위해, 모든 사람과 좋은 관계를 유지하기 위해, 혹은 세금 혜택을 받기 위해 필란트로피를 해서는 안 된다. 우리의 자원은 실제로 가장 강력하고 효율적으로 문제에 대처할 수 있는 방식으로 사용되어야 한다. 그것이 결과적으로 우리에게 어떤 식으로 도움이 될지는 중요하지 않다.

분명히 말하자면, 이런 방식으로 불의의 근본 원인을 뿌리부터 해결한다고 해서 그로 인해 발생하는 즉각적인 필요를 외면해야 한다는 뜻은 아니다. 실제로 이런 표면적인 증상들을 간과해서는 안 된다. 정의를 실현한다는 것은 불의의 구조적 원인뿐만 아니라, 그로 인해 생긴 결과까지 함께 다룬다는 것을 의미한다. 우리는 문제의 표면적인 증상에서부터 가장 깊은 근본 원인에 이르기까지, 그 연속선 어디에서든 다양한 방식으로 함께 일할 수 있다. 예를 들면, 평등한 정의 이니셔티브(EJI)의 활동, 최저 임금 인상을 위한 투쟁, 그리고 좀 더 지역적인 차원에서는 브라운즈빌 커뮤니티 요리 센터(Brownsville Community Culinary Center, BCCC)와 같은 혁신적인 노력들이 그것이다.

브루클린 동부에 위치한 브라운즈빌은 뉴욕시 전체에서 가장 빈곤하고 위험한 지역으로 손꼽힌다. 뉴욕 어린이 시민 위원회(Citizens' Committee for Children of New York, CCC)의 2017년 보고서에 따르면, 이 지역은 브루클린에서 아이들이 자라기에 가장 위험하다는 평가를 받았다.[77] 브라운즈빌에는 슈퍼마켓, 은행, 기업, 식당, 대중교통이 부족하다. CCC의 전 연구 및 데이터 분석 책임자인 아푸르바 메호로트라(Apurva Mehrotra)는 같은 해 뉴욕 데일리 뉴스(New York Daily News)와의 인터뷰에서 이렇게 말했다. "브라운즈빌이 독특한 이유는 수많은 자산이 전반적으로 결핍되어 있다는 점입니다. 이건 그저 약간 부족한 정도가 아니예요."[78]

전직 철근공이자 인권 운동가인 루카스 덴튼(Lucas Denton)과 요식업 사업가 클라우스 마이어(Claus Meyer)는 음식을 통해 이 신생 공동체를 개선하기로 결심하고 2017년 6월 브라운즈빌 커뮤니티 요리 센터를 열었다.[79] 이 비영리 단체는 지역 주민들에게 40주간 유급 요리 교육 프로그램뿐만 아니라 요리 기술, 개인 예산 관리, 시간 관리 등의 교육도 함께 제공한다.[80] 프로그램에 참여한 많은 사람이 수료 후 식품 산업의 다양한 분야에서 일한다.[81] 이 센터는 지역사회에 꼭 필요한 직업 훈련 시설인 동시에, 건강하고 저렴한 음식을 제공하는 좌식 레스토랑 겸 카페이기도 하다. 주민들에 따르면, 2017년 개장 당시 브라운즈빌에서 50년 만에 처음으로 생긴 좌식 레스토랑이었다.[82]

BCCC는 요리 학교, 직업 훈련 프로그램, 레스토랑, 커뮤니티 센터 등 다양한 역할을 한다. 센터의 사명은 세 가지로 요약된다. 첫째, "지역 주민들에게 건강하고 접근하기 쉬운 요리를 제공"할 것, 둘째, "참가자들이 식품 서비스 업계에서 성공할 수 있도록 교육하고 영감을 주는 공간"이 될 것, 셋째, "브라운즈빌 주민들이 식량 불평등 문제에 대응하고 집중적으로 논의하는 포럼이 되는 것"이 그것이다.[83] 20년 전 할렘에 문을 연 패스마크 슈퍼마켓처럼 BCCC는 브라운즈빌 주민들의 건강한 식품 선택권을 넓히고 있으며 당면한 문제를 해결하고 있다. 동시에 지역 식량 부족의 근본 원인, 즉 수익성 있는 일자리 부족이라는 근본적인 문제에 정면으로 맞서고 있다.

요리 프로그램을 수료한 지역 주민들이 식품 산업에서 수익성 있는 일자리를 얻기 시작하면 지역사회의 구매력이 증가할 것이다. 구매력이 높아지면 더 많은 사업체가 지역으로 유입될 뿐만 아니라 이미 이곳에 뿌리를 내린 지역 업체들이 더 큰 성공을 거둘 것이다. BCCC가 문제의 근원에 직접 개입함으로써 즉각적이면서도 지속적인 변화를 이끌어내는 연쇄 효과를 창출하고 있다.

궁극적으로 불의의 구조적 원인을 해결하려면 확대와 축소를 모두 배워야 한다. 우리는 현장에서 문제를 해결할 방안을 마련하면서, 동시에 그 문제에 영향을 미치는 더 큰 구조를 끊임없이 인식해야 한다. 그리고 이런 구조적 원인을 더 깊이 파고들어 밝혀낼수록 한때 '근본적인 해결책'으로 여겨졌던 것들이 더 이상 그렇지 않다는 사실을 발견할 것이다. 1999년 당시, 구조적 문제를 해결하는 방식은 슈퍼마켓을 세우는 것이었다. 이제 그 해결책은 커뮤니티 요리 센터를 여는 것으로 바뀌었다.

우리는 더 깊이 파고들고 더 많은 것을 밝혀내기 위해 끊임없이 노력해야 한다. 불의의 근본 원인은 우리의 역사, 제도, 문화적 관습 속에 깊숙이 뿌리내리고 있어서 모호하고 복합적인 경우가 많다. 그것들은 우리가 마주하는 문제들을 조장하고 지탱하는, 서로 복잡하게 얽힌 연결망이다. 이 문제들의 뿌리를 파헤쳐 드러내는 작업은 단기간에 끝나는 일이 아니며, 상당한 인내와 헌신, 그리고 그 과정이 항상 동일한 형태로 진행되지는 않을 것이라는 이해가 요구된다.

어떤 지역사회는 기업 투자의 부족으로, 다른 지역사회는 젠트리피케이션으로 인해 고통받을 수 있다. 모든 지역사회는 서로 다르며, 그에 따라 지역사회마다 고유한 해결책이 필요하다. 구조적 문제에 효과적으로 대응하는 프로그램과 계획을 수립하려면, 무엇보다도 그 지역에 사는 사람들과 가까워져야 한다. 시간을 들여 이들의 삶을 이해하지 못한다면 아무리 훌륭한 행동 계획을 세우더라도 진정으로 지역사회의 요구를 충족하지 못할 위험이 있다. 따라서 우리는 현장을 누구보다 정확하게 아는 사람들의 목소리에 귀를 기울여야 한다. 불의의 근본 원인을 뿌리째 뽑으려면, 먼저 현장에서 살아가는 사람들의 의견에 귀 기울이는 법을 배워야 한다.

지역사회 육성하기
- 칼리 헤어와의 대담

    칼리 헤어는 수년간 현장에서 행동주의 운동을 조직하고 성장시키는 일에 종사했고, 자선 단체에서 정의를 실현하기 위해 노력했다.

    공직 생활 중에는 크고 작은 소외된 지역사회의 삶의 질을 개선하려는 다양한 단체를 이끌었으며, 현재는 필란트로피 분야에서 더욱 공정한 관행을 옹호하는 조직인 체인지 필란트로피의 연합 이사로 재직 중이다.

    포니(Pawnee)족 출신인 칼리는 특히 원주민 공동체의 권리와 복지 증진을 위해 힘썼다. 아메리카 원주민 권리 기금(Native American Rights Fund, NARF)의 개발 이사와 자선 분야의 아메리카 원주민(Native Americans in Philanthropy, NAP)의 전무이사를 역임했다.[84]

    그녀는 또한 다양한 대의를 지원하는 여러 이사회와 자문 위원회에서 자원봉사 활동을 해왔다. 그중에는 환경·인종·경제 정의를 위한 조직들을 지원하는 커먼 카운슬 재단(Common Counsel Foundation)[85]과, 필란트로피 분야에서 다양성, 형평성, 포용성을 증진하는 것을 목표로 하는 D5 연합(D5 Coalition)이 포함된다.[86]

이런 독특한 관점을 바탕으로, 칼리는 필란트로피의 세계를 이해하게 되었고, 자선만으로 소외된 지역사회를 돕기에 충분하지 않을 수 있다는 점을 깨달았다. 그녀는 자선 단체의 구조를 근본적으로 변화시켜 필란트로피스트들이 "자선의 형평성을 향해 나아가야 한다"고 촉구했다. 이런 변화에는 조직의 모든 단계에서 "투자가 부족한 지역사회 출신의 인재"를 채용하는 것과 해당 지역사회가 의사결정 권한을 유지할 수 있도록 그 지역의 무궁무진한 자원에 대한 투자를 확대하는 것 등이 포함되며, 이 외에도 다양한 변화가 일어날 것이다.[87] 간단히 말해, 칼리는 정의를 추구하는 필란트로피스트이자 필란트로피를 개선하고자 노력하는 정의 운동가다.

대런: 칼리, 본인 소개와 함께 현재 하고 계신 일에 관해 설명해 주시겠습니까?

칼리: 열여섯 살 되던 해, 저는 우리의 전통과 공동체, 가족 중심적인 절차에 따라 포니족 이름을 받았습니다. 그 이름은 ‹i kita u hoo ‹i]a hiks인데, '사람들을 인도하는 친절한 지

도자'라는 뜻이에요. 그래서 어떤 의미에서는 설령 그 자리와 역할이 전통적인 형태는 아니더라도, 저는 언제나 한 자리를 맡고 역할을 하라는 부름을 받았습니다. 저처럼 부족 공동체에서 자란 사람에게는 호혜성, 공동체 중심의 돌봄, 리더십, 그리고 지혜를 나누는 것이 매우 중요한 가치입니다. 그런 가치들은 조직 차원의 일뿐만 아니라, 제가 개인적으로 이 일을 처리하는 방식 속에도 깊이 자리 잡고 있습니다.

저는 오랫동안 필란트로피 활동을 해온 사람이다 보니 회의에 참석할 때면 '내가 어쩌다 이 자리에서 연장자가 되었지'라는 생각이 들곤 해요.

대런: 걱정 마세요. 이 자리에서는 당신이 연장자가 아니니까요.

칼리: 하지만 어떤 자리에서는, 어떤 무리 속에서는 제가 연장자랍니다! 저는 이 일을 15년 동안 해왔거든요. 처음 이 분야에 들어있을 때는 약간 '이방인'처럼 느껴졌고, 그래서 이 분야를 이해하고 익숙해지기 위해 많은 시간을 쏟았습니다. 그런데 이후에는 대부분의 사람들이 그렇듯, 저 역시 이방인 단계에서 잠입자, 나아가 방해자가 된 기분으로 바뀌었죠.

지금 체인지 필란트로피에서 우리가 하는 일을 생각하면 가슴이 설렙니다. 우리 연합은 수년 동안 발전했습니다. 큰 변화들이 있었고, 우리는 이제 단순히 필란트로피에 도전하고 의문을 제기하는 것을 넘어 성명을 발표하고 행동을 촉구하기 시작했어요. 그것은 우리의 이름에도 그대로 담겨 있습니다.

우리가 필란트로피 분야에 바라는 변화는 영향력을 확대하고 효과를 극대화하며 전통적인 담론과 관행을 바꾸는 데 있습니다. 바로 이 때문에, 정의의 관점에서 필란트로피에 접근하는 이런 프레임에 가슴이 설레는 겁니다.

오늘날 필란트로피에 참여하는 사람들은 대부분 이런 변화를 탐구하는 데 점점 익숙해지고 있고, 일부 변화를 실행하고 실천하기 시작했습니다. 그래서 지금이 이 분야에 몸담은 사람들에게 가슴 설레는 시기인 거죠. 우리는 그동안 항상 존재했던 몇몇 지혜를 더 체계적이고 전략적이며 교차적인 방식으로 제시할 수 있었어요. 우리가 더욱 깊이 주목하는 핵심 과제는 정의와 해방이고, 저는 필란트로피가 이 과정에 어떤 역할을 할 수 있을지에 관심을 두고 있습니다.

대런: 당신은 이 일을 상당히 오랫동안 해오셨고 지금까지 해오신 모든 작업이 체인지 필란트로피로 결집된 것 같습니다. 당신을 이 일로 이끈 건 필란트로피의 어떤 점이었나요?

칼리: 저는 이 일에 발을 들여놓을 진입 지점을 얻은 것이 큰 행운이라고 생각합니다. 스물다섯 살 무렵에 볼더

카운티(Boulder County)에 봉사하는 커뮤니티 재단(The Community Foundation)에서 프로그램 담당자로 필란트로피 활동을 시작했어요. 당시 직원 중에서 유색인종은 저뿐이었습니다.

정말 멋진 도전이자 값진 경험이었죠. 그 재단의 대표는 이력서와 배경이 아닌, 잠재력을 바탕으로 사람을 뽑았습니다. 덕분에 세계관과 필란트로피에 대한 제 관점이 바뀌었어요. 사실 처음에는 '필란트로피'와 '필란트로피스트'라는 단어를 제대로 발음하는 데도 3주 동안 연습했어야 했습니다. 분명 쉽지 않은 도전이었죠. 하지만 제가 예전에 재직하던 원주민 주도 단체의 고용주로부터 평생 최고의 조언을 들었습니다. 저는 그와 제가 맡은 새 직책에 관해 이야기를 나누고 있었는데, 그는 쉬지도 않고 이렇게 말하더군요. "이 일을 배우고 지역사회와 공유할 수 있는 사람들이 더 필요합니다. 우리가 그 세상을 잘 모르니까 더 많이 배워야 해요."

모든 사람이 저와 같은 기회를 얻는 건 아닙니다. 저 같은 사람들을 위한 진입 지점이 구조적으로 설계되어 있지 않은 경우가 많거든요. 그게 큰 도전이었습니다.

제가 참여하는 일은 제 개인적인 삶과도 연결되어 있습니다. '진화된 변화'의 핵심은 바로 이 진입 지점을 전환하는 겁니다. 파이프라인을 확장하고, 구조를 재검토하며, 다양한 개인과 기관이 이 공간에서 어떻게 활동하고 있는지를 이해하는 것이죠. 우리 공동체는 우리가 직접 참여하고, 배우고, 발전할 방법을 찾고, 업무와 기관 자체를 변화시키기를 원합니다. 이런 태도는 이 분야에 부름을 받거나 초대받거나 심지어 마지못해 참여한 많은 사람에게 강력한 동기부여가 됩니다. 그리고 가장 중요한 역량은 주변 환경을 평가하고, 이 환경에 적응하며, 권력 구조를 자신에게 유리하도록 활용해 업계 전체의 관행을 바꾸는 힘입니다.

대런: 자선과 정의의 차이점이 뭐라고 생각하시나요? 그리고 그 두 가지를 당신의 업무에서 어떻게 실천하고 있는지 말씀해주시겠습니까?

칼리: 체인지 필란트로피에서 우리는 자선에서 정의까지 광범위한 스펙트럼이 존재하며, 다양한 개인과 기관이 그 스펙트럼의 서로 다른 지점에서 활동하고 있다고 생각합니다. 저도 개인적으로 동료나 현장 파트너들과 함께 일할 때 그렇게 생각합니다. 그런데 우리는 종종 이 스펙트럼의 양 끝단을 잊곤 합니다. 한편에는 지원금 지급 중심의 자선 프레임이 있습니다. 이런 관점에 동의하는 많은 이들에게, 우리의 투자와 참여 전략은 종종 현상 유지를 고착화시키는 역할을 하죠.

오늘날에도 백인 우월주의와 가부장적 사회 구조를 지속

적으로 지원하고 그 구조에 편승하는 재단이 여전히 많습니다. 현상 유지를 추구하는 이들은 흔히 우리와 대화할 마음이 없어요. 그들의 사고방식은 전통적인 자선 지원금 지원 모델에 깊이 뿌리를 두고 있어요. 이들이 자선 중심 모델에서 정의와 해방 중심 모델로 바뀌기 위해서는 개인과 기관 양쪽 수준에서 상당한 노력이 필요하다는 점을 우리는 잘 알고 있습니다.

하지만 반대편에는 해방에 초점을 맞춘 사람들이 존재합니다. 이들은 재단이 과거의 권력 역학에서 벗어나, 공동체를 중심으로 더 민주화된 자금 조달 방식을 추구하는 해방 중심의 프레임으로 전환하기를 원합니다. 이들은 단순히 불평등을 해소하는 데 그치지 않고, 해당 분야 자체에 대한 새로운 비전을 제안하는 데 집중합니다. 이는 매우 급진적인 시도지요. 그들은 이 일과 세상을 이해하는 기존의 틀을 변화시키고, 기존 접근 방식을 어떻게 수정할 수 있을지 고민합니다.

이와 관련해 한 가지 생각을 더 나누고 싶습니다. 제가 이 주제에 관해 많은 영감을 받은 명언이 있어요. 누가 한 말인지는 기억나지 않지만, "미국의 말살 및 종식 정책조차도 백인 여성들의 선의만큼 미국 원주민에게 해롭지는 않았다"라는 내용입니다.

저는 필란트로피로 전향하기 바로 전, 부족 활동에 참여했을 때 이 개념을 처음 접했습니다. 여기서 얻은 교훈은 '우리가 다른 사람들의 해결책을 찾을 수는 없다'라는 겁니다. 특히 제가 백인 여성이 대부분인 무리에 있을 때면 이따금 이 말이 떠오르곤 합니다.

다른 사람들의 문제에 대한 해결책을 찾으려고 애쓸 때 우리는 필연적으로 새로운 문제를 일으키게 됩니다. 우리의 의도와 영향이 어긋나기 때문이죠. 그렇기에 우리는 공동체와 소통하기 위해 온 마음을 다해야 합니다. 바로 이 지점에서 필란트로피에 접근하는 자선적 사고방식과 정의의 사고방식이 갈리게 됩니다.

누군가가 오늘 겪는 문제를 빠른 임시방편으로 해결하는 건 쉽지만, 그 과정에 자신도 모르는 사이에 장기적인 부작용을 초래할 수 있습니다. 정의에 관심을 가진다는 건 개인과 공동체의 목소리를 의도적으로 이런 담론의 중심에 둔다는 의미입니다. 이는 우리가 나누고 있는 진보에 대한 논의에 이들이 접근할 수 있도록 보장하는 것을 의미합니다. 이를 위해서는 의도적인 노력이 필요하죠.

대런: 말씀하신 내용 중에서 많은 부분이 결국은 근본 원인에 관한 이 문제로 귀결되네요. 말씀하신 것처럼, 우리가 문제에 가장 가깝고 해결책을 가장 잘 알 수 있는 공동체와 이야기를 나누고, 관계를 맺고, 진심으로 귀 기울이지 않는

다면 이런 근본 원인 중 그 어떤 것도 해결되기 어려울 겁니다. 그렇다면 이런 근본 원인을 고려할 때 우리가 집중해야 할 핵심적인 근본 문제는 무엇이라고 보십니까?

칼리: 제 생각에 핵심은, 우리 사회의 격차를 만들어낸 정책이나 관행의 근본적인 요소들을 바로잡는 데 있습니다.

제가 필란트로피의 미국 원주민(NAP) 단체에서 일할 때, 사람들은 종종 제게 이렇게 묻고 했습니다. "어떻게 하면 인디언 공동체의 알코올 중독 문제를 해결할 수 있을까요?" 그들은 왜 아메리카 원주민 공동체의 고등학교 졸업률이 그렇게 낮은지, 왜 이 공동체가 다른 사람들보다 더 많은 위험에 노출되어 있는지 이해하지 못하겠다고 말했죠. 그럴 때 저는 이렇게 대답하곤 했습니다. "글쎄요, 혹시 1887년 도스 법(Dawes Act)에 대해 들어본 적 있나요?"[88] 이 단 하나의 정책이 전국적으로 아메리카 원주민의 참정권을 박탈했기 때문이죠. 그것은 공동체와 리더십 구조를 파괴했고, 수많은 공동체의 기반을 산산조각 냈습니다.

교육이나 공동체 리더십, 아니면 그 밖의 어떤 영역을 들여다보더라도, 오늘날 많은 유색인종 공동체가 직면한 문제들을 발생시킨 개별 법률이나 정책을 여러 개 꼽을 수 있지요. 우리 공동체와 개인을 보호하기 위한 치안 유지 활동이든,

수많은 공동체를 물리적으로나 교육적으로 가둬온 통제 메커니즘이든, 필란트로피 분야에서 우리가 중점적으로 다루는 이런 문제들은 종종 그런 고립의 근본 원인까지 다루지 않습니다. 자선 중심적인 접근 방식으로는 이런 문제들을 해결할 수 없습니다. 자선에 초점을 맞추는 사람들은 '내일 아이들의 식탁에 음식을 올릴 수 있을까'에만 관심을 두죠. 학교에 결석한 학생들을 추적하기 위해 단속반을 고용하는 데 집중할 겁니다. 하지만 교육 체계 전체를 혁신하는 일에는 관심을 두지 않습니다. 이를테면, 라틴계 여성들이 매일 직면하는 구조적 불이익에 대해서는 질문조차 하지 않을 겁니다.

맞습니다. 정의 중심적인 접근 방식이란 근본 원인을 들여다보는 일입니다. 한 걸음 물러서서 우리의 역사를 인정하는 일이고, 때로는 불편하게 느껴지는 부분까지 인정하는 일입니다. 그 역사가 오늘날 우리 사회에 어떤 영향을 미치고 있는지 탐구하고, 애초에 이런 구조적 불평등을 조장한 정책이나 관행을 확인하는 일입니다. 우리가 이루고자 하는 목표들을 재구성하고, 재집중하며, 재조정하는 것을 의미합니다. 때로는 대규모 체계 자체를 다시 설계하거나 과거와는 완전히 다른 접근을 시도해야 할 수도 있습니다.

우리 공동체 안에는 이미 그런 해결책을 가진 사람들이 있습니다. 그런 아이디어도 있습니다. 자선 분야에서 일하는 우리와 달리 그런 사람들은 흔히 시간, 자원, 재능이라는 사치를 누리지 못합니다. 그래서 우리가 자선에서 정의로 전환해야 하는 겁니다. 그리고 그 전환을 위해서는 마음을 열고 세상을 바라보는 관점을 바꾸어야 합니다.

이 일을 제대로 하고자 하는 사람이라면, 자기 조직에 무엇이 이익이 되는지 따지기보다, 해결책을 어떻게 지원할 수 있을지를 고민해야 합니다. 가장 주목받는 프로젝트, 무언가에 이름을 남기는 일, 이 일이 자신에게 미칠 영향을 중심에 두어서는 안 됩니다. 이 분야에 몸담은 개인과 기관이라면, 이 일과 우리가 가진 힘에 자신을 어떻게 맞춰 나갈 것인지에 대해 고민해야 합니다.

대런: 필란트로피 분야에서 정의 중심 사고방식이라는 개념을 받아들이려고 할 때 누구나 장애물을 경험하게 됩니다. 당신의 관점에서 볼 때, 이 정의로운 사고방식을 발전시키는 과정에 직면하는 가장 큰 도전은 무엇이라고 생각하십니까? 그리고 지금까지 당신이 직면했던 장애물은 어떤 것이 있고, 그것을 어떻게 극복하셨나요?

칼리: 우리가 직면하는 한 가지 큰 도전은 우리가 사용하는 언어에 있습니다. 우리는 중요하게 여기는 개념들에 대해 어렴풋한 이해를 공유하지만, 몇 가지 근본적인 용어에 대한 핵심 정의에 대해서는 그렇지 않아요.

평등이란 무엇일까요? 형평성이란 무엇일까요? 정의란 무엇일까요? 해방이란 무엇일까요? 예를 들면, 저는 사람들이 형평성(equity)과 평등(equality)을 혼동하는 경우를 보곤 합니다.

또 다른 도전은 자선기관에서 일하는 사람들이 조직 내부에서 직면하는 어려움과 관계가 있습니다. 지난해 가을에 열린 한 고위급 회의에서는 '필란트로포크(philanthrofolk)'라는 새로운 용어를 만들었습니다. 이 용어는 기본적으로 기관 내부의 문화를 바꾸고 형평성 기반의 사고방식으로 조직을 전환하려는 활동가들, 그리고 이 작업을 지원하려는 협력자들을 뜻합니다.

우리는 필란트로포크가 단지 지역사회에 대한 접근성과 참여 기회를 확대하기 위해 싸우는 것이 아니라, 자신들이 속한 구조와 기관 내부의 난관까지 헤쳐 나가고 있다는 사실을 깨달았습니다. 이들 중 많은 사람은 조직에서 이런 담론을 추진하는 유일한 목소리가 바로 자신들이라고 느낄 수도 있습니다. 이런 권력의 역학 속에서 그들은 매일 같이 도전에 직면하며, 이를 헤쳐 나가려면 민첩성이 요구되죠.

우리는 역동적인 공동체를 만들고, 그것이 잘 성장하도록 보살펴야 합니다. 제가 하는 일을 통해 제가 사랑하는 공동체와 많은 시간을 함께 보낼 수 있다는 것은 저에게는 큰 축복입니다. 저는 개인적, 직업적 차원은 물론이고, 기관과 프로그램, 경제 등 다양한 차원에서 저를 지지하는 공간에서 일하고 있습니다. 이 분야에 종사하는 사람들에게는 흔치 않은 일이죠.

제가 처음 필란트로피 분야에 발을 들였을 때만 해도 이 분야에는 아메리카 원주민이 거의 없었습니다. 당시, 저 외에 필란트로피 분야에서 일하는 아메리카 원주민은 단 한 명뿐이었어요. 시간이 지나면서 저는 필란트로피 안에서 방향을 찾고 길을 모색하는 데 아메리카 원주민들이 교육적인 거점 역할을 한다는 사실을 알게 되었습니다. 제가 그들을 실제로 마주할 기회는 1년에 한두 번 정도뿐이었지만, 그 만남은 제가 그 공동체의 일원이라는 감각을 되찾는 데 도움이 되었습니다. 그 경험이 제게 큰 힘이 되었죠.

일을 하면서 자신만의 동맹을 찾는 것이 매우 중요합니다. 제가 콜로라도주 볼더에 있었을 때는 공동체 재단에 중심을 둔 원주민 활동은 그리 많지 않았습니다. 하지만 LGBTQ 공동체와 라틴계 공동체와 함께 일하면서 저 역시 그런 공동체를 발견할 수 있었어요. 고립은 때때로 힘든 도전일 수 있고, 그래서 그런 동맹을 맺는 것이 큰 도움이 되었습니다. 모든 사람에게는 공동체 의식이 필요하며, 그 공동체 안에서 여러분은 영혼을 회복할 수 있어요. 그것이 가상의 공간이든 물리적인 공간이든 간에, 가까운 사람들과 함께할 수 있는 공간은 매우 중요합니다.

현장의 문화가 변화함에 따라 그런 공간들의 중요성이 점점 더 커질 겁니다. 사람들에게는 그런 연결점들이 필요하기 때문입니다. 2017년 유니티 서밋(Unity Summit)에서 열다섯 명에서 스무 명에 이르는 사람들이 같은 해 안에 현장을 떠날 계획이라고 말했던 기억이 납니다. 그러나 자신의 공동체를 찾고, 그 공동체의 일원이 되며, 이 일에 헌신하는 다른 사람과 관계를 맺는 경험이 활동가이자 실천가, 그리고 대변자가 되겠다는 그들의 결심을 다시금 다지는 데 도움이 되었습니다.

이와 동시에, 우리는 우리의 사고를 확장할 수 있는 새로운 사람들, 즉 세상에 대한 우리의 이해를 확장하고 우리가 이미 알고 있다고 생각하는 것에 도전할 수 있는 사람들을 참여시켜야 합니다. 제가 평생 원주민 공동체에서만 일했다면 어떤 영향력 있는 일을 할 수도 있었을 겁니다. 하지만 LGBTQ 조직부터 이민자와 난민 운동에 이르기까지 다양한 분야의 리더들과 이야기를 나누면서 제 관점이 더욱 넓어졌고, 제가 하는 일도 더욱 탄탄해졌어요. 다양한 대의명분에 공동체를 참여시켜야 합니다. 그래야만 우리의 시야를 심화시키고, 집단적인 접근을 통해서만 가능한 장기적인 구조적 변화를 끌어낼 수 있습니다. 저는 바로 이 지점에서 큰 희망을 느낍니다.

대런: 기부자들이 사회 정의 필란트로피스트로서 더 성장하기 위해, 특히 당신이 함께 일하는 공동체를 옹호할 때 그들이 무엇을 이해해야 한다고 생각하십니까?

칼리: 이 공동체들이 마주한 도전과 그에 대한 해법이 어떤 것일지에 대한 자신의 이해를 기꺼이 수정하겠다는 열린 마음이 필요합니다. 그 여정이 이따금 불편할 수 있습니다. 그리고 그 여정에는 오늘날 우리의 삶에 영향을 미치는 역사적 사건들에 대해 배우고자 하는 의지가 요구됩니다. 특히 과거의 불의로부터 혜택을 받은 사람이라면 더 어려울 수도 있지요. 하지만 이런 공동체에 진정한 변화를 일으키고자 한다면 그것은 중요한 일입니다. 열린 마음과 배우려는 의지를 가지고 참여하십시오.

그리고 이들 공동체와 함께하며 성공을 함께 기뻐하십시오. 어떤 성공은 정책 개혁 같은 성과로 나타날 수 있지만 어떤 경우에는 시민 발의안에서 실패를 겪을 수도 있습니다. 하지만 그 과정에서 여러분이 쌓아 올린 공동체, 그리고 여러분이 수행한 조직적인 작업 자체에서 기쁨을 느끼세요. 그런 성공 사례들을 찾아 축하하세요.

그 목적을 위해서, 여러분의 분야에 이미 존재하는 자원들을 적극적으로 활용하세요. 앞서 말했듯, 제가 사랑하는 공동체들과 매일 상호작용하는 위치에 있다는 건 제게 큰 행운입니다. 하지만 여러분도 공동체를 옹호하고, 필란트로피와 공동체를 이어주는 가교의 역할을 하는 수많은 단체와 협력할 수 있습니다.

제가 기부자들과 재단 운영진에게 가장 전하고 싶은 말은 이 일이 매우 역동적이라는 점입니다. 이 일은 복잡합니다. 끊임없이 진화하고 있습니다. 그리고 만약 여러분이 이 일에 참여하거나 이 일과 함께 성장하기를 주저한다면, 진보의 속도는 좀 더 느려질지도 모릅니다. 하지만 그래도 우리는 여전히 앞으로 나아갈 겁니다.

제6장

가까이 다가가기의 힘
- 전문성과 경험을 모두 존중하기

> 내가 살고 배우면서 정한 좌우명은 이것이다. 먼저 공감하라, 그러면 공감이 돌아올 것이다.[89]
>
> – 〈좌우명〉, 랭스턴 휴즈(Langston Hughes)

2014년 눈 내리던 어느 겨울날, 나는 뉴욕주 울스터카운티 (Ulster County) 전원 지역에 위치한 이스턴 교정 시설을 방문했다. 그곳에서 나는 실로 놀랍고도 감동적인 광경을 목격했다. 재소자들이 라틴어를 공부하고, 그리스 비극에 대해 토론하며, 유창한 중국어로 대화하고 있었다.

그들은 랭스턴 휴즈의 시와 제임스 볼드윈(James Baldwin)의 에세이를 낭송했고, 나와 꼭 닮은 모습이었다. 대부분 흑인과 라틴계 출신으로, 소외되고 불우한 환경에서 자란 이들이었다. 하지만 그들의 얼굴에는 결의와 희망이 담겨 있었다. 힘들게 얻은 성취에서만 느낄 수 있는 진정한 자신감의 표정이었다.

이 사내들은 설립자 맥스 케너(Max Kenner)와 바드칼리지(Bard College)의 훌륭한 총장 레온 보츠타인(Leon Botstein)의 아이디어로 만들어진 '바드 교도소 이니셔티브(Bard Prison Initiative)'에 참여하고 있었다.[90] 수감자들을 위한 이 선구적인 학위 수여 프로그램은 수년 동안 포드재단의 지원을 받았다. 그들을 찾아갔을 때 (불운과 잘못된 선택, 그리고 마치 그들의 인간성을 빼앗기 위해 설계된 듯한 형사 사법 제도가 등장하는 그들의 고통스러운 현실에 관해 이야기를 나누면서) 나는 마음이 아팠지만 동시에 영감도 받았다.

그들의 이야기를 통해 나는 포드재단을 비롯한 많은 자선 단체와 기관, 그리고 사회 변화의 최전선에서 일하는 사람들의 지원이 왜 그토록 중요한지 다시금 깨달았다. 그렇다, 불평등과 불의는 사라지지 않는다. 하지만 인간 정신의 힘은 꺾을 수 없다.

또 한 가지 떠오른 점은 사람들이 있는 그곳, 그들이 사는 환경 속에서 그들을 직접 만나는 것이 가장 바람직하다는 사실이었다. 나는 미국의 수감생활에 관한 모든 사실과 통계를 알고 있었다. 텍사스와 루이지애나의 교도소에서 시간을 보낸 사촌이 일곱 명이나 있다 보니 사적인 차원에서도 수감생활을 조금은 이해하고 있었다. 또한 구조적 인종차별이 대규모 수감 문제의 한 가지 근본 원인임을 알고 있었다. 하지만 이 수감자들의 눈을 직접 마주하고 나서야 그들의 삶에 존엄성을 부여하는 일이 얼마나 중요한지 이해하게 되었다. 그들이 아리스토텔레스에 관해 이야기하는 모습을 직접 보고 나서야 수감생활의 물질적 조건이 왜 전적으로 물질적이지만은 않은지를 이해하게 되었다. 이런 깨달음이 있었기에, 나는 훗날 아그네스 건드에게 캘리포니아의 샌 퀜틴 주립 교도소를 방문하도록 권유할 수 있었다.

문제를 가장 가까이에서 겪는 사람들, 즉 문제의 당사자들과 이미 현장에서 상황을 개선하기 위해 애쓰는 이들의 이야기에 귀 기울이는 것은 어쩌면 너무도 당연한 행동처럼 보일 것이다. 하지만 각계각층의 필란트로피스트와 활동가들은 언제나 이 중요한 단계를 건너뛴다. 그 이유가 무엇일까? 우리가 해결하고자 하는 문제를 가장 가까이에서 겪는 사람들에게 조언을 구하지 못하는 까닭은 무엇일까?

> 필란트로피는 모든 주체를 포함해야 한다. 여러분이 봉사하려는 사람들, 수혜자, 정부 등 모든 이를 포괄해야 한다. 우리는 필란트로피가 공동체 주도적인 개발과 해결책에 대해 주인의식을 갖도록 하는 것에 더욱 집중해야 한다고 믿는다. 그래서 아마도 필란트로피의 역할에 관한 우리의 관점이 조금 다를 것이다. 우리는 구조의 중심이 우리가 아니라는 점을 인정한다. 단지 구조 내의 주체 중 하나일 뿐이며, 따라서 우리의 전문성을 활용해 협력을 촉진하거나 그 일부가 되도록 도울 수 있어야 한다.
>
> - 제프 레이크스, 레이크스재단 공동 설립자

우리는 몇 가지 예상 답안을 알고 있다. 이를테면, 우리는 자신의 특권 때문에 여러 소외된 공동체의 경험으로부터 동떨어져 있어서 우리의 시각과 이해의 폭이 제한적일 수 있다. 또한, 편견으로 인해 다른 관점의 가치를 보지 못할 수 있다. 우리가 이미 가지고 있는 이해와 관점으로 말미암아 자신의 신념과 소망을 확인시켜 주는 사람과 조직만 찾게 될 가능성도 있다.

무엇보다도, 에고가 우리의 판단을 흐리게 할 수 있다. 앤드류 카네기가 그랬던 것처럼, 다른 사람들에게 무엇이 최선인지 우리가 안다고 착각할 수 있다. 혹은 자신이 모든 문제를 해결할 수 있는 적임자라고 생각하거나 지금 노력하고 있는 사람들보다 더 잘할 수 있다고 믿을 수도 있다.

이처럼 뿌리 깊은 개인적·제도적 조건들은 불편하고 쓸모없는 권력의 역학을 만들어낸다. 이는 자칫하면 기부자와 수혜자 사이에 일방적이고 비생산적인 관계를 조장할 수 있다.

이런 요인들 외에도, 다른 장애물과 함정 때문에 우리는 문제로부터 직접 영향을 받는 사람들의 목소리에 진정으로 **귀 기울이지** 못한다. 어떤 기관이 공동체와 관계를 맺을 때 그들은 구성원의 말을 경청하기보다는 그들이 그 기관의 '언어'를 사용하기를 기대한다. 이것은 내가 1990년대에 할렘 비영리단체에서 일하면서 직접 경험한 일이기도 하다.

이사회라는 작은 방 안에서 우리는 사명과 지표를 완벽하게 표현하는 언어를 개발한다. 물론 그것은 훌륭하고 중요한 작업이다.

무엇을 해결하고자 하는지, 어떤 방향으로 가고 있는지 아는 것만큼 결과를 측정하는 것도 소중하다.

우리는 전문가의 도움을 청하기도 하는데, 이것 역시 중요하다. 하지만 경제학자 윌리엄 이스터리(William Easterly)가 말한 "전문가의 횡포"라고 일컫는 현상에 빠지기 쉽다. 즉, 선의의 정책을 주도하는 유능한 기술 전문가의 전략적 조언에 지나치게 의존하는 것이다.[91]

그런 전략과 지표를 개발할 때야말로 문제를 직접 경험하는 사람들의 말에 귀 기울이고 그들이 실제 경험에 비추어 문제와 해결책을 표현하는 일이 더욱 중요하다.

예를 들어, 빌&멜린다 게이츠 재단은 에티오피아 농촌 지역의 한 수혜 기관으로부터 이 점을 배웠다.[92] 그 수혜 기관은 일부 지역에서 자사의 페달식 양수기가 팔리지 않는다는 사실을 알게 되었다. 양수기는 소규모 농지의 관개에 중요한 도구였다. 하지만 그 기관이 양수기를 구매하지 않은 여인들과 이야기를 나눈 결과, 문제는 양수기를 작동시키려면 양수기 위에 서서 엉덩이를 흔들며 페달을 밟아야 한다는 점이었다. 이런 동작은 지역사회 여성들의 문화적 규범에 어긋나는 것이었다. 양수기의 효율성은 중요하지 않았다. 여성 농부들은 엉덩이를 흔들며 밟아야 하는 양수기는 구매할 생각이 없었다.

수혜 기관에서 그런 동작이 필요 없도록 양수기를 재설계한 후 양수기의 인기는 크게 높아졌다. 문제가 해결될 수 있었던 것은 수혜 기관과 재단이 양수기를 직접 이용하는 사람들과 소통했기 때문이었다.

이와 마찬가지로, 필란트로피 분야의 입문자들은 종종 제프 레이크스가 "실버 불릿(silver bullet, 만능 해결책)"과 "실버 유닛(silver unit, 단일 해결 주체)"이라고 부르는 개념에 유혹당하기 쉽다. 레이크스는 다음과 같이 설명했다. "[실버 불릿은] 훌륭한 개입 전략입니다. 이 전략을 채택하기만 하면 모두가 문제를 해결하게 된다는 것이죠." 때때로 실버 불릿 해결책은 레이크스가 말하는 "실버 유닛", 즉 '한 명의 필란트로피스트나 한 재단이 **모든** 해결책을 가지고 있다'는 착각에서 비롯된다.

문제는 실버 불릿과 실버 유닛이 실제로는 거의 효과가 없다는 점이다. 어떤 문제에 실버 불릿 해결책이 존재했다면 누군가는 이미 그것을 시도했을 것이다. 어떤 문제든, 어떤 분야든 간에 최선의 해결책은 언제나 협력에서 나온다.

하지만 그렇다고 해서 새로운 중대 문제를 해결하려고 시도하거나 새로운 아이디어를 내지 말라는 뜻은 아니다. 오히려 그 길을 먼저 걸어본 이들의 지혜로부터 배우고, 이미 그 현장에서 활동 중인 이들의 역량을 어떻게 활용할지 배운다면 당신의 문제에 더 효과적으로 대응할 수 있게 될 것이다.

(특권과 편견, 에고와 전략, 그리고 '실버 불릿'까지) 이런 모든 장벽이 존재하는 상황에서, 우리는 어떻게 가장 가까이에서 문제를 겪는 사람들의 말에 최선을 다해 귀 기울이고 있다고 확신할 수 있을

까? 협력하고 실제 상황을 이해함으로써 얻을 수 있는 모든 이점을 활용하기 위해 어떤 행동을 취할 수 있을까?

> 나는 내가 물려받은 부를 활용해 사람들이 자신의 목소리를 내고, 참여하고, 자신의 방식으로 자기 정체성을 확립하고, 있는 그대로의 자신을 인정받을 수 있도록 힘을 실어주어야 한다는 책임감을 느낀다.
>
> — 존 스트라이커, 아커스 재단 설립자 겸 회장

이 질문에 대해 우리가 실천할 수 있는 두 가지 강력한 방법이 있다. 바로 '현장에 가까이 다가가기'와 '공감 확대하기'이다.

내가 "문제를 가까이에서 겪는 사람들의 말에 귀 기울이세요"라고 말할 때 여러분은 그것을 비유적인 표현으로 받아들일지도 모른다. 즉, 자신과 다른 시각을 이해하고 선택적으로 수용하라는 뜻으로 해석할 수 있다. 물론 그렇게 실천한다면 대단한 일이다. 하지만 나는 여기서 말 그대로의 의미로 이야기하고 있다. 즉 돕고 싶은 사람이 있는 곳에 **실제로 가야** 한다. 직접 걷고, 대화하고, 공식적인 자리든 비공식적인 자리든 관계없이 그들을 만나야 한다. 여러분이 돕고자 하는 사람들과 직접 마주해야 한다. 이미 그 현장에서 일하고 있는 이들과도 대화해야 한다.

물론, 사람들에게 직접 다가가는 일이 어색하거나 불편할 수 있다. 때로는 두려움을 느끼는 장소에 가야 하거나 자신과 매우 다른 사람들을 만나야 할 수도 있다. 하지만 데이비드 록펠러 주니어가 내게 말했듯이, "현장에 가까이 다가감으로써 잘못된 판단에서 비롯되는 불편함을 없앨 수 있다." 정확한 말이다. 나와 인종, 계층, 능력, 배경이 다른 사람과 대화하기가 불편하더라도, 사무실이라는 안전지대에 앉아 상황을 오해하는 것보다는 훨씬 나을 것이다. 레이크스재단의 공동 설립자인 트리샤 레이크스와의 대화에서도, 그녀는 '가까이 다가가기'의 힘을 강조했다.

특권의 한 가지 해독제는 '가까이 다가가기'라는 개념이다. 이 개념은 거듭 강조해야 할 만큼 중요하다. 나는 진심으로 문제를 이해하고 제대로 해결하기 위해서는, 필란트로피스트들이 그 문제에 최대한 가까이 다가가서 진정성 있게 대응해야 한다고 믿는다. 그것은 직접 현장에 가는 것일 수도 있고, 직원들이 그것을 진정한 우선순위로 삼도록 만드는 일일 수도 있으며, 지혜를 보탤 수 있는 사람들의 목소리를 끌어내는 것을 의미하기도 한다. '현장에 가까이 있는 것' 혹은 '현장에 있는 것'은 이 일에서, 그리고 이 일을 잘 해내는 데 있어 핵심적인 요소다.

'직접 현장에 들어가야 한다'라는 트리샤의 말은 내게 깊은 울림을 주었다. 실제로 포드재단에서 문제의 원인이나 해결 방안을 확신할 수 없을 때마다 나는 가장 먼저 이렇게 자문한다. '문제를

가까이에서 겪는 사람들과 직접 이야기를 나누었는가?'

'가까이 다가가기'는 두 번째 전략인 '공감 확장하기'에도 도움이 된다. 로라 아릴라가-안드레센은 이를 다음과 같이 적절하게 표현했다.

> 나는 '가까이 다가가는 것'만큼이나 중요하고, 그 안에 완전히 통합되어야 할 요소가 바로 공감이라고 생각한다. 우리가 돕고, 힘을 실어주고, 일으켜 세우고자 하는 이들을 향한 공감 말이다. 공감은 디자인 싱킹(Design Thinking)*의 핵심이기도 하다. 나는 지금껏 조직을 세우고 자원을 조성할 때마다 이 프레임워크를 적용했다. 그리고 공감은 단순히 필란트로피의 영역을 넘어 우리의 민주주의가 제대로 작동하고 우리의 영혼이 성장하기 위해 꼭 필요한 요소다.

공감은 단순한 동정을 넘어서기 때문에 강력하다. 공감이란 단순히 상황이 어렵거나 해결이 필요하다고 동의하는 데 그치지 않고, 그 상황을 경험하는 사람의 관점에서 문제를 보는 것이다. 나아가 진정한 공감이란 눈으로 보는 것을 넘어 모든 감각을 동원하는 것이다. 노숙자들의 소리와 냄새를 감지하는 일, 굶주린 배의 고통을 직접 느껴보는 일, 차가운 교도소 철창을 손으로 만져

---

* 사용자 중심의 창의적인 문제 해결 접근법

보는 일이다.

> 가난한 이들과 가까운 곳에 자신을 두려는 사람들, 우리가 어떻게 새로운 서사를 써나가는지 이해하는 사람들, 불편함을 감수할 준비가 된 사람들, 기꺼이 도전과 고통을 견뎌내려는 사람들, 바로 이들이 다름 아닌 여러분이 진정으로 정의로운 공동체를 만들어낸다는 것의 의미를 존중하는 사람들이다.
>
> — 브라이언 스티븐슨, 평등한 정의 이니셔티브 설립자 겸 전무이사

가까이 다가가면 감각이 깨어난다. 그리고 공감을 확장하면 그 감각은 통찰력으로 전환된다. 발머 그룹이 디트로이트에서 활동을 시작하겠다고 결정했을 때, 스티브와 코니 발머는 이미 다른 수많은 기부자와 필란트로피 단체가 그곳에서 활동하고 있다는 사실을 알고 있었다. 그래서 무작정 뛰어드는 대신, 그들은 너무도 당연하면서도 동시에 대담한 결정을 내렸다. 즉 그 지역사회와 과제를 깊이 이해하고, 그 도시에 뿌리를 내리고 살아온 사람을 프로그램의 리더로 채용한 것이다.

그렇다고 기존의 모델을 포기한 것은 아니었다. 발머 그룹은 데이터 수집과 이를 활용한 아이디어 도출에 관심이 많았다. 따라서 그것은 일종의 균형 잡기였다. 코니는 다음과 같이 말했다. "우리는 어떤 공동체에 들어가서 '당신들의 목표는 이것이어야 한다', '이런 일을 해야 한다'라고 말하지 않습니다. 그건 공동체의

몫이죠. 하지만 우리는 어떤 방식이 가장 효과적으로 작동했는지, 또 우리가 그 일의 어떤 요소들에 자금을 지원하고 싶은지에 대해 의견을 가질 **수는 있죠**."

여러분이 활동하는 지역사회에서 누군가를 고용하고 그를 권한이 있는 위치에 두는 것은 훌륭한 첫걸음이다. 다음 단계는 지역사회에 직접 참여해 불편함을 감수하는 것이다.

로리 티쉬(Laurie Tisch)는 '불편함'과 '가까이 다가가기'의 중요성을 자주 언급한다. 그녀는 로우스 코퍼레이션(Loews Corporation)의 공동 소유주였던 고(故) 프레스턴 로버트 티쉬(Preston Robert Tisch)의 딸이자, 교육, 예술, 공공 서비스, 식량 접근성 등을 위한 보조금을 제공하는 로리 M. 티쉬 일루미네이션 펀드(Laurie M. Tisch Illumination Fund)의 설립자 겸 회장이다.[93,94] 문서에 적힌 글이나 회의실에서 나누는 이야기만으로는 어떤 프로젝트가 인간에게 실제로 어떤 영향을 미치는지 이해하기 어렵다.

그녀는 이렇게 말했다. "우리가 더 추상적인 일을 한다면, 저나 [조직의] 다른 누군가가 직접 보지 않는 한 그 일이 실감 나지 않습니다. 하지만 제가 현장에 갈 때마다, 사람들과 실제로 이야기할 때마다 그 일의 의미가 더욱 분명해집니다."

로리는 개인적인 경험에서 구체적인 예를 들었다. 그녀가 처음으로 그린 시티 포스(Green City Force)가 건설한 뉴욕시 공공 주택의 도시 농장을 방문했을 때의 일이다. 도시 농장은 공공주택에 거주하는 청년들이 건강한 식재료를 재배하고, 환경의 수호자로서 나라에 공헌하도록 돕는 아메리코(AmeriCorps) 프로그램의 일부였다.

마치 아이오와주에 있는 듯한 느낌이 들었다. 이 작은 구획의 땅에서, 이들은 온갖 과일과 채소를 키우고 있다. 얼마 전에는 업타운에 새로 문을 연 한 곳을 방문했는데, 참여자들이 나를 직접 안내해주었다. 한 청년이 "스테비아가 자라는 곳을 보여드릴까요?"라고 물었다. 나는 '세상에, 스테비아가 땅에서 자라는 줄은 몰랐네요. 작은 녹색 봉지에 들어있는 줄만 알았어요'라고 말했다. 청년들은 아마 열여덟, 열아홉 살 정도이었을 것이다. 그들은 자신이 하는 일에 큰 자부심을 느끼고 있었을 뿐만 아니라, 그 일의 의미를 깊이 이해하고 있었다.

그 방문이 프로그램에 대한 로리의 인식에 영향을 미쳤음은 분명했다. 그녀는 내게 이렇게 말했다. "글로만 읽어서는 몰랐을 거예요. 직접 눈으로 봐야 했어요."

궁극적으로 문제를 가까이에서 겪는 사람들의 말에 적극적으로 귀 기울이는 일에서 핵심은 존중이다. 직접 가까이 다가가면, 로리처럼 함께 일하는 사람들을 존중하는 마음이 생길 것이다.

그리고 관계를 맺고 존중하는 마음을 전하면 여러분도 존중받게 될 것이다. 사람들을 동등한 동료이자 파트너로 대하면, 공동체로부터 더 따뜻한 환영을 받을 수 있고, 문제의 본질이 무엇인지, 어떤 해결책이 실제로 효과가 있을지에 대한 이해도 훨씬 깊어진다. 여러분의 궁극적인 목표가 진정으로 지속 가능한 정의라면 이런 이점들이 매우 중요한 역할을 할 것이다. 한마디로, 존중은 존중을 낳는다. 랭스턴 휴즈의 말처럼, "먼저 공감하라, 그러면 공감이 돌아올 것이다."

보이지 않던 노동을 드러내다
- 아이-젠 푸와의 대담

　아이-젠 푸의 활동은 내게 언제나 단지 필요한 일이 아니라, 개인적인 의미로 다가왔다. 텍사스주 휴스턴에 살던 우리 할머니는 가사 노동자였고, 어머니는 집에서 네 아이를 돌보면서 간호조무사로 일하셨다. 나는 나를 키운 두 분의 노동이 너무나 자주 과소평가되었고 때로는 존재조차 드러나지 않았다는 사실을 알고 있다. 아이-젠 푸는 그런 '보이지 않는 사람들'의 필요성을 드러내는 데 평생을 바쳤다. 그녀는 가사도우미, 돌봄 노동자, 그리고 보모들(그녀의 표현을 빌자면 '다른 모든 일을 가능하게 하는 일'을 하는 사람들)과 연대하며 활동한다.

　아이-젠은 필리핀계 가사 노동자들이 고용주에게 겪은 학대 사례를 들은 후, 이를 계기로 가사 노동자 연합(Domestic Workers United, DWU)을 공동 설립했다. DWU는 초기에 업계 표준을 마련하고, 법적 보호를 받을 수 있도록 노동자들과 적절한 채널을 연결하는 데 주력했다. 이후 이 단체는 뉴욕주 의회에서 옹호 활동을 펼치며 '가사 노동자 권리 법안'을 통과시키는 데 성공했고, 이는 곧 전국적인 표준으로 자리 잡았다.[95] 아이-젠은 또한 2007년 60곳이 넘는 지역 제휴 기관과 손잡고 전국 가사 노동자 연합(National Domestic Workers Alliance)을 설립해 가사 노동자들의 권익 향상을 위해 활동했다.[96]

아이-젠의 조직 방식은 언제나 상상력에 기반을 두었다. 그녀는 우리 사회의 오래된 통념에 과감히 도전하며, 특히 그녀가 '돌봄 경제(care economy)'라고 일컫는 분야에 종사하는 사람들이 배제되는, 가부장적인 노동관을 해체하는 일에 동참하도록 촉구한다.

대런: 가사 노동자들을 위해 당신이 지금껏 해오신 일과 '돌봄 경제'라는 개념에 관해 설명해주시겠습니까?

아이-젠: 제 일의 핵심은 목소리를 내고 존엄성을 회복시키는 일입니다. 일하는 가족들이 밖에 나가 경제 활동을 할 수 있도록 돕는 일이기도 하죠. 우리는 이것을 "다른 모든 일을 가능하게 하는 일"이라고 표현합니다. 아이들을 돌보는 보모, 가정을 돌보는 가사 노동자, 그리고 부모님과 조부모님, 혹은 장애가 있는 사랑하는 이들을 돌보는 노인요양보호사가 그 예죠. 이들의 노동 덕분에 우리가 바깥세상에서 각자의 일을 해낼 수 있는 겁니다. 하지만 이는 우리 경제에서 가장 저평가되는 노동으로 꼽힙니다. 역사적으로도 대부분 유색인종 여성과 이민자 여성이 이 일을 맡아왔죠.

이뿐만 아니라 긴 근무 시간이나 예측 불가능한 근무 일정, 안전망이나 복지 혜택의 부재, 직업적 성장 기회의 제한 등은 오늘날 너무나 많은 미국 노동자에게 점점 일반적인 현실이 되고 있어요. 과거에는 이 노동이 경제의 변두리에 있다고 여겨졌습니다. 그러나 지금은 가사 노동뿐만 아니라 점점 더 많은 일자리가 취약하고 불안정해지고 있습니다. 육아나 노인 돌봄, 다른 어떤 형태든 간에 돌봄의 필요성을 부정할 사람은 거의 없지요. 하지만 우리는 이런 부담에 더해서 아무런 지원을 받지 못한 채 노동시장에 뛰어들어야 하는 또 다른 부담까지 감내하고 있습니다.

우리는 모두 돌봄 제공자이지만, 그 역할을 고립된 상태에서 수행하고 있어요. 그래서 우리 조직은 이 노동에 존중과 안정감을 부여하고, 전반적인 돌봄 환경이 가족을 위해 더 안전하고 품위 있으며 지속 가능하게 하는 해결책을 제시하려고 노력하고 있습니다.

대런: 당신에게 정의는 그런 모습인가요?

아이-젠: 맞습니다. 제게 정의란, 우리가 모두 경제에서 평등한 출발선을 갖는 것을 의미합니다. 사람들이 자신의 노동과 기여에 대해 인정받고 존중받으며, 생계를 꾸리고 가족을 부양하는 일에 자부심을 느낄 수 있어야 한다는 것이죠.

대런: 필란트로피를 통해 어떤 가치를 실현하고 싶으신가요? 바람직한 필란트로피란 어떤 모습이라고 생각하시나요?

아이-젠: 저는 필란트로피가 파트너십, 전략적 조율, 협력을 실현하는 역할을 해야 한다고 믿습니다. 필란트로피 분야의 리더들이 우리 시대의 중대한 과제들을 해결할 솔루션을 설계하는 데 중요한 역할을 하리라고 생각합니다. 이 리더들은 사회 변화 운동가, 현장 활동가, 민간과 정부 부문의 리더들과 협력해서 우리가 직면한 문제를 효과적으로 해결할 겁니다. 어떤 분야도 단독으로는 이 일을 해낼 수 없어요. 제가 아무리 현장에서 일어나는 일을 신뢰한다고 하더라도, 우리가 맞서고 있는 상황을 생각하면, 필란트로피뿐만 아니라 다른 분야의 파트너와 동지들 없이는 이 일을 할 수 없습니다. 오늘날의 도전과 기회는 대단히 중대합니다.

대런: 자선과 정의의 차이점은 무엇이라고 생각하시나요?

아이-젠: 자선의 중요한 한계는 권력관계의 전환을 전제로 하지 않는다는 점입니다. 자선은 마치 반창고와 같아요. 부상을 치료하기 위한 자원과 서비스, 지원을 제공하지만, 애초에 부상이 일어난 원인을 해결하지는 못하죠. '어쩌다 이런 부상이 발생했는가?', '우리가 할 수 있는 일은 무엇인가?', '세상이 돌아가는 방식을 더 공정하고 인간적으로 바꾸기 위해 권력을 어떻게 전환할 것인가?'의 해답을 구하지 않습니다.

주체성을 중심으로 이 문제를 논할 수도 있습니다. 즉 정의는 사람들이 자기 삶과 우리의 민주주의 속에서 선택하고 행동할 수 있는 능력을 확장하는 것입니다.

대런: 물론, (앤드류 카네기와 존 D. 록펠러의 과학적인 개념부터 오늘날 우리의 인종차별과 성차별에 대한 개념에 이르기까지) 근본 원인은 시대에 따라 변화했습니다. 당신의 영역에서 다루고 있는 근본 원인의 몇 가지 예를 들어주실 수 있을까요?

아이-젠: 한 가지 근본적인 문제는 돌봄 노동, 즉 여성에게 맡겨진 특정 형태의 노동이 저평가된다는 점입니다. 이는 가부장제 사회에서 여성이 동일한 일을 해도 더 적은 임금을 받는 현실을 반영하는 거죠. 특히 유색인종 여성이 받는 임금은 훨씬 더 적습니다. 돌봄 노동이나 가사 노동처럼 역사적, 문화적으로 여성에게 맡겨진 일은 '진짜 일'로 인정받기 어렵습니다.

우리는 경제 내에 가치의 계층구조를 만들어놓았고, 이것이 사람을 평가하는 방식을 반영하죠. 이것이 제가 해결하고자 하는 근본적인 원인입니다.

대런: 당신이 추구하는 영향력은 경제 속의 노동에 국한될 수

도 있겠지만, 분명히 그 너머에 더 깊은 무엇인가가 있지 않나요? 당신의 일과 목소리에서는 정의에 대한 갈망이 느껴지거든요.

아이-젠: 핵심은 모든 사람의 인간적인 존엄성과 잠재력을 인정하는 겁니다.

대런: 그런 존엄성과 잠재력과 밀접한 관련이 있는 것이 바로 특권의 힘이죠. 우리는 둘 다 우리가 함께 일하고자 하는 많은 이들에 비해 상대적으로 더 많은 특권을 누렸습니다. 당신은 자신의 특권을 어떻게 인식하고 있으신가요? 그리고 우리처럼 특권을 가진 사람들이, 다른 사람들에게 그것을 확장할 수 있는 길은 무엇일까요?

아이-젠: 특권에는 책임이 따릅니다. 우리는 많이 듣고, 많이 배워야 해요. 그렇게 해야 우리가 가진 특권을 어떤 방식으로 사용할지를 이해할 수 있죠.

예전에 당신이 '가까이 다가가기'에 대해 말씀하시는 걸 들었습니다. 우리는 모두 자신의 한정된 경험을 기준으로 세상을 정의하려는 경향이 있죠. 그래서 다양한 사람들과 다양한 경험에 더 가까이 다가갈수록, 우리의 시야도 넓어지고 더 입체적으로 세계를 바라볼 수 있게 됩니다.

만일 우리가 가진 특권 덕분에 세상을 더 온전하게 볼 수 있을 만큼 많은 사람에게 가까이 다가갈 수 있다면, 특권층에 있는 사람들이 상대적으로 주목받지 못하는 이들의 시선을 통해 세상을 바라보도록 도울 수 있겠지요.

대런: 당신은 이 분야에서 상징적인 존재입니다. 방금 말씀드린 특권 문제도 있지만, 이런 존재가 되시기까지 쉽지만은 않았죠. 현시점에서 보시기에, 인간의 존엄성과 정의라는 사명을 추구하는 과정에 직면한 중대한 도전은 무엇이었나요?

아이-젠: 최근 제가 깨달은 한 가지 사실은 사람들에게 변화란 정말 어려운 일이라는 겁니다. 인간으로서 우리는 불확실한 세상 속에서 의미를 찾고 자신을 보호하기 위해 습관과 패턴을 만들어갑니다. 저는 사회 변화의 현장에서 수년간 일하면서 사람들이 변화를 얼마나 꺼리고 두려워하는지를 목격하고 놀라곤 합니다.

하지만 실질적인 변혁이 일어나지 않고서는, 제가 대변하고자 하는 사람들이 정의에 도달할 방법은 없습니다. 우리가 반드시 대대적인 변화를 일으켜야 합니다. 그런데 그것이 느리고 고단한 싸움처럼 느껴집니다. 우리는 역사적으로 분명 진보를 이루었지만, 그 진보가 당대의 기대에 미치지 못하는 것처럼 느껴지기도 합니다.

대런: 그럼에도 당신의 일에는 무언가 매우 낙관적인 면이 존재합니다. 그 긴 여정 그리고 수많은 성공과 좌절을 생각할 때, 활동가로서 낙관주의를 어떻게 바라보시나요?

아이-젠: 낙관주의가 핵심입니다. 저는 냉소적인 마음 상태에서는 창의적으로 사고할 수 없다고 생각합니다. 우리가 가장 창조적이고 생산적일 때는 언제나 낙관과 가능성의 공간에 있을 때죠. 특히 어두운 때일수록, 우리가 다른 가능성을 볼 수 있으려면 낙관주의를 습관처럼 실천해야 한다고 믿습니다.

대런: 지난 10년간 이 일을 해오시면서, 시작할 때는 미처 몰랐어도 당신에게 가장 큰 영향을 준 것은 무엇인가요? 그리고 당신이 배운 점을 다른 이들이 각자의 분야에서 어떻게 적용할 수 있을까요?

아이-젠: 모든 공간에는 배워야 할 중요한 점이 존재합니다. 제가 누려온 한 가지 특권은 광고, 창작, 엔터테인먼트, 비즈니스, 기술, 투자 자본 등 다양한 분야의 사람들을 만날 기회를 가진 것이었습니다. 어디를 가든, 우리가 하는 일과 연결되거나 공감할 수 있는 중요한 가르침을 얻곤 합니다. 사회를 더욱 공정하게 재구성하고 재설계하려는 관점에서 보면, 각기 다른 분야의 시각은 그 자체로 매우 소중한 통찰을 제공합니다. 물론 몇 차례 회의에 참석한다고 해서 그 시각을 완전히 이해할 수는 없겠지만, 모르는 것에 대해 더 많이 알수록 더욱 효과적인 전략을 설계할 가능성도 더 높아지지요.

그 모든 공간에는 형평성과 기회에 대한 우리의 비전을 공유하는 사람들이 있습니다. 저는 우리가 얼마나 많은 다리를 놓았는지, 그리고 얼마나 많은 이들이 가사 노동자들에게 벌어지는 일과 돌봄 노동력의 미래에 진심으로 관심을 기울이는지 보며 놀라고 또 용기를 얻었습니다. 이것이 바로 우리가 공유하는 인간성이고 협력과 연대의 출발점입니다.

마지막으로 제가 깨달은 점은 우리가 다루는 정책이나 구조 속에서 제일 많은 영향을 받는 사람, 예를 들어 우리가 대변하는 구성원들이나 매일 이 일을 수행하는 여성들을 중심에 두어야 한다는 겁니다. 그래야 그들의 경험, 관점, 희망, 꿈이 가능한 한 많은 공간에 전달될 겁니다. 이것은 모두에게 이로운 일이죠. 단순히 옳은 일을 하는 데 그치지 않고, 실제로 전략이 개선됩니다. 대화가 현실에 기반을 두게 되고, 그래서 해결책은 훨씬 더 큰 영향력을 발휘합니다.

우리는 이걸 "주변에서 힘을 키워서 결국 주변이라는 개념 자체를 없애는 것"이라고 표현합니다. 주변 중심적인 담론을 강화하고자 하려고 그러는 게 아니에요. 오히려 때로는 '주변부 사람들'에 대해 너무 자주 이야기함으로써 그 자체가 또 하나의 고정된 정체성으로 굳어지지는 않을까 두렵습니다. 하지만 우리는 주변이 더 이상 존재하지 않을 때까지, 모두가 같은 테이블에 앉아 진정한 해결책을 모색할 때까지, 이 역학을 완전히 바꾸는 방식으로 주변부 사람들의 목소리를 모으고 있습니다.

대런: 기부자 중에는 여러분 같은 조직에 왜 자금을 지원해야 하는지 충분히 공감하지 못하는 분들이 가끔 있습니다. 때로는 "그런 단체들은 가난한 사람들에게 직접 봉사하지 않으니, 저는 직접 지원하는 단체에 기부하고 싶다"라고 말할지도 모릅니다. 정의를 추구하고, 여러분처럼 정의를 이야기하는 단체가 기부 포트폴리오에 포함되어야 하는 이유를 이해하지 못하는 필란트로피스트들에게 어떤 말씀을 하시겠습니까?

아이-젠: 제가 몸담은 단체는 문제의 그 권력 구조를 바꾸기 위해 노력하고 있습니다. 우리는 자선 사업이 지원하는 프로그램에 가장 큰 영향을 받는 사람들의 창의적인 잠재력과 리더십을 활용합니다. 그러면 결국 이런 모든 전략적 해결책과 서비스의 영향력이 커질 수밖에 없습니다. 만약 우리 같은 단체가 없다면, 모든 인적 잠재력과 다양한 관점이 사장되고 말 겁니다.

정의를 추구하는 단체들은 격차가 존재하는 현장, 즉 가장 소외되었거나 눈에 띄지 않는 이들이 가장 영향을 크게 받는 곳에서 그 에너지를 활용하려고 노력합니다. 그 창의력과 리더십 그리고 에너지를 활용할 때 우리 해결책의 영향력과 설계가 더욱 개선되지요.

— 아이-젠 푸와의 대담

대런: 많은 기부자들이 취약한 아이들을 돕고 싶어 하지만, 그 아이들 가운데 상당수가 바로 여러분이 대변하는 여성들이 가장인 가정의 자녀들입니다. 그 아이들이 취약한 이유는 그들의 어머니가 저임금 일자리에 종사하고 있다는 사실과 무관하지 않지요. 기부자들은 취약 아동들을 돕고자 할 때 그 아동의 부모가 그들의 수입으로 생계를 유지할 수 있도록 지원해야 한다는 점을 이해해야 합니다.

우리는 여러 연구를 통해 경제적으로 안정된 부모일수록 자녀를 더 안정적으로 양육할 수 있다는 사실을 알고 있습니다. 반대로 경제적으로 불안정한 환경에서는 양육의 질이 떨어지기 마련이죠.[97]

아이-젠: 맞습니다. 한 가정의 스트레스 수준, 질병, 열악한 생활 환경은 모두 경제적 안정성과 밀접하게 연결되어 있지요.

대런: 그래서 어떤 사람들은 "직접 서비스 조직을 찾자"라고 이야기하지만, 우리가 이 여성들에게 적정 임금을 지급해서 공정한 노동 조건을 보장한다면 그들은 자녀와 가족에게 더 안정적인 가정을 제공할 수 있습니다. 이것은 단순히 경제적 정의의 문제가 아니라 가족의 안전과 직결된 문제입니다.

아이-젠: 가족의 경제적 안정을 논할 때, 성인 부모의 임금, 일자리, 존엄성, 경제적 안정 문제는 대화에 포함되지 않습니다. 그러나 이것은 반드시 포함되어야 할 사안입니다. 가족의 경제적 안정에 근본적인 요소니까요.

대런: 네, 맞습니다. 정의가 완성되는 하나의 원을 그려야 하며, 그 중심에는 가족과 노동을 위한 적정 임금 보장이라는 필수적인 요구가 자리해야 합니다. 우리는 특정 직종을 저평가하고 저임금을 제공하는 문제를 안고 있으며, 이는 가정과 공동체, 효율성 그리고 사회적 자본에 지대한 영향을 미칩니다. 따라서 이 문제들을 해결하고자 하는 사람이라면 당신의 일이 얼마나 중요한지 인식해야 합니다.

아이-젠: 당신의 블로그를 다시 읽은 이후, 저는 21세기 필란트로피에 대한 새로운 접근법이 어떤 모습일지 그려보았습니다. 첫 번째 '부의 복음'은 산업혁명의 한가운데서, 이 나라가 또 다른 대변혁의 시기를 맞이하던 때에 등장했습니다. 불평등은 심각했지만, 사회 전반에 걸쳐 변화가 일어나고 있었죠. 몇 세대에 한 번씩 찾아오는 그런 시기에는 역사의 흐름이 평소보다 약간 더 빠른 것처럼 보이고, 우리 또한 그 속도에 맞춰 움직여야 합니다. 하지만 유감스럽게도 필란트로피는 그리 빠릿빠릿하게 움직이지 않는 걸로 악명이 높죠.

그렇다면 이 특별한 역사의 순간, 미래의 필란트로피를 바라보며 우리는 어떻게 변화의 속도에 맞춰갈 수 있을까요?

어떻게 해야 우리가 함께 참여함으로써 변화를 앞당기는 긍정적인 동력이 될 수 있을까요? 지금 우리는 역사가 다시 빠르게 움직이고 있는 또 다른 순간을 맞이했습니다. 이는 우리가 정의의 이름으로, 비교적 큰 규모로 개입을 실현할 수 있는 절호의 기회를 맞이했다는 뜻이기도 합니다. 저는 지난 25년간 이 활동에 몸담아왔습니다. 그 시간 동안 내내 한 걸음 한 걸음씩 힘든 길을 걸었습니다. 그러나 지금 이 순간, 우리가 실로 큰일을 해낼 수 있다는 확신이 듭니다. 그러나 변화의 흐름에 발맞추고 더 빠르게 움직이기 위해서는 필란트로피를 이끌어갈 리더십과 파트너가 필요합니다.

제7장

신념의 용기
- 당당히 일어서서 목소리를 내다

사랑의 반대는 증오가 아니라 무관심이다.[98]

― 엘리 비젤(Elie Wiesel)

1970년, 아레사 프랭클린(Aretha Franklin)은 명성의 정점에 올랐다. 스물여덟이라는 젊은 나이에 수많은 히트곡을 연달아 발표하며 '소울의 여왕'으로 등극했고, 그중 〈Respect〉는 장르를 넘나드는 크로스오버 히트곡이자 시민권 운동의 찬가로 자리 잡았다. 흑인에 대한 차별이 만연했던 시대였지만, 프랭클린은 국내외에서 음악을 통해 대중적인 성공을 거두었다. 그러나 이처럼 폭넓은 찬사를 받는 가운데에서도, 그녀는 경력에 위협이 되는 순간에조차 불의에 맞서 공개적으로 목소리를 내는 일을 멈추지 않았다.

같은 해 10월 13일, 급진적인 사회 정의 운동가였던 안젤라 데이비스(Angela Davis)는 캘리포니아주 마린 카운티(Marin County)에서 벌어진 치명적인 탈주 시도에 연루된 혐의로 체포되었다.[99] 부당하게 살인 혐의로 기소되었다고 여겨지던 세 수감자가 탈옥을 시도할 때 데이비스가 직접 가담하지는 않았지만, 그 과정에 사용된 총기들이 그녀의 이름으로 등록되어 있었다. 그 바람에 그녀는 살인을 포함한 중범죄 혐의로 기소되었다. 데이비스의 체포 소식이 머리기사를 장식하자 프랭클린은 그녀에 대한 지지를 공개적으로 밝혔다. 1970년 12월 〈제트 Jet〉 잡지와의 인터뷰에서 그녀는 "10만 달러든 25만 달러든 상관없이" 데이비스의 보석금을 기꺼이, 곧바로 낼 준비가 되어 있다고 말했다.[100]

이렇게 공개적으로 입장을 표하는 것은 매우 이례적인 일이었다. 비록 오늘날에는 일부 계층에서 시민권 운동이 세계에서 가장 소외된 공동체를 위한 사회 정의 운동으로 찬사를 받고 있지만, 당시 데이비스는 당시 매우 극단적인 인물이었다(지금도 그렇다).[101] 기소당한 후 그녀는 잠적했으며, 이로써 여성으로는 미국 역사상 세 번째로 FBI의 10대 수배자 명단에 이름을 올렸다. 결국 그녀가 체포되자 당시 대통령이었던 리처드 닉슨은 FBI가 "위험한 테러리스트, 안젤라 데이비스"를 체포한 것에 찬사를 보냈다.[102] 이 일은 프랭클린에게 단순한 정치적 논쟁이 아니라 개인적인 문제이기도 했다. 그녀의 아버지인 디트로이트의 C. L. 프랭클린 목사조차도 딸의 입장을 인정하지 않았다. 이에 대해 프랭클린은 이렇게 말했다. "아버지는 내가 무엇을 하고 있는지 모른다고 말씀하십니다. 물론 아버지를 존경하지만 전 제 신념을 지킬 겁니다. 안젤라 데이비스는 반드시 석방되어야 합니다."

미국 역사상 그 시점에 프랭클린이 데이비스를 공개적으로 지지한 것은 단순한 친절을 넘어 용기의 표현이었다. 데이비스의 보석금을 내겠다는 결정이 프랭클린의 경력에 큰 해를 끼칠 수 있었지만, 그녀는 개의치 않았다. 프랭클린은 다음과 같이 천명했다.[103] "우리나라 법정에 정의가 존재한다면 그녀가 석방되는 모습을 볼 수 있을 겁니다. …… 그녀는 흑인 여성이고 흑인의 자유를 원하기 때문입니다. 제게는 그 돈이 있습니다. 흑인들 덕분에 생긴 돈입니다. 제가 재정적으로 여유를 가지게 된 것은 그들 덕분입니다. 그래서 저는 사람들(흑인들)에게 도움이 되는 방향으로 그 돈을 쓰고 싶어요."[104] 프랭클린은 오랫동안 '소울의 퍼스트레이디'로 기억될 것이다. 하지만 그러나 이처럼 정당하고 정확한 추모조차도 그녀가 남긴 유산의 넓이를 온전히 담아내지는 못할 것이다. 그녀는 소울의 여왕을 넘어 정의를 사랑하는 사람이었고, 자신의 안전이 보장되지 상황에서도 불의라고 여기는 것에 대해 목소리를 냈다.

오늘날 뉴스를 접하면서 우리는 이 사건이 일어난 지 50년 가까이 흘렀다는 사실이 믿기지 않는다. 우리는 지금, 소름 끼치도록 비슷한 시대에 살고 있다. 증오와 편견이 미국 문화의 중심 무대에 어둡고 위험한 방식으로 복귀했다. 이 불길한 부활은 2017년 8월 버지니아주 샬러츠빌에서 백인 우월주의자들이 행진한 이후 며칠 동안 가장 뚜렷하게 나타났다. (헌법 자체만큼이나 우리 국민성의 일부였던) 미국 역사의 가장 음험한 요소들이 가장 역겹고 섬뜩한 모습으로 다시금 고개를 들었다.

인종차별적이고 반유대주의적인 백인 민족주의자들은 두건도, 수치심도, 오명도 없이 행진했다. 샬러츠빌에서 등장하는 이미지들을 경악하며 바라보면서, 나는 증오가 다시 한번 미국의 표준이 되고 있다는 사실이 걱정스러웠다.

그러나 그 후 몇 주 동안, 미국 국민은 언제나 그랬듯이 어둠에서 빛이 온다는 사실을 확인했다. 전국의 도시에서 수천 명에 이르는 사람들이 모여, 활동가 패니 루 헤이머(Fannie Lou Hammer)가 성경 구절을 인용해 완벽히 표현한 진리를 외쳤다. "공의는 나라를 영화롭게 하고 죄는 백성을 욕되게 한다."*,105

이 놀라운 사건뿐만 아니라 그것이 드러낸 더 깊은 역사에서도 한 가지 명백한 사실이 나타난다. 미국은 또 하나의 결정적인 갈림길에 서 있다. 우리는 하나의 위기에 직면해 있다. 이 나라의 영혼을 놓고 벌어질 다음 전투, 우리의 집단적 의식이라는 전장 위에서 펼쳐질 전투가 시작될 것이다.

샬러츠빌에서 일어난 사건은 미국 건국 이후 미국 역사에 존재한 단층선을 따라 가장 최근에 발생한 진동일 뿐이다. 거의 치유되지 않았고 끝내 아물지 않은 상처가 다시 벌어진 것이다. 이 상

---

* 잠언 14장 34절에 해당하는 성경 구절

처들이 여전히 아물지 않은 이유는 분명하다. 수많은 리더가 인종차별과 불평등, 불의로 인한 이 나라의 뿌리 깊은 투쟁을 인식하고 해결하지 못했다는 사실과 무관하지 않다. 유권자와 이해관계자의 반감을 살까 봐 두려워서든, 아니면 자신들이 이익을 얻고 있는 권력의 구조와 위계를 비판하기를 꺼려서든 간에, 그들의 침묵은 분명했고, 오히려 귀가 먹먹해질 만큼 무거웠다.

그리 멀지 않은 과거에 미국 국민은 선출된 지도자, 특히 대통령에게 지침과 명확한 도덕성을 기대했다. 오늘날 그런 도덕적 리더십의 부재 속에서 두려움은 많은 미국인을 웅크리게 만들고, 자신과 자신의 이익을 지키며, 안전과 자기 보존을 위해 뒤로 물러나라고 유혹한다.

설상가상으로, 가장 명예로운 리더들조차도 자신이 옳다고 믿는 바를 토대로 결정을 내리도록 장려되거나 격려받지 못한다. 오히려 그들은 역사적 불평등을 강화하고 현상(現狀)을 영속시키는 구조와 서사 속에서 움직이고 제약을 받는다. 우리의 뿌리 깊은 구조는 리더들에게 도덕적 리더십을 수용하기보다는 회피하라고 부추긴다.

무엇보다 분명한 사례는 정부다. 선출직 공직자들이 당보다 국가를 앞세우지 말라고 압박을 받는다는 건 이제 더 이상 논란거리조차 아니다. 게리맨더링으로 왜곡된 선거구 안에서, 그들은 초당적 협력을 하면 보복당하거나 같은 당 소속 후보가 예비 선거에 출마하는 도전을 받는다. 워터게이트 사건 이후 선거 자금 규제가 사실상 폐지되면서 정치인들은 이제 모금 활동에 지나칠 만큼 많은 시간을 할애할 수밖에 없게 되었다. 언제든 자신을 반대하는 쪽으로 거액의 자금이 쏟아져 들어올 수 있다는 두려움 때문이다. 그 결과, 왜곡된 인센티브 집합체가 등장했으며, 이 모든 인센티브는 초당적 협력을 방해하고 정부 대표들이 자신이 대변하는 사람들의 실질적인 문제에 대처하지 못하게 저지한다.

한편, 민간 부문에서는 기업 CEO들이 개인적인 가치와 신념마저 뒤로 미루도록 강요하는 구조에 깊이 빠져 허우적대고 있다. 물론 일부는 목소리를 냈고, 그것은 진보다. 하지만 많은 이들은 도덕적 논쟁에 참여하거나 자신들의 침묵이나 지지에 따르는 인적 대가를 고려하기보다는 어떤 대가를 치르더라도 분기 실적과 주가에 집중해야 한다는 압박감을 느낀다. 주식 시장이 호황일 때, 굳이 소비자나 분석가, 주주들의 심기를 건드릴 위험을 감수할 이유가 있겠는가?

> 나는 기업의 유일한 사회적 책임이 주주들을 위한 이익의 증대라는 생각은 잘못되었다고 생각한다. 최근 〈하버드 비즈니스 리뷰〉와의 인터뷰에서 내가 주장했듯이, 기업은 단지 주주만이 아니라 사회의 요구를 충족하기 위해 존재하며, 사회는 기업이 활동할 수 있는 '면허'를 부여하고 우리는 사회에 이익을 환원하는 방식으로 행동하고 사업체를 운영해야 한다.
>
> - 켄 프레이저, 머크 앤 컴퍼니(Merck & Co.) CEO 겸 회장

(장기적 이익을 희생한) 단기적 이익에 대한 집착, 그리고 그것에 중독된 미국 사회는 더욱 큰 현상, 즉 하찮은 것을 중요한 것으로, 중요한 것을 하찮은 것으로 만들어버리는 리더들을 여실히 보여주는 사례다.

필란트로피와 시민 사회 분야 역시 우리의 시스템이 어떻게 도덕적 리더십을 억제하는지 인식하는 데 줄곧 더디기만 했다. 재단들은 종종 우리의 사명이 구현하는 더 깊은 가치를 옹호하기보다는 사명의 세부 항목 뒤에 숨는다. 특히 소셜 미디어 전쟁 시대에 우리 조직이 비판의 표적이 되는 것을 피하려고 고개를 숙인다.

이 같은 추세에서 우리 재단도 결코 자유롭지 않으며, 나 역시 마찬가지다. 우리가 더 나아져야 한다는 사실을 나는 잘 알고 있다. 종종 우리 재단이 가장 효과적인 방식으로 목소리를 내고 있는지, 그리고 내가 의도치 않게 이런 문제들에 일조했는지 아니면 이런 뿌리 깊은 구조를 강화한 건 아닌지 묻게 된다.

나는 수많은 비영리단체의 리더들과 대학 총장들이 이와 비슷한 어려움에 직면해 있다는 사실을 알고 있다. 그들은 종종 부유한 기부자들의 기분을 상하게 할까 봐 걱정한다. 어떤 사람들은 마음껏 목소리를 내기 힘들다고 느낀다. 나는 자신이 봉사하는 선거구의 다양하고 흔히 상충하는 관점에 대처하기 위해 매일 아슬아슬하게 줄타기하는 이 지도자들에게 공감한다.

이런 문제들은 특히 미국에서 특히 심각하게 느껴지지만, 우리가 활동하는 세계 모든 대륙의 상황도 다르지 않다. 배타적인 포

풀리즘 운동부터 공공 기관과 언론, 그리고 '인식 가능한 사실'*이라는 개념 자체에 대한 공격에 이르기까지, 우리가 직면한 어려움은 세계적인 것이며 리더십의 위기이기도 마찬가지다.

여러 시스템이 공모해서 우리를 억누르려 할 때 이에 맞설 수 있는 유일한 대응은 용기다. 낡은 규칙을 거부하고 새로운 규칙을 쓸 수 있는 도덕적 용기뿐이다. 미국 국회의사당 계단에서, 역대 대통령들이 지켜보는 가운데, 그리고 미래에 대한 희망을 품고서 마야 안젤루는 다음과 같이 선언했다.

> 역사는, 아무리 가슴 아픈 고통을 안고 있다 하더라도,
> 없었던 일처럼 되돌릴 수는 없다.
> 하지만 용기를 내어 마주한다면,
> 반복하지 않아도 된다.[106]

결국, (불의의 근본 원인을 파헤치는) '새로운 부의 복음'을 실천하기 위해서는 1970년 아레사 프랭클린이 보여준 것과 맞먹는 도덕적 확신이 요구된다. 설령 그 길이 위험할지라도 우리는 정의라는 대의를 기꺼이 옹호해야 한다.

권력자에게 진실을 말하는 일은 심지어 권력을 가진 사람들에게조차, 언제나 위험이 따른다. 로라 아릴라가-안드레센은 내게

---

* 논리적·경험적으로 인간이 파악할 수 있는 사실

이렇게 말했다. "정의를 추구하고자 한다면, 즉 중대한 사회 변화를 추구하고자 한다면 엄청난 위험을 감수해야 합니다. 비판과 잠재적 실패, 그리고 직책에 따르는 권력에 자신을 내어놓을 위험을 감수해야 하죠." 하지만 다행히도 우리는 이 싸움을 결코 혼자 하지 않으며, 우리를 인도하는 빛은 부족함이 없다. 과거에도, 현재에도 위험을 무릅쓰고 정의를 추구하는 것이 어떤 의미인지 몸소 보여주는 리더들이 있다.

머크의 켄 프레이저와 (기업의 의무를 '도덕적 책임'이라고 규정했던) 애플의 팀 쿡(Tim Cook)을 포함해 수많은 기업 리더가 소비자, 주주, 이사회로부터의 압박이라는 부정적인 유인에 직면해서도 용기 있게 나서서 자신의 권한을 행사했다.[107]

많은 선출직 지도자와 대학 총장들은 동료들의 비판에 아랑곳하지 않고 남부연합 기념물*들을 제거하고 우리 역사의 불편한 진실을 직면하고자 신속하고 용감하게 행동했다. 2015년, 사우스캐롤라이나 주지사였던 니키 헤일리(Nikki Haley)는 주 의사당 부지에서 남부연합기를 철거하며 이렇게 말했다. "이 깃발은 우리 과거에 중요한 일부이지만 우리 위대한 주의 미래를 대변하지는 않습니다."[108] 2017년, 뉴올리언스 시장 미치 랜드류(Mitch Landrieu)는 유사한 기념물의 철거에 대한 그의 상징적인 연설에서 "지금은 한데 모여 치유하고 우리의 더 큰 과제에 집중할 때"

---

* 미국 남북전쟁 당시 노예제를 옹호한 남부연합의 기념물

라는 점을 일깨웠다.[109] 내 모교인 텍사스대학교 총장인 그레고리 L. 펜베스(Gregory L. Fenves) 같은 사람들도 지역사회가 보유한, 이 나라의 인종차별적 과거를 상징하는 기념물을 철거했다.[110,111]

위험을 피하려는 문화가 많은 재단에 존재하지만, 바 재단(Barr Foundation)의 짐 카날레스(Jim Canales)와 하인즈 재단(Heinz Endowments)의 그랜트 올리펀트(Grand Oliphant) 같은 리더들은 샬러츠빌에서 우리가 목격한 증오를 강력하게 규탄했다. 우리가 어떻게 진실하고도 강력하게 목소리를 낼 수 있는지를 보여준 그들의 훌륭한 대응은 내게 영감을 주었다.

그리고 전국과 전 세계의 리더들은 많은 개인적인 위험을 무릅쓰고, 역사 속에서 지워지고, 착취당하고, 침묵을 강요당했던 사람들의 인권을 옹호하며 연대하고 있다. 전국 여성 법률 센터의 회장 겸 CEO인 파티마 고스 그레이브스(Fatima Goss Graves)와 NAACP 법률 변호 및 교육 기금의 회장 겸 이사 변호사인 셰릴린 이필(Sherrilyn Ifill) 같은 리더들이 도덕적 용기를 실천했다. 무슬림 애드버키츠(Muslim Advocates)의 회장 겸 전무이사 파르하나 케라(Farhana Khera)와 윌리엄 J. 바버 2세(William J. Barber II) 목사 등의 리더들은 정의를 위한 강력한 도덕 운동을 이끌었다. '드리머'라고 불리는 용감한 젊은이들 또한 자신들이 유일하게 알고 있는 이 나라에 매일 이바지하고 있다.

이런 리더들이 있기에 이 위험한 시대에도 나는 희망을 잃지 않는다. 그들은 우리 정부의 가장 높은 곳에 존재하는 도덕적 공백을 메우고, 아래로부터 진보를 억압하는 체계를 해체하는 일이 어떻게 가능한지를 몸소 보여준다. 정계 지도자, 기업, 비영리단체, 재단, 그리고 우리 이웃들이 각자 책임을 짊어지고 앞장설 때 무엇이 가능한지를 일깨운다.

우리에게는 이런 사람들이 더 많이 필요하다. 우리에게는 벽이 아니라 다리를 세우는 리더가 필요하다. 공적 담론의 수준을 떨어뜨리고 분열을 조장하는 정치인이 아니라, 정당의 경계를 넘어 우리를 하나로 모으는 리더가 필요하다. 분열의 정치를 넘어 배제의 언어를 거부하는 리더가 필요하다. 설령 그것이 강력한 정치적 전술임이 입증되었더라도 말이다.

눈앞의 이익을 포기하더라도 옳은 일을 위해 일어서야 하는 책임, 그리고 이사회, 주주, 정당, 때로는 친구와 동료에게 맞서야 하는 책임은 우리 각자의 몫이다. 더는 기다릴 시간이 없다. 우리는 이 나라에 필요하고, 세상이 마땅히 기대할 수 있는 리더로 거듭나야 한다. 이런 시기에 앞장서지 않는다면 리더십이 무슨 의미가 있겠는가? 모든 것이, 정말 **모든 것**이 걸려 있는 지금, 도대체 우리는 무엇을 붙잡고 있거나 무엇을 기다리고 있다는 말인가?

나는 언제나 희망을 품는다. 공정하고 더 정의로운 세상을 바라는 사람이 그렇지 않은 사람보다 훨씬 많다고 굳게 믿는다. 나는 매일 말과 행동으로 도덕적 용기를 실천하는 사람들을 만난다. 그들은 우리가 이 정의로운 일을 할 수 있고, 어떤 장애물에도 굴하지 않고 정의를 향한 여정에 나설 수 있다는 확신을 준다.

지금은 용기가 필요한 때다. 지금은 우리가 서로에게 그리고 세상에, 과거의 결점과 실수를 극복할 수 있으며, 증오와 두려움, 불의보다 더 강하고 나은 존재임을 보여줄 순간이다. 앞으로 숱한 도전이 기다리고 있을 것이다. 그러나 우리가 정의와 공정에 대한 헌신으로 정의되는 정의로운 세상을 향해 나아가기를 갈망하고 준비한다면, 우리는 그 도전을 극복할 수 있을 것이다. 우리는 마침내, 우리 자신의 약속과 앞으로 태어날 세대의 약속에 진정으로 어울리는 세상을 함께 창조할 수 있다.

정의를 대변하는 CEO
- 켄 프레이저와의 대담

2017년 8월, 백인 민족주의자들이 버지니아주 샬러츠빌에서 행진했을 때, 그 모습은 충격적이었고 폭력은 참혹했다. 이를 단호하게 비판하지 않은 행정부의 태도에 많은 사람이 경악했다. 바이오 제약 대기업 머크의 CEO이자 이사회 의장인 케네스 C. 프레이저에게 이것은 행동에 나서야 한다는 분명한 신호였다.

켄은 증오에 맞서 공개적으로 입장을 밝혔다. 그는 대통령 직속 미국 제조업자문위원회(American Manufacturing Council)*에서 사임한 첫 번째 인물이었고, 그것은 주목할 만한 도덕적 용기의 증거였다.

하지만 켄에게 정의란 위기 상황에서만 옹호해야 할 단순한 개념이 아니다. 그것은 그가 평생에 걸쳐 끊임없이 추구하고, 줄곧

---

* 백악관 산하에서 일시적으로 운영되던 민간 자문 기구

드높여 온 가치다.

최고 경영진에 합류하기 전, 켄은 부당하게 사형 선고를 받은 사람들을 변호하고, 남아프리카공화국에서 흑인 법학도들을 가르치고, 불평등과 직접 마주했다. 2011년 3월, 머크의 CEO에 취임한 이후 그는 "의학이라는 개념은 사람을 위한 것이지 이윤을 위한 것이 아니다"라고 언급하면서 회사 설립자의 이 전통을 계승하겠다는 확고한 의지를 보였다. 그리고 타인의 필요에 대한 진정한 인식, 즉 사람이 먼저라는 진정한 인식이야말로 그가 내린 수많은 결정의 핵심 원칙이었다.

이 책을 위해 인터뷰한 이들 가운데 다수는 주로 필란트로피스트였지만, 켄은 재계 리더로서 돋보이는 인물이다. 경제 잡지 〈포춘〉 선정 500대 기업[112] 중 아프리카계 미국인 CEO는 세 명뿐이며, 그는 그중 한 명이다. 켄은 부와 권력에 따르는 책임, 그리고 정의라는 대의를 옹호해야 하는 우리의 의무에 대해 독특한 견해를 가지고 있다. 노예 신분으로 태어난 할아버지부터 노동자 계층 부모, 그리고 그의 기업 경력에 이르기까지, 켄의 가족이 걸어온 여정은 미국 역사와 불평등한 진보 과정을 돌아보게 하고, 불평등과 불의에 대한 특별한 통찰을 제공한다. 그는 많은 이들에게 영감을 주는 존재이자 모든 이에게 귀감이 되는 인물이다.

— 켄 프레이저와의 대담

대런: 본인과 지금 하고 계신 일을 소개해 주시고, 세상을 더 정의롭게 만드는 것이 무엇이라고 생각하는지 말씀해주실 수 있을까요?

켄: 제 명함에는 127년 동안 전 세계 사람들에게 의료 서비스를 제공한 머크의 회장 겸 최고경영자라고 적혀 있습니다.[113] 그것이 현재 제 책임이자 임무입니다.

하지만 변호사로서 제게 깊이 새겨져 있는 건 정의를 위한 투쟁입니다. 제게 정의란 빈곤과 차별의 근본 원인을 찾아내는 겁니다. 그건 문제의 증상을 다루는 자선과는 다릅니다. 머크는 기업의 책임에 깊이 집중하고 있으며, 그 책임은 상당 부분 사회적 불평등을 해소하는 일과 직결되어 있습니다.

최근에는 우리가 깊이 관여한 주요 이슈인 미국 내 산모 사망률 문제가 〈뉴욕 타임즈〉의 커버스토리로 다뤄졌어요. 전국적으로 흑인 여성은 백인 여성보다 임신과 출산 중 사망할 확률이 세 배에서 네 배가량 더 높습니다.[114] 생명을 위협하는 합병증을 겪을 확률도 세 배나 더 높습니다.

문제는 이겁니다. 머크에서 우리가 어떻게 과학적, 의학적 기술을 활용해 몇 가지 근본 문제를 해결하고 산모 사망률을 줄일 수 있을까? 일부 해결책은 의료 서비스의 불평등을 개선하는 문제뿐만 아니라 아프리카계 미국 여성도 누구나 마땅히 받아야 할 기본적인 보살핌과 존중을 받도록 노력하는 문제와 직결됩니다. 해당 기사에서는 이 여성들이 직면한 엄청난 불평등은 "미국에서 흑인 여성으로서 살아온 경험과 전적으로 관련이 있다"라고 지적했습니다.

대런: 켄, 당신은 이 사회의 상층부에서 활동하고 계십니다. 그런데 근본 원인을 이야기할 때 사람들은 인종차별 같은 주제를 언급하지 않지요. 불의의 진짜 원인을 이야기하는 걸 불편하게 여기는 사람이 여전히 많다고 느끼시나요?

이를테면, 진정한 근본 원인은 흔히 우리에게 남아 있는 이런 유산들입니다. 많은 이들, 특히 부유한 사람들은 이렇게 말하곤 합니다. "미국은 기회의 땅입니다! 대체 무엇이 문제란 말입니까?"

켄: 방금 언급하신 몇 가지 문제가 존재합니다. 가장 핵심적인 문제는 사회가 어떻게 작동하는지를 스스로에게 어떻게 주입하는가에 달려있습니다. 많은 '성공한' 사람들은 사회가 보편적으로 공정하고 능력주의에 기반하고 있다고 믿고 있죠. 그래서 삶의 성취가 그저 개인과 노력과 재능의 결과라고 여깁니다. 일부 사람에게 더 많은 기회가 주어지는 구조적인 체계가 있다는 사실을 보려 하지 않는 겁니다. 그렇다 보니 평등이란 같은 결승선을 갖는 것이라고 여기는 사람이 많죠. 이 비유를 그대로 빌리자면, 우리가 항상

같은 출발선에 서 있는 건 아닙니다.

교육을 예로 들어봅시다. 제 인생에서 저는 정말 큰 행운을 누렸습니다. 제가 어렸을 때 필라델피아에서 학교의 인종 차별 철폐를 위한 시도가 있었습니다. 저는 몇 안 되는 도시 빈민가 출신 학생으로, 내가 격렬하게 싫다고 했는데도, 하루에 한 시간 반씩 버스를 타고 학교에 다녀야 했습니다! 바로 위의 형보다 훨씬 더 엄격한 교육을 받았어요. 도시의 사회 공학자들은 흑인 아이들 몇 명을 백인 학교에 입학시키는 데는 성공했을지 모르지만, 빈민가 지역 학교에서 양질의 교육을 제공하지 못한다는, 더 체계적이고 광범위한 문제는 해결하지 못했습니다. 제 상황에서는 그게 기회 격차가 좁혀진 사례이기는 하죠.

우리가 마주한 또 하나의 중요한 과제는 인식입니다. 우리는 우리 주변에서 어떤 일이 일어나고 있는지 종종 자각하지 못합니다. 만약 우리가 이런 구조적이고 제도적인 문제들, 즉 역사적 유산을 인식했다면, 지금보다 더 나은 해결책을 찾을 수 있었을 겁니다. 하지만 수표를 쓰는 편이 더 쉽죠. 솔직히 우리 사회에서 논의되지 않은 다른 문제들을 다루기보다는 당장의 필요를 해결하는 편이 더 쉽습니다.

저는 남아프리카공화국에서 학생들을 가르쳤습니다. 물론 넬슨 만델라는 개인의 모범을 통해 그 나라를 하나로 묶어낸 공로를 인정받아 마땅합니다. 하지만 데스몬드 투투(Desmond Tutu) 대주교의 진실과 화해 위원회(Truth and Reconciliation Commission)도 마찬가지로 중요했죠. 이 위원회는 인종과 정의라는 역사적 문제를 공론의 장으로 끌어냈고, 그 방식은 미국에서는 아직도 시도되지 못한 일이었습니다. 우리는 대체로 그런 문제들을 피하죠.

대런: 맞습니다. 평화와 정의를 위한 국가 추모관의 메시지 중 하나가 남아프리카 모델을 핵심에 둔다는 점은 흥미롭죠. 하지만 투투 대주교가 저서《용서 없이 미래 없다 No Future Without Forgiveness》에서 강조했듯이, 진실이 먼저 밝혀지지 않으면 화해는 불가능합니다.[115]

켄: 우리나라에는 그런 과정이 존재하지 않습니다. 시애틀에서 있었던 학교 인종통합 관련 판례가 떠오르네요. 당시 연방대법원장은 해당 정책을 위헌이라고 판단하면서, "우리의 역사는 인종 구분을 하지 않은 역사이며, 인종차별을 끝내는 길은 단순히 차별을 하지 않는 것이다"라고 말했습니다. 그는 사실상, 이제 학교 통합을 위해 인종을 이용해서는 안 된다고 본 셈인데, 생각해보면 정말 납득하기 어려운 주장입니다.

대런: 그렇다면 당신의 활동 속에서, 그리고 당신만의 방식으로 이런 문제들에 어떻게 접근하시나요? 당신은 이미 꽤 대담한 방식으로 진정한 도덕적 용기를 보여주셨죠. 저는

기업 세계에 당신처럼 도덕적 용기를 실천하는 분이 있다는 사실이 다른 사람들에게 그런 CEO와 필란트로피스트가 되는 좀 더 직접적인 계기가 되기를 바랍니다. 그렇게 생각하시나요? 아니면 그에 대한 저항이 보이시나요?

켄: 저는 아주 많은 주저함이 존재한다고 생각하고, 어느 정도는 이해할 만합니다. 기업 리더들은 대부분 어떤 도덕적 입장을 취하고 싶어 하지 않지요. 그들은 논란의 여지가 없는 것에 따르는 실용적인 이점에 훨씬 더 관심이 많습니다. CEO는 도덕적 입장을 취할 권리가 없다고 보는 시각이 존재합니다. 그런 입장이 그가 속한 조직이나 주주의 이익과 반드시 부합하지 않을 수 있기 때문이지요. 다시 말하지만, 사람들이 우리 사회에서 우위를 유지할 때 얻는 단기적인 이점만 볼 수 있어요. 그런 구조적 불이익이 사회 전체에 어떤 장기적인 피해와 불안정성을 초래하는지 그리고 그로 인해 얼마나 다양한 문제가 발생할 수 있는지는 보지 않습니다. 그런 점에서 저는 대부분의 기업이 도덕적 입장을 취하는 데 관심이 없다고 생각합니다.

저는 현재의 회사에서 일하게 된 것이 큰 행운이라고 생각합니다. 우리 회사가 따르고 있는 한 가지 핵심 신념은 새로운 시대의 설립자라 할 수 있는 조지 W. 머크의 철학에 기반을 두고 있습니다. 그는 "의학이라는 개념은 사람을 위한 것이지 이윤을 위한 것이 아니다"라고 표명했죠.[116] 그 렇다고 이 말이 주주에 대한 책임을 면제한다는 뜻은 아니지만, 우리는 언제나 건강의 형평성을 가장 중요한 한 가지 개념으로 꼽습니다. 기업으로서 우리가 우리의 역할을 다하고 있는지, 올바른 방향으로 노력하고 있는지 점검해야 합니다. 그것은 단지 '오늘 이 사람이 아프니 이 사람에게 약을 주자'는 접근을 넘어 '우리 사회에 왜 이런 질병이 일어나는가?', '건강 불평등의 근본 원인을 어떻게 해결할 것인가?'라는 질문으로 나아가는 것을 뜻합니다. 사회 변화를 이끌고 싶다면, 근본적인 차원에서 변화에 대해 생각해야 합니다.

대런: 당신은 그동안 수감자들에게 법률 지원을 해주셨습니다. 특히, 부당하게 수감되어 사형당할 위기에 처했던 한 남성이 당신의 개입 덕분에 삶의 궤도가 바뀐 사례가 있었죠. 정의 실현이라는 개념은 어디서 배우셨나요? 어떻게 그것을 핵심 목표로 삼게 되었습니까?

켄: 두 가지 이유가 있습니다. 첫째, 저는 집안에서 일어나는 모든 일이 종교적인 의미로 해석되는 환경에서 자랐습니다. 할머니께서는 이집트인들이 유대인들을 노예로 삼았던 출애굽기의 이야기처럼 성경 속 이야기들을 가르쳐주셨고, 그런 이야기를 우리나라의 현실에 비유해서 설명

하셨습니다. 또 마태복음 25장 40절 말씀처럼 "이 형제 자매 중에 지극히 작은 자"에게 한 것이 곧 그분께 한 것이라고 가르치셨죠. 둘째, 제가 성인이 될 무렵 미국은 이런 문제들로 고심하고 있었고, [대법원 판사] 서굿 마셜(Thurgood Marshall)과 얼마 전 돌아가신 제 멘토 빌 콜먼(Bill Coleman) 같은 영웅들이 있었습니다. 콜먼은 마셜이 **브라운 대 교육위원회** 판결*을 뒷받침하는 법률 문서를 작성하는 데 도움을 줬지요. 우리는 마틴 루터 킹 주니어 같은 사람들을 보고 말콤 엑스의 이야기를 들었습니다. 이런 인물들이 문제에 맞서 싸웠고, 제 태도에 영향을 미쳤지요. 그 당시 미국은 토머스 제퍼슨과 건국의 아버지들을 둘러싼 찬란한 이상과 현실 사이의 불일치를 해결하려고 애쓰고 있었거든요.

그래서 저는 변호사가 되기로 결심했습니다. 로스쿨에 들어갔을 때, 대기업을 대리하는 변호사에 대해서는 전혀 몰랐습니다. 제 마음속의 변호사는 마셜 같은 사회 운동가였죠. 마셜은 이렇게 말했습니다. "우리 중에 오로지 자신의 힘으로 현재의 위치에 오른 사람은 없습니다. 누군가가 손을 내밀어 우리를 끌어올려 주었기에 우리가 여기에 있는

---

* 1954년 미국 연방대법원이 내린 역사적 판결로, 공립학교에서 인종 분리를 규정한 주법이 미국 헌법 수정 제14조의 평등보호조항을 위반한다고 본 판결임. 이 판결은 미국 인종 차별적 분리 교육 제도를 위헌으로 선언한 것으로, 미국 시민권 운동의 출발점이 됨.

겁니다." 우리가 혜택을 받은 만큼 사람들을 일시적으로 돕는 데 그치지 않고 다음과 같은 의문들을 실제로 해결하도록 도울 책임이 있다는 건 바로 그런 의미입니다. '왜 사람들은 가난한가?', '왜 사람들은 차별받는가?', '왜 사람들은 적절한 수준의 교육을 받지 못할까?' 저는 늘 더 깊은 질문을 해야 한다고 배웠습니다.

대런: 당신과 당신의 아내, 그리고 가족이 기부를 고려할 때 가장 우선하는 가치는 무엇인가요?

켄: 우리에게는 매우 중요한 우선순위가 하나 있습니다. 바로 교육입니다. 제 아내는 할렘에서 자랐고, 저는 노스 필리(North Philly) 출신입니다. 우리 둘 다 더 좋은 학교로 전학 간 경험이 있죠. 한 사람의 삶을 단 하나의 변수로만 축소해서 말하기는 어렵지만, 앞서 말씀드린 대로 제 경우에 이 모든 걸 가능하게 했던 건 도시 빈민가에서 거의 백인만 다니는 학교로 버스를 타고 통학했던 경험이었습니다. 그곳의 교육 환경 기준은 제가 살던 지역의 학교보다 훨씬 높았죠. 머크 얘기로 돌아오자면, 전 제가 이 회사에서 맡은 직책에서 나눔을 향한 우리의 책임에 집중하고 있습니다. 그리고 스스로에게 이렇게 묻곤 합니다. '세계적으로 어떤 의료 시스템 때문에 빈곤 지역의 영유아 사망률이 높은 것일까?', '어떻게 하면 다른 사람들과 협력해 더 나은 접근 방식을

만들 수 있을까?'

마지막 질문이야말로 핵심입니다. 사실 우리가 점점 더 많이 제기하는 질문이기도 하죠. '개인의 건강이 왜 이렇게 태어난 환경이라는 우연에 의존하게 되는 걸까?' 동료들과 이런 문제들을 놓고 이야기할 때 저는 이렇게 말하곤 합니다. "어떤 어머니의 자녀로 태어날지 결정할 때 우리가 정말 똑똑했던 거야."

대런: 더 많은 기업과 재계 지도자들이 목소리를 내도록 하려면 무엇이 필요할까요? 주주 가치론이라는 압도적인 패러다임에서 벗어나는 것일까요? 아니면 이해관계자 패러다임에 더 가까운 방식으로 사안을 논의하는 방식일까요? 무엇이 필요하다고 보십니까?

켄: 저는 기업의 유일한 사회적 책임이 주주들을 위한 이익 증대라는 생각은 잘못되었다고 생각합니다. 최근 〈하버드 비즈니스 리뷰〉와의 인터뷰에서 저는 기업은 단지 주주만이 아니라 사회의 요구를 충족하기 위해 존재하며, 사회는 기업이 활동할 수 있는 '면허'를 부여하고 우리는 사회에 이익을 환원하는 방식으로 행동하고 사업체를 운영해야 한다고 주장했습니다. 그것이 제 관점입니다. 비즈니스 세계에서 많은 토론을 들어본 사람으로서 저는 이 관점에 동의하지 않는 이들이 있다는 사실이 걱정스럽습니다.

기업은 세계가 직면한 중대한 일부 난제에 대처해야 할 책임이 있다고 봅니다. 궁극적으로 세상이 가진 큰 문제들에 대처하고 싶다면, 저는 계속 의료 분야에 집중할 겁니다만, 오직 머크 같은 기업만이 지속 가능한 방식으로 접근할 수 있습니다.

대런: 결국, 정부와 민간 부문, 그리고 필란트로피스트와 NGO 등과 더욱 긴밀하게 협력해야 한다는 뜻이군요. 그 문제를 해결할 때 모두가 저마다 해야 할 역할이 있지요.

켄: 동의합니다. 우리 중 누구도 해결의 실마리를 찾을 때까지 안주해서는 안 됩니다. 저는 생명을 구하는 백신과 치료제를 사람들에게 전달하기 위해 제 일을 계속할 겁니다. HIV/AIDS를 예로 들어봅시다. 서구권에서 경제적으로 여유가 있는 사람에게 그것은 관리가 가능한 만성 질환입니다. 하지만 사하라 이남 아프리카에 사는 사람에게는 여전히 사형 선고와 다름없을 수 있어요. 그런 상황이 되어서는 안 됩니다.

대런: 그렇다면 신진 CEO, 최고 경영진, 그리고 필란트로피스트들에게 어떤 말을 전하고 싶으신가요? 필란트로피스트이자 CEO, 그리고 도덕적 리더십을 확실하게 보여준 당신의 여정을 돌아보며, 그분들에게 전하고 싶은 지혜의 핵심은 무엇인가요?

켄: 이런 위치에 있는 사람들, 즉 자원을 보유하고 조직을 이끄는 특권을 누리는 사람들은 깊이 고민하고, 근본 원인을 파헤치고, 현상(現狀)을 기꺼이 뒤집어야 합니다. 저는 여러분이 용기를 내야 한다고 믿습니다.

이를테면, 이 나라에 대한 서사 자체, 그리고 이 나라에서는 모든 사람이 진정으로 균등한 기회를 누린다는 서사에 끊임없이 의문을 제기하려는 의지가 있어야 합니다. 우리가 알다시피, 그건 진실이 아닙니다.

그렇다면 어떻게 해야 저울을 정의 쪽으로 기울일 수 있을까요? 문제는 자선은 사회적으로 수용되고 존경받지만, 정의 실현은 논란의 여지가 있다는 점입니다. 정의를 추구하는 일에는 정치적, 사회적, 경제적으로 큰 위험이 수반됩니다.

샬러츠빌 사건 이후, 제가 한 발언을 통해 배운 것도 바로 그겁니다. 제가 그렇게 말할 권리가 없다고 생각하는 사람들이 있었습니다. 그들은 제가 대통령에게 반대하거나 대통령이 하는 일을 지지하지 않는다고 생각하기 때문이었죠. 그들은 그 밑에 깔린 내용을 외면하고 있었고, 저는 먼저 나서는 기업 리더들의 숫자가 얼마나 적은지를 보고 놀랐습니다. 모두가 함께 움직여도 안전하다고 느낄 때까지 아무도 나서려 하지 않았거든요.

대런: 맞습니다. 당신은 안전한 공간을 만들어냈죠. 하지만 당

신의 용기가 없었다면 그들 중 누구도 입장을 표하지 않았을 겁니다.

켄: 저도 그렇게 생각합니다. 제가 정의를 실현하려는 사람들이 오히려 존경받지 못한다고 말한 이유도 바로 그겁니다. '흑인의 생명도 소중하다(Black Lives Matter)' 운동이나 '미투(#MeToo)' 운동을 위해 거리에 나선 사람들, 파크랜드(Parkland)의 아이들,* 버밍엄의 교도소에 수감된 마틴 루터 킹 목사까지, 이들은 모두 정의를 실천한 사람들입니다. 그러나 예수님조차도 당대에는 그랬듯이, 사회는 이들을 '트러블메이커'로 여깁니다. 그는 성전으로 들어가 환전상들을 몰아냈고, 결국 사람들은 예수님이 아니라 살인범인 바라바를 방면하기로 선택했죠.

결국, 모든 것은 자각의 문제로 돌아갑니다. 예수님께서 십자가 위에서 "아버지, 저들을 사하여 주옵소서. 자기들이 하는 것을 알지 못함이니이다"**라고 말씀하신 것도 그 때문입니다. 종교적인 의미로 하는 말이 아닙니다. 예수님은 그들이 '아버지의 법을 집행하고 있다'라고 믿는다는 걸 지적하신 겁니다. 실상 그들은 세상의 근본적인 불의를 이해하지 못할 뿐입니다.

---

* 2018년 2월 14일, 미국 플로리다주 파크랜드의 한 고등학교에서 발생한 총격 사건의 생존 학생이자 총기 규제 운동의 선봉에 선 젊은 활동가들
** 누가복음 23장 34절에 해당하는 성경 구절

성경은 반복해서 억압받는 사람들의 필요를 위해 우리의 시간을 써야 한다고 말합니다. 제게는 시처럼 다가오는 이사야서의 구절이 있습니다. "주린 자에게 네 심정이 동하며 괴로워하는 자의 심정을 만족하게 하면 네 빛이 흑암 중에서 떠올라 네 어둠이 낮과 같이 될 것이며."*,117

우리는 그 사람들의 필요를 외면해서는 안 됩니다. 그것은 단순히 일시적이거나 단기적인 필요가 아니죠. 정의를 위한 싸움은 결코 쉬운 길이 아닙니다. 그러나 그것은 우리가 하나의 사회로서 반드시 치러야 할 가장 중요한 싸움입니다.

---

* 이사야서 58장 10절에 해당하는 성경 구절

제8장

정의의 민주주의
- 우리의 해방은 서로 연결되어 있다

> 우리에게 필요한 것은 가난한 사람들을 '위한' 운동이 아니라 가난한 사람들과 '함께하는' 운동이다.[118]
>
> —윌리엄 J. 바버 2세 목사

2018년 겨울, 나는 정치인, 방송인, 언론인들이 "멍청이",[119] "배은망덕한 자",[120] 수많은 "호구"[121] 중 하나, 그리고 "비미국적인 얼간이"[122]라고 불렀던 한 사람을 만났다.

그의 이름은 콜린 캐퍼닉(Colin Kaepernick)이다. 그는 경찰의 폭력과 인종차별에 저항한다는 의미로 한쪽 무릎을 꿇은 NFL 쿼터백*이다. 내가 본 그는 참으로 품위 있고 지혜로운 사람이었다. 나는 그에게 다른 이름을 붙이고 싶다. 시위자, 필란트로피스트,

---

* NFL은 미국의 프로 미식축구 리그이며, 쿼터백은 경기의 전략을 지휘하고 패스를 주도하는 중요한 포지션

애국자라고 부르고 싶다. 사실, 그는 내가 지금까지 알게 된 사람들 가운데 가장 애국적인 인물로 꼽힌다.

활동가들을 비미국적이라고 낙인찍는 이들은 잊고 있지만, 사실 미국은 '저항' 속에서 탄생한 나라다. 미국독립선언서는 단순히 반대 의견을 내고 시위할 권리(차 상자를 바다에 던지는 이유)를 옹호하는 문서가 아니었다. 그것 자체가 시위할 권리의 표현이자 선언이었다. 그것은 "오랜 세월 이어진 일련의 억압" 끝에 우리 건국자들이 "사실을 공정하게 사리 판단하는 세계에 표명"한다고 설명한다.

이를 기점으로 저항의 오랜 역사가 시작되었다. 그것은 건국의 아버지들이 보여준 본보기를 따라, 상징적인 행동과 정의로운 언어를 결합해 우리 주변의 불의에 주목하도록 만들었다.

그 일은 또 다른 긴 역사의 시작이기도 했다. 권력을 가진 자들의 반발, 그리고 기존 질서에 의문을 제기하려는 이들에 대한 반감의 역사 말이다.

자유의 아들들(Sons of Liberty)*은 영국의 소유물을 파괴하고 "대표 없이 과세 없다"라고 외쳤다. 그들은 조지 워싱턴을 포함한 당시 많은 식민지 주민으로부터 비난을 받았다.[123] 앨리스 폴

---

* 18세기 후반 영국의 식민 지배에 저항하며 조직된 미국의 비공식 정치 단체로, 인지세법 반대와 보스턴 차 사건 등 초창기 독립운동을 주도함.

(Alice Paul)*과 전국여성당(National Woman's Party)**은 피켓에 "정부는 피지배자의 동의에서 정당한 권력을 얻는다"라는 독립선언서의 이상을 담아 백악관 앞에서 시위했다.[124] 그들은 결국 체포되었다. 로자 파크스(Rosa Parks) 또한 자리를 양보하라는 요구를 거부함으로써 체포되었고, 현대 LGBTQ 권리 운동을 촉발한 폭동이 일어나기 전 스톤월 인(Stonewall Inn)의 손님들도 마찬가지였다. 저스틴 다트 주니어(Justin Dart Jr.)와 수많은 다른 장애인 운동가들은 미국 장애인법(American Disabilities Act, ADA)과 장애인 교육법을 지지하기 위해 수년간 노력했다.[125] 그러나 ADA가 통과된 지 불과 5년 후인 1995년, 다트는 그는 두 가지 법안을 폐지해야 한다는 보수 진영의 요구에 맞서 싸우기 위해, 지도자로서 자신이 맡은 모든 직책을 내려놓고 '전업 시민 병사'로 복무했다.[126]

이 모든 애국적인 시위의 공통점은 미국이 안고 있는 '건국의 이중성'을 해결하고 싶다는 열망이었다. 우리는 시민 자치라는 위대한 실험을 가능케 한 사상과 이상들을 자랑스럽게 여기지만, 이와 동시에 과거에도, 현재에도 미국인들은 언제나 이런 이상에 미치지 못했다.

역사가 우리에게 가르쳐주는 슬픈 진실은 마땅히 요구해야 할 평화로운 시위의 권리가 언제나 보장된 것은 아니라는 점이다. 세

---

* 미국의 급진적 여성 참정권 운동가
** 1916년 창립된 미국의 급진적 여성 참정권 운동 단체

네카 폴스(Seneca Falls)*에서 셀마(Selma),** 스톤월(Stonewall)***에 이르기까지 인권과 존엄성을 확장하려는 노력은 걸핏하면 조롱받았고, 종종 국가가 묵인한 것이든 아니든, 폭력이 동반되었다.

나는 흔들리지 않는 애국심을 가진 사람으로서, 불의에 저항하는 것이 용기의 극치이자 애국심의 참뜻이라고 믿는다. 미국에서 시위는 궁극적으로 애국심의 발로다. 어떤 이들은 미국이 더 나은 나라가 될 수 있고 또 반드시 그래야 한다는 점을 알리기 위해 몸을 바치고 목숨을 건다. 그런 위험이 존재할지언정, 또 어떤 이들이 그것을 '존중하지 않는 태도'라 여길지언정, 나는 시간이 흐를수록, 마하트마 간디의 명언처럼 정의에 반대하는 자들은 언제나 패한다는 사실에서 위안을 얻는다. 언제나.

콜린 캐퍼닉은 진정한 애국자의 본보기다. 그의 저항은 또한 정의 실현하는 데는 돈이 필요하지 않다는 사실을 증명한다. 물론, 캐퍼닉은 스타 쿼터백이었으니 부유한 사람이다.[127] 강력한 저항의 메시지를 보낸 이후, 그는 또한 선도적인 필란트로피스트가 되었다. 2016년 9월부터 캐퍼닉은 "2016년 시즌 유니폼 판매 수익금 전액과 100만 달러를, 억압받는 공동체를 위해 일하는 단체에 기부"하겠다고 약속했다.[128] 실제로 사회 정의를 위한 흑인 재

---

* 1848년 미국 최초의 여성 참정권 회의가 열린 장소
** 1965년 흑인 투표권 확대를 위한 셀마–몽고메리 행진이 시작된 곳
*** 1969년 뉴욕에서 성소수자들이 경찰의 탄압에 저항한 사건이 벌어진 곳

향군인회, 생식 건강,* 기후 변화, 그리고 다코타주 스탠딩록 수(Sioux)족 보호구역에 건설 중인 미니 위초니(Mni Wiconi)**라는 이름의 무료 보건 클리닉 등 다양한 활동을 지원했다.

물론 우리가 그의 필란트로피 활동에 찬사를 보내 마땅하지만, 그의 가장 위대한 공헌은 재정적 기부가 아니다. 그는 자신의 사회적 영향력이 전국적인 논의를 촉발할 수 있다는 사실을 인식했다. 나이키의 광고 모델인 그의 메시지("설령 그것이 모든 것을 희생한다는 의미일지라도")[129]는 전 세계 수백만 명의 젊은이들에게 자신이 믿는 바를 위해 일어나라는 영감을 주었다. 그것은 바로 그 적절한 순간에 한쪽 무릎을 꿇는 것이 정의를 위한 가장 강력한 행동이라는 사실을 그가 분명히 이해하고 있었기 때문이다.

앤드류 카네기의 《부의 복음》의 한 가지 한계는 그가 주로 잉여 재산을 가진 부유층을 대상으로 그 글을 썼다는 데 있다. 이 책이 제기한 핵심 질문은 단순하다. "문명의 기반이 된 법이 소수의 손에 부를 넘겨준 상황에서 부를 관리하는 올바른 방식은 무엇인가?"[130] 이것은 분명 적절한 질문이다. 혹자는 카네기가 부를 가지지 못한 이들을 외면했다고 해서 그것이 결점이라고 보기는 어렵다고 주장할 것이다. 애초에 그건 그의 논의 주제가 아니었을 뿐이라고 말이다.

---

* 성과 관련된 건강
** 라코타족 언어로 '물은 생명이다'라는 뜻으로, 원주민 생명권 운동의 상징적인 구호

> 지난 15년 동안 한 가지를 점점 더 분명히 깨달았다. 가장 위대한 필란트로피 활동에 언제나 돈이 필요한 것은 아니라는 의미에서, 삶 자체를 필란트로피 활동으로 만들어야 한다는 점이다. 사실, 당신이 사용할 수 있는 것이 오직 돈뿐일 때, 돈이 가진 놀라운 한계를 보게 된다.
>
> - 스트라이브 마시이와, 에코넷 무선 그룹 설립자 겸 회장

하지만 이 질문을 통해 카네기는 막대한 부와 관련된 한 가지 문제가 있음을 암묵적으로 인정한다. 실제로 "자녀에게 큰 재산을 물려주는 것"이 "가장 어리석은 일"이라고 꼭 집어 말하기도 했다.[131] 그러나 이 반론은 카네기가 끝내 다루지 않은 모순을 드러낸다. 만약 부를 물려주는 것이 어리석은 일이라면, 애초에 부를 축적하는 것은 왜 정당한가? 왜 우리는 현상(現狀)이 초래한 불평등을 방치해야 하는가? 그리고 왜 (자신의 권력과 특권을 바탕으로) 현재 구조를 이용할 수 있는 사람들에게만 부를 재분배할 책임을 맡기는가?

경제적 가치를 다른 모든 가치 위에 놓는 이런 태도는 더욱 음험한 형태의 불평등을 조장한다. 더구나 안타깝게도 그것은 오늘날 우리의 공적 담론을 오염시킨다.

예를 들어, 나는 때때로 어쩔 수 없이, 활기차게 성장하는 공공 예술 부문이 우리 사회에 가져다주는 경제적 이점을 옹호해야 하는 상황에 놓인다. 하지만 실제로 예술의 가치는 그것이 경제

에 이바지하는 수준을 훨씬 뛰어넘는다. 예술에 대한 재정 지원은 일자리와 시장을 창출하지만, 내가 예술을 지지하는 이유는 그것이 지닌 정보와 영감의 힘에 있다.

나는 어린 시절, 부잣집 가정부로 일하던 할머니가 집에 들고 오신 반질반질한 도록을 넘겨보던 기억이 난다. 그 속에서 본 마법(내가 다른 어떤 방식으로도 접하지 못한 세상의 이미지)에 나는 완전히 매료되었다. 그 책장들은 내 세계 너머의 세상을 상상할 수 있는 능력, 그리고 그 안에서 내가 설 자리를 상상하는 능력의 물꼬를 터주었다. 그 순간, 예술 경제가 얼마나 많은 사람을 고용하는지는 내게 중요하지 않았다. 예술의 힘은 그보다 훨씬 더 깊고 넓은 것이었다.

따라서 이처럼 부의 극단적인 불평등을 초래한 구조적 문제들을 편리하게 외면할 때, 카네기는 단순히 계급적 편견을 가진 것을 넘어 경제적 수단을 초월하는 인간의 힘을 간과하고 있는 셈이다. 이것은 더 중대한 질문을 제기한다. '**모든 사람**이, 부의 수준과 상관없이, 더 정의로운 구조를 만들기 위해 할 수 있는 일은 무엇인가?'

이 질문은 종종, 다양한 형태로 내게 던져진다. 가장 흔하게는 이런 식이다. "대런, 저는 부자가 아닙니다. 집안에 굴러다니는 돈다발도 없어요. 자선이니, 정의니 이런 얘기들이 저 같은 사람에게 무슨 해당 사항이 있겠어요?"

답은 간단하다. 소득 수준과 무관하게, 누구나 삶에서 어떤 방식으로든 특권을 누리고 있으며, 이는 멋진 일이다.

예컨대, 아름다운 목소리를 가졌다는 것은 특권일 수 있다. 맛있는 음식을 요리할 수 있는 능력도 마찬가지다. 어쩌면 가까운 친구들이 곁에 있다는 것도 행운이다. 이런 특권들은 필란트로피라는 프로젝트나 대의와 무관해 보일지 모르지만, 모두 중요하다. 우리는 집회에서 즐겁게 시간을 보내기 위해, 정의를 위한 고된 하루를 마친 후에 기운을 북돋우기 위해 노래하는 사람이 필요하다. 정의를 위해 일선에서 헌신하는 자원봉사자들을 위해 식사를 준비할 요리사가 필요하다. 그리고 가까운 친구들의 네트워크를 가동해서 되도록 많은 사람이 프로젝트에 참여하도록 이끄는 사람들도 필요하다.

믿기 어려울지 모르지만, 돈 한푼 기부하지 않아도 필란트로피스트가 될 수 있다. 엘리자베스 알렉산더가 내게 일깨웠듯, '필란트로피스트'라는 단어는 그리스어로 '인류를 사랑하는 사람'을 뜻한다. 인류를 사랑하는 사람이 된다는 것은 대의를 위해 자신이 가진 모든 특권을 기꺼이 내놓는 것이다. 로라 아릴라가-안드레센이 《기빙 2.0》의 서두에서 말했듯이, "필란트로피스트란 더 나은 세상을 만들기 위해 시간, 돈, 경험, 기술, 네트워크 등 무엇이든, 얼마든지 기부하는 사람이다."[132]

하지만 돕고 싶다는 마음만으로는 충분하지 않다. 더 큰 운동을 보고 그 안에서 자신의 자리를 찾는 일도 중요하다. 1970년대 유명한 예술가이자 활동가였던 릴라 왓슨(Lilla Watson) 같은 호

주 원주민 활동가들은 이를 가장 적절하게 표현했다. "만약 당신이 저를 돕기 위해 왔다면, 저는 당신의 도움이 필요하지 않습니다. 하지만 만약 당신의 해방이 저의 해방과 연결되어 있어서 왔다면, 오셔서 함께 일합시다."[133,134]

그렇다면 실제 상황은 어떨까? 분명히 경제적으로 부유하지 않은 사람들에 **의한**, 그리고 그런 사람들을 **위한** 운동을 이끄는 두 사람, 윌리엄 J. 바버(William J. Barber) 2세 목사와 리즈 테오하리스(Liz Theoharis) 목사에게서 영감을 얻을 수 있을 것이다.

2013년 4월, 당시 노스캐롤라이나 NAACP 대표였던 바버 목사는 한 가지 계획을 품고 노스캐롤라이나주 의회에 들어섰다. 평화롭게 기도한 후 체포된다는 것이 그의 계획이었다. 그는 다른 열여섯 명과 함께 '불법 침입'과 '해산 명령 불응' 혐의로 기소되었다.[135] 이 특별한 저항은 2007년부터 성장해온 운동의 일부였는데, 이 시위를 계기로 바버(Marber)가 '모럴 먼데이(Moral Monday)'*라고 부른 전국적인 시위 시리즈가 시작되었다.[136] 이후 매주 월요일, 점점 더 많은 사람이 참여하며 빈곤층을 겨냥한 부당한 정치 과정에 맞섰다. 더 많은 사람이 체포되었고, 그들의 대의에 더 많은 관심이 쏟아졌다.

이 운동은 곧 이웃 주인 조지아와 사우스캐롤라이나로 확산되었다. 이후 앨라배마와 아칸소, 뉴욕과 플로리다, 위스콘신과 인

---

* 정의·도덕적 가치를 실현하기 위해 월요일마다 열리는 시민 불복종 행위

디애나, 펜실베이니아와 테네시, 일리노이와 뉴멕시코가 '모럴 먼데이' 시위에 동참했다.[137]

수년간 시위와 기도회, 행진, 성명 발표 등 다양한 운동을 전개한 '모럴 먼데이'는 현재 '가난한 사람들의 캠페인: 도덕적 부흥을 위한 국가적 호소(Poor People's Campaign: A National Call for Moral Revival)'라는 이름의 운동으로 이어지고 있다. 이 이름은 과거 시민권을 위해 평화적으로 싸웠던 또 다른 유명 목사 마틴 루터 킹이 이끌었던 캠페인에서 유래했다. 이 운동은 지금 "전국의 수만 명을 하나로 모아 구조적 인종차별, 빈곤, 전시 경제, 생태 파괴, 국가의 도덕성 왜곡이라는 폐해에 맞서고 있다."[138]

널리 알려졌듯이, 최초의 '가난한 사람들의 캠페인'은 1968년 인종적, 경제적 불의에 항의하기 위해 워싱턴 D.C. 내셔널 몰(National Mall)에 6주 동안 캠프를 세워 진행되었다. 그리고 2018년, 이 캠페인을 계승한 새로운 운동이 시작되었다. 이들은 6주에 걸쳐 항의 시위와 기도 모임을 벌였고, 시민 불복종 행동뿐 아니라 교육 집회, 대중 집회, 종교 설교 등 다양한 활동을 펼쳤다.[139] 이 운동은 빈곤층의 어려움을 향한 관심을 다시 환기했으며, 그 일환으로 열린 공청회에서는 약 두 시간 동안 이들의 요구를 직접 듣는 자리가 마련되었다.[140]

재개된 이 캠페인에는 주목할 만한 점이 많다. 무엇보다도 이 운동은 모든 이들이 타고난 능력을 어떻게 활용하는지를 돌아본다. 그리고 이 운동에 참여하는 데에는 시간, 노력, 그리고 자신보다 더 목적에 헌신하겠다는 의지 외에는 많은 것이 필요하지 않다.

예컨대, 바버 목사와 테오하리스 목사가 캠페인을 이끄는 방식은 뚜렷하게 종교적인 색채를 띤다. 이는 부분적으로는 그들이 이미 속해 있는 공동체, 곧 교회를 활용하기 때문이다. 그들은 교회를 피하지 않는다. 오히려 교회를 사용한다. 그들은 기도하고, 설교하고, 노래하며 자신들이 가진 모든 도구를 동원해 목적을 실현한다.

그들은 우리와 함께 정의에 가까이 다가가고 있다. 그리고 그들이 추진하는 캠페인의 성격을 고려할 때, 그 일을 실현하는 데 단 한푼도 필요하지 않다.

새로운 '가난한 사람들의 캠페인'을 지지한 이들 중에는 과거 운동의 핵심 자문이었던 인물이 있다. 바로 가수이자 사회 운동가인 해리 벨라폰테(Harry Belafonte)다.[141] 마틴 루터 킹 주니어 박사는 인생의 마지막 시기이자 격동과 폭력의 해였던 1968년, 벨라폰테에게 미국이 "불타는 집"이 될까 봐 두렵다고 털어놓았다. 그리고 이렇게 덧붙였다. "우리는 그냥 소방수가 될 것 같습니다."[142]

나는 오늘날 그 어느 때보다, 우리 개개인이 정의를 위한 소방수가 되어야 한다고 믿는다. 우리는 부의 수준과 관계없이, 그저 한두 채의 집이 아니라 온 공동체와 도시, 국가, 그리고 대륙을 위협하는 불길을 끌 수 있는 힘을 가지고 있다. 우리에게는 희망이라는 가장 강력한 연소 억제제가 있다. 도움이 필요한 곳에 몸소 다가가 믿음과 용기를 가지고 행동할 수 있는 타고난 성향도 있다.

> 마땅한 다른 표현이 없어서 그렇지만, 필란트로피를 '돈의 문제'로 바라볼 때 여러모로 우리는 필란트로피를 오해하고 있는 것이다. 가장 위대한 필란트로피스트들은 돈으로 자선을 '행하는' 것이 아니라 '살아내고' 있다.
>
> - 스트라이브 마시이와, 에코넷 무선 그룹 설립자 겸 회장

하지만 그것만으로는 부족하다. 우리는 단순히 소방수에 머물러서는 안 된다. 우리는 무엇이든 되어야 한다. 각자의 자리에서 (의사, 간호사, 조종사, 경찰관, 기술자, 교사로서) 정의를 위해 일해야 한다. 농부와 일꾼도 정의를 위해 일해야 한다. 예술가와 활동가도 정의를 위해 일해야 한다. 여러분이 어떤 사람이든, 어떤 일을 하든, 여러분의 직함에 이 두 단어를 더하라. "정의를 위해". 정의를 위해 여러분의 일을 하라.

다시 말해, 필란트로피스트가 되어라. 우리의 '새로운 부의 복음'의 전통에 따라 인류를 사랑하는 사람이 되어라. 여러분이 가진 영향력과 특권, 재능을 깨어있는 마음으로, 그리고 깊은 사랑과 정성으로, 좀 더 공정한 세상을 향해 겨냥하라.

결론

새로운 복음의 교리

모든 여정에는 안내자가 필요하며, 정의를 향한 여정도 예외는 아니다. 우리가 이 '새로운 부의 복음'에 따라 선한 일을 행할 때, 우리가 전한 메시지를 실천하는 가장 좋은 방법은 지금까지 여정 속에서 탐구한 원칙들을 따르는 것이다. 우리는 다음의 원칙을 반드시 기억해야 한다.

- 접근과 기회를 발견하고 공유함으로써 특권의 맹목성을 인식한다.
- 우리가 무엇을 모르는지 배움으로써 무지를 자각한다.
- 겸손한 마음으로 자선을 실천함으로써 이타성의 주체가 된다.
- 결과가 아닌 원인을 해결함으로써 뿌리를 파헤치기 위해 노력한다.

- 전문성과 경험을 모두 존중함으로써 '가까이 다가가기'의 힘을 활용한다.
- 당당히 일어서서 목소리를 냄으로써 신념의 용기를 발휘한다.
- 우리의 해방이 서로 연결되어 있음을 인식함으로써 정의의 민주주의를 증진한다.

여러분의 위치에 따라, 더 적합한 원칙이 있을 수 있다. 그러나 시대와 유행이 변하더라도, 이 책에 담긴 원칙들은 여전히 여러분의 활동에 변함없는 기준으로 남을 수 있다.

물론, 이 원칙들은 각기 고유한 방식으로 하나의 근본적인 질문에 답을 제시한다. 바로 **어떻게 하면 우리의 활동을 '자선에서 정의로 이어지는 연속선' 위에서 발전시킬 수 있을까?** 라는 질문이다.

한편 이 책에서 직접 다루지는 않지만, 필란트로피를 시작할 때 많은 사람이 던지는 또 하나의 질문이 있다. **나의 필란트로피는 어떤 모습이어야 하며, 나는 그것을 어떻게 실천해야 할까?**

무엇을 지원할 것인가를 결정할 때 '자선에서 정의까지' 다양한 스펙트럼이 존재하듯, 필란트로피를 실현하기 위한 행동과 도구, 방법 역시 폭넓게 고려할 가치가 있다.

필란트로피의 일부 분야에서는 '문샷(moonshot)' 프로젝트가 주목받고 있다. 1969년 미국의 달 착륙에서 유래한 이 용어는 엄청난 영향력을 발휘할 수 있는 도전적이고 혁신적인 대규모 프로젝트를 의미한다.

새로운 세대의 필란트로피스트들은 종종 이러한 문샷 솔루션을 찾는 데 몰두하며, 민간 부문에서 등장하는 기발한 혁신이 마치 로켓처럼 어떤 문제든 해결할 수 있으리라 기대한다.

이런 목표를 세우는 것은 분명 멋진 일이다. 언젠가 문샷 솔루션이 문제의 근본 원인을 해결할 수도 있다. 하지만 때때로 문샷을 시도하는 것만으로는 충분하지 않다. 이 접근 방식은 지속적이고 깊이 있는 변화를 만들기에는 한계가 있기 때문이다.

만약 문샷이 필란트로피 스펙트럼의 한 끝점, 즉 대규모 단일 프로젝트를 의미한다면, 반대편에는 '영속성'이 있을 것이다. 예를 들어 록펠러재단과 포드재단은 영속적으로 존재할 수 있을 만큼의 기부금을 출연받았으며, 이는 우리가 과거와 미래의 여러 세대를 위해 중요한 일을 계속할 수 있는 기반이 되었다.

이것이 유일한 모델이라고 생각하기 쉽지만, 그렇지 않다. 일부 저명한 필란트로피스트들은 기금의 '존속 기한'을 설정해 모든 기금이 되도록 빨리 유용하게 사용되도록 설계했다. 내게 영감을 준 한 인물은 카네기의 동시대인이자 필란트로피스트인 줄리어스 로젠월드(Julius Rosenwald)다. 그는 당시 미국 최대 소매업체였던 시어스 로벅 앤 컴퍼니(Sears, Roebuck and Company)의 경영자로 큰 부를 이루었고[143] 이후 부커 T. 워싱턴(Booker T. Washinton)과 친분을 쌓은 것을 계기로 로젠월드 기금을 설립했다. 이 기금은 남부 농촌 지역에 흑인 아동을 위한 학교 5,000여 곳을 건립하는 데 사용되었다. 로젠월드는 해당 기금을 1948년까지 전액 사용해야 한다고 요구했다. 그 무렵에 프로젝트는 명백한 성공을 거두었다. 당시 남부에 거주하는 흑인 아동 가운데 세 명 중 한 명이 로젠월드 학교에 다녔으며, 마야 안젤루와 존 루이스 하원 의원도 이 학교 출신이었다.[144] 오늘날 이 기금은 존재하지 않지만, 로젠월드의 필란트로피는 여전히 우리에게 영향을 미치고 있다.

영구적인 기부금이 보장되지 않더라도, 프로젝트가 장기적으로 지속될 수 있는 또 다른 방법은 지속 가능한 파트너십을 구축하는 것이다. 예를 들어, 카네기는 유명한 '카네기 도서관' 프로젝트를 통해 이 매칭 그랜트 모델(matching grant model)*의 선구자가 되었다. 그는 전 세계에 도서관을 세우고 싶다는 분명한 목표를 가지고 있었고, 본인의 재산만으로도 그 꿈을 충분히 실현할 수 있었다. 하지만 그는 대신 '카네기 공식'으로 알려지게 되는 방식을 개발했다. 이는 먼저, 도서관을 희망하는 지방 정부가 토지를 무상으로 제공하고, 둘째, 카네기의 초기 보조금을 기준으로 최소 10퍼센트에 해당하는 금액을 매년 도서관 운영비로 투입하는 방식이었다.[145]

그 결과, 전 세계에 2,800곳이 넘는 도서관이 세워졌고,[146] 그중 다수가 오늘날까지도 운영되고 있다.[147] 카네기는 의식하지 못한 채, 공공-민간 파트너십의 모델을 제시한 셈이었다. 지역 정부의 참여와 투자를 통해, 건물이 완공되고 그의 자금이 소진된 이후

---

* 일정 금액의 기부나 지원에 대해, 제3자가 동일한 금액을 추가로 지원하는 방식

에도 지역사회가 도서관 운영에 관여할 수 있었다.

여기에는 우리가 무언가 새로운 것을 만든다는 전제가 깔려 있다. 그러나 실제로 어떤 문제를 놓고 보면, 이미 이를 해결하기 위해 노력하는 비영리단체와 활동가의 생태계가 존재할 가능성이 크다. 이들은 우리가 존재조차 몰랐던 가르침을 얻었고, 그 주제를 더 가까이서 경험했으며, 더 즉각적인 영향을 미칠 준비가 되어 있다. 따라서 무(無)에서 새로운 이니셔티브를 만들거나, 제한된 자금을 놓고 경쟁할 조직을 만드는 것보다는, 이미 존재하는 파트너를 찾아 그들이 진행 중인 활동에 기여하는 것이 더 효과적일 수 있다.

포드재단에서는 종종 3I, 즉 아이디어(idea), 개인(individual), 그리고 기관(institution)을 언급한다. 이 세 가지 요소는 모두 성공에 매우 중요하다. 우리는 세대를 거쳐 느리지만 필수적인 사회 변화를 이끌어갈 기관을 지원하는 동시에, 문샷 프로젝트에서 소액 금융에 이르기까지 개인과 그들의 아이디어에 자금을 지원하며 균형을 모색했다. 이런 활동은 수십 년에 걸쳐 진화했고, 세상의 변화에 계속 적응할 것이다.

결국 우리는 정의에 이르는 길이 단 하나만 존재하지 않는다는 사실을 알고 있다. 모든 해답을 가진 사람은 없다는 것도 알고 있다. 하지만 이 활동에서 우리가 직면한 중요한 과제 중 하나는 우리가 볼 수 있는 것과 상상할 수 있는 것조차도 각자의 경험과 사회적 위치에 의해 제한된다는 점이다.

자금을 어디에 지원할 것인가라는 질문은 결코 새로운 도전이 아니다. 카네기 역시 필란트로피스트들이 본인의 재산을 어떻게 활용하는 것이 가장 효과적인지 나열할 수 있다고 믿었다. 그리고 《부의 복음》에서 비교적 덜 알려진 후반부 에세이 〈필란트로피를 위한 최고의 분야〉를 통해, 자신이 중요하게 여긴 자금 지원 분야를 순위별로 제시했다. 그는 대학 설립, 무료 도서관 건립, 병원과 "인간의 고통을 덜어주는 기타 기관"에 대한 지원, 공원 제공, 공중목욕탕 설립, 그리고 교회 설립 및 보조금 지원 등을 가장 바람직한 분야로 꼽았다.[148]

이는 주목할 만한 목록이다. 반면, 이 책은 시간이나 자원을 어디에 기부해야 할지에 대한 해답을 제시하지 않는다. 어떤 대의에 헌신해야 하는지, 어떤 방식이 최선인지, 어떤 프로젝트에 자금을 지원해야 하는지를 규정하지 않는다. 이는 의도적인 선택이다.

그 이유 중 하나는, "내게 가장 적합한 필란트로피 분야"가 카네기의 목록과 매우 다를 수 있다는 데 있다. 하지만 더 중요한 이유는, 여러분의 목록 또한 제 목록과 다를 수 있다는 데 있다. 그리고 그것은 전혀 문제가 되지 않는다. 오늘날에도 카네기의 목록이 여전히 고려할 가치가 있다면, 그것은 그 목록이 무언가를 변화시켰기 때문이 아니라, 그 목록에 열거된 모든 예시에 한 가지 공통점이 있기 때문이다. 그가 실제로 그런 기관들로부터 도움을 받았다는 점이다.

이 사실은 카네기 자신이 직접 밝힌 내용이다. 그는 각 분야를 설명할 때 그것이 자신이나 그와 같은 사람들에게 어떤 혜택을 주었는지를 구체적으로 언급한다. 예컨대 어린 시절 접한 책이 자신에게 어떤 영향을 미쳤는지 설명한다. "위험한 만성 질환을 겪어본 사람만이 교육받은 여성 간호사의 보살핌, 기술, 그리고 돌봄의 진정한 가치를 알 수 있다"고 강조한다.[149] 그리고 가난했던 시절의 경험을 통해, 그는 공원과 공중목욕탕 역시 사람들에게 실질적인 서비스를 제공할 수 있다는 사실을 이해했고, "사람이 떡으로만 살 것이 아니요"*라는 성경 구절을 인용하며 삶의 본질에 대한 날카로운 자각을 표현했다.[150]

우리의 경험은 우리의 관점을 형성한다. 무엇에 가치를 두는지, 또 어떤 분야에 돌려주고 베풀고 싶은 마음이 생기는지는 바로 그 경험에 좌우된다. 예컨대 카네기의 목록에서 가장 우선순위에 놓인 분야가 '대학'이라는 점을 생각해보자. 근린 지역에 저렴한 주택이 부족하다는 문제가 존재함에도, 대학은 졸업생들로부터 건물 신축을 위한 자금을 포함해 막대한 기부금을 받는다. 이는 바로 개인적인 경험 때문이다.

우리에게 도움이 되는 프로그램을 고려할 때, 우리는 흔히 그것들을 개인적인 관점에서 바라보고, 더 큰 맥락과 근본 원인을 간과하곤 한다. 《부의 복음》은 더 나은 환경에서 자란 운 좋은 사람들이 판단력이 더 뛰어나다는 인상을 주기도 한다. 이는 부의

---

* 마태복음 4장 4절에 해당하는 성경 구절

가치와 의견의 가치를 혼동하는, 일종의 독선적 함정이라 할 수 있다.

하지만 논의의 핵심은 '도서관이 과연 효과적인가'가 아니다. 도서관은 나를 포함한 많은 개인과 공동체에 실질적인 영향을 미칠 수 있는 공간이며, 그 효과는 분명히 존재한다. 진정한 핵심은 '정의와 구조적 변화가 목표라면 그런 개입이 과연 충분한가'라는 물음에 있다. 이 책은 돈이나 시간을 어디에 써야 하는지에 대한 정답을 제시하지 않는다. 그러나 나는 여러분이 어떤 결정을 내리기 전에 잠시 멈춰, 스스로에게 이렇게 묻기를 권한다. **나는 왜 이것을 지원하겠다고 선택했는가? 어떤 개인적인 선호나 편견이 이런 결정을 끌어냈는가? 나는 무엇을 간과하고 있는가? 그리고 어떻게 하면 더 많이 배울 수 있을까?**

아마 이것이 기존의 부의 복음과 새로운 부의 복음 사이에서 가장 뚜렷하게 구분되는 지점일 것이다. 카네기는 자신이 성공을 거두었기에 자기가 내리는 판단이 필란트로피에 가장 적합하다고 믿었다. 또한 그의 전문가들이 그 판단을 실행할 최적의 인물이라고 믿었다. 하지만 오늘날 우리는 모든 답을 아는 사람은 없다는 사실을 알고 있다. 그리고 전문가의 조언도 중요하지만, 변화시키고자 하는 현실을 직접 경험하는 사람들의 의견을 구하는 것이 매우 중요하다는 사실을 알고 있다.

삶이 여러분에게 관대했고, 덕분에 무언가를 되돌려줄 수 있는 위치에 서게 되었다면, 바로 그 특권적인 위치 때문에 오히려 정의가 어디에서, 어떻게 가장 효과적으로 실현될 수 있는지를 정확히 판단하기 어려울 수 있다. 여러분은 십중팔구 문제의 본질로부터 이미 멀어져 있기 때문이다. 더 이상 특정한 형태의 불평등을 일상적인 장애로 경험하지 않으며, 불의가 어떤 방식으로 작동하는지도 목격하지 못하게 된다.

그러므로 우리는 일상적인 경험만이 삶의 전부가 아니라는 사실을 인식해야 한다. 아무리 특별해 보일지라도 우리는 개별적인 존재가 아니라는 사실을 인식해야 한다. 선을 실천하려는 노력은 인류 역사상 가장 오래되고 고귀한 소명일 것이다. 이 책임을 이어받는다는 것은, 수 세기 전에 시작되어 우리가 떠난 후에도 오랫동안 계속될 여정에 동참하는 일이다. 우리의 임무는 그 여정을 올바른 방향으로 이끄는 것이며, 이를 위해 우리가 할 수 있는 가장 효과적인 일은 경청하고, 배우고, 정의를 실현하기 위해 행동하는 것이다.

포드재단에 합류한 이후, 나는 정의를 향한 나만의 여정을 이어왔다. 때로는 말 그대로의 여정이기도 했다. 어디를 방문하든 간에, 나는 작은 공예품이든, 기념품이든 혹은 어떤 아이디어든, 반드시 무언가를 가져오려고 애썼다. 내가 수집한 수많은 아이디어 중에서 가장 중요한 두 가지는 지금도 내 컴퓨터 모니터에 붙어 있는 두 장에 메모지에 적혀 있다. 각각의 메모지에는 나의 좌우명이 하나씩 적혀 있다. 하나는 "압박감은 특권이다"이고, 다른 하나는 "쉬면 녹슨다"이다.

이 두 문장은 여러 상황에서 내게 길잡이가 되었다. 스트레스를 느낄 때마다 나는 내 삶의 압박감이 대부분 이 고귀한 조직을 운영하는 데 따르는 중대한 특권에서 비롯된 것임을 스스로 일깨운다. 그리고 그 압박감은 우리가 지원하고자 하는 이들이 일상적으로 겪는 모욕에 비하면 지극히 작은 것이다. 또한 피로감을 느끼거나, 관습에 도전하기보다는 순응하고 싶어질 때 또는 기존의 방식을 유지하는 편이 더 쉬워 보일 때, 두 번째 메모지는 내게 변화의 도전은 언제나 그만한 가치가 있음을 일깨운다.

이 책과 함께한 여러분의 여정을 마무리하며, 나는 여러분에게 이 두 가지 생각을 되새기길 바란다. 그리고 정의라는 과업을 실현할 때 이 두 가지를 어떻게 조화롭게 융합할 수 있을지 생각할 것을 권한다. 첫째, 자신이 지닌 특권과 특별한 기술을 성찰하고, 그것들을 어떻게 사회를 위해 활용하고 공유할 수 있을지 스스로에게 물어보라. 변화라는 엔진에 연료를 공급하기 위해, 나는 내 자원을 어떻게 활용할 것인가?

둘째, 여러분만의 기념 접착 메모지에 적을 만한 문구 하나를 제안하고 싶다. 바로 "정의가 부르고 있다"라는 간결한 문구다. 여러분이 진로를 고민 중인 대학 졸업반 학생이든, 실리콘 밸리에서 일하는 컴퓨터 프로그래머든, 재단 이사장이든 상관없다. 이 싸움은 여러분의 싸움이기도 하다. 나이도, 지위도, 배경도, 소득 수준도 가리지 않는다. 그것은 누구에게나 같은 기회를 제공하는 고용주와도 같다. 우리는 저마다 그 제안을 받아들이고, 너무나 오랫동안 정의가 부재했던 공동체에 정의를 돌려주기 위해 노력할 수 있다.

정의가 부르고 있다. 그리고 그것이 나의 임무이며, **우리의** 임무다. 물론, 그 부름에 응답하는 것은 결코 쉬운 일이 아니다. 이 점을 이해한 사람 중 한 명이 바로 마틴 루터 킹 목사였다. 반세기 전, 생애의 마지막 나날을 보내는 동안 킹 목사는 자신이 "희망의 증언"이라고 부른 서한을 남겼다. 그것이 자신의 마지막 서한이 될 줄은 몰랐겠지만 킹 목사는 이렇게 글을 시작했다. "누군가 현재 시민권 운동의 현황에 대해 의견을 묻는다면, 나는 잠시 말을 멈출 수밖에 없습니다. 세계에서 가장 강력한 나라를 혼란과 당혹 속에 휘청이게 만든, 이토록 심각한 위기를 묘사하는 일이 결코 쉽지 않기 때문입니다."[151]

이어지는 세계의 현황에 관한, 길고도 방대한 성찰의 글에서 킹 목사는 자신이 정의를 어떻게 추구했는지를 하나의 모범으로 제시한다. 그는 백인들이 인식조차 못한 채 누리는 특권과 자칭 진보주의자들 사이에 만연한 무지와 편견에 대해 지적한다. 또한 학교 통합 운동부터 1964년 시민권법 제정에 이르기까지, 풀뿌리 차원의 압력과 조직화를 통해 어렵게 얻은 성과가 정작 일부 정치인과 대통령에게 자신의 에고와 이미지를 강화하는 수단으로 이용되었다고 주장한다.

무엇보다 킹 목사는 이런 노력이 실질적인 힘을 얻지 못한 채 문제의 근본에 닿지 못하고 있는 현실을 다양한 사례를 통해 보여준다. 그는 이처럼 진보가 더딘 한 가지 이유로, 대다수 백인이 일상적인 인종차별을 진정으로 이해할 수 없다는 점을 들었다. 그들은 평균적인 흑인의 삶에서 너무 멀리 떨어져 있었던 것이다.

이후 그 글의 마지막 단락에서 그는, 소수의 시위자라도 용기를 내어 반대의 목소리를 낼 수 있으며, 하나로 뭉칠 때 "이 반대 의견이 미국의 희망이 된다"라고 강조한다. 킹 목사는 다음과 같은 말로 독자들에게 보내는 글을 마무리한다. "나사렛 예수는 책을 쓰지 않았고, 영향력을 행사할 재산도 소유하지 못했습니다. …… 하지만 그는 인류의 행로를 바꾸었습니다."[152]

오늘날 고무적인 것은, 킹 목사가 제시한 논리적 흐름(특권을 이해하는 데서 무지와 편견에 맞서는 것으로, 에고보다 평등을 우선시하며 문제의 근본 원인을 해결하는 방식을 선택하는 것으로, 문제에 가까이 다가가 그 해결책을 옹호할 도덕적 용기를 내는 것으로, 그리고 이 모든 것이 돈이 아니라 오로지 에너지로도 가능하다는 사실을 깨닫는 것으로 이어지는 길)이 의로운 길로 우리를 이끈다는 점이다.

이 모든 일을 실천하려면 엄청난 노력이 필요하다. 그리고 많은 사람이 이 일을 자발적으로 떠맡을 거라고 믿는다면, 그것은 순진한 생각일 것이다. 우리 프로젝트의 성공을 의심할 이유는 충분하다. 주변을 돌아보면, 옳은 일을 행하려는 사람들조차 얼마나 많은 일을 잘못하고 있는지 알 수 있다.

킹 목사 역시 이에 대한 해답을 가지고 있었다. "희망의 증언"에서 그는 이렇게 썼다. "인간은 옳은 일뿐만 아니라 그른 일도

할 수 있고, 인간의 역사는 아래가 아니라 위로 향하는 길입니다. …… 이것이 제가, 그리고 인류 역사가 여전히 낙관주의자인 이유입니다."[153]

우리 역시 그래야 한다. 전례 없는 도전에 맞서면서도 올바른 낙관주의자가 되어야 한다. 계속해서 위로 나아가자. 그리고 우주의 도덕적 궤적이 더 나은 방향을 향해 휘어지도록, 우리가 할 수 있는 모든 일을 다하자.

참여자 소개

엘리자베스 알렉산더

엘리자베스 알렉산더(시인, 교육자, 회고록 작가, 학자)는 미국 최대의 예술·문화·인문학 후원 기관인 멜런재단의 대표다. 교육과 필란트로피, 그 밖의 분야에서 20년이 넘게 혁신적인 프로그램을 이끈 알렉산더 박사는 스미스칼리지, 컬럼비아대학교, 예일대학교 등 유명 대학에서 교수직을 역임했다. 또한 이보다 앞서 포드재단에서는 창의성과 표현의 자유 담당 이사로 재직했다. 미국 시인 아카데미의 명예 총장과 미국 예술과학아카데미 회원이며, 퓰리처상 위원회 위원으로 활동 중이다.

2009년 버락 오바마 대통령 취임식을 위해 기념시 〈Praise Song for the Day〉를 직접 지어 낭독했으며, 총 열다섯 권의 책을 집필하거나 공동 집필했다. 시집 《아메리칸 서블라임 American Sublime》과 회고록 《세상의 빛 The Light of the World》은 퓰리처상 최종 후보작에 올랐다. 2022년에 출간된 최신작은 《트레이본 세대 The Trayvon Generation》다.

이칼 안젤레이

이칼 안젤레이는 케냐 투르카나 분지 지역에서 사회·경제환경 정의 실현을 적극적으로 추구하는 풀뿌리 시민단체인 '투르카나 호수의 친구들'의 설립자다. 국제적으로 저명한 환경 및 인권 운동가인 안젤레이는 길겔 기베 3호 댐 건설에 반대해 정부와 은행, 투르카나 분지 공동체의 활동을 조직하고, 주요 은행들이 해당 프로젝트에서 자금 지원을 철회하도록 성공적으로 설득한 공로로 2012년 골드먼 환경상을 수상했다.

케냐 북서부 외곽에 위치한, 역사적으로 소외된 지역인 투르카나 카운티에서 성장한 안젤레이는 어릴 적부터 투철한 정의감을 품었으며, 지역사회를 위한 투쟁에 평생을 바치기로 결심했다.

로라 & 존 아널드

로라와 존 아널드는 기회 극대화와 불평등 해소를 목표로 활동하는 필란트로피 조직인 아널드 벤처스의 공동 창립자 겸 공동 의장이다. 아널드 부부는 의료 서비스, 교육, 형사 사법, 민주주의, 공공 재정을 중심으로 사회 문제의 근본 원인을 밝혀내고, 효과적인 해결책을 모색하기 위한 연구·데이터·정책 옹호 활동에 지금까지 25억 달러 이상을 투자했다.

두 사람은 현재 아널드 벤처스의 운영과 장기적 비전 수립에 전념하고 있다. 존은 투자자로, 로라는 변호사이자 에너지 기업 경영인으로 일한 경력이 있다. 현재 슬하에 세 자녀를 두고 미국 텍사스 휴스턴에 거주하고 있다.

로라 아릴라가-안드레센

로라 아릴라가-안드레센은 로라 아릴라가-안드레센 재단(LAAF.org)의 창립자이자 대표다. 아릴라가-안드레센은 모든 사람이 필란트로피에 의미 있는 방식으로 기여할 수 있도록 필요한 자원을 제공하고자 LAAF.org을 설립했다. 현재 이 재단은 테크놀로지를 활용해 필란트로피 교육을 세계적 규모로 확대하고, 무료 자료와 프로그램을 통해 이 분야의 발전을 도모한다.

필란트로피 교육의 개척자인 아릴라가-안드레센은 스탠퍼드대학교에서 최초의 기부금 운용 강의를 담당했고, 스탠퍼드 경영대학원에서 전략적 필란트로피에 관한 강의를 최초로 개설해 가르쳤다. 또한 젊은 여성들이 직장 내 도전을 극복하고, 자신의 지위와 역할, 목소리와 사회적 영향력을 통해 포용성과 사회적 변화를 더욱 의도적으로 확대할 수 있도록 돕는 강의 "당신의 힘: 여성과 리더십(Power of You: Women & Leadership)"을 직접 개발해 강의하고 있다.

그녀는 테크놀로지 기업가 겸 벤처 자본가인 남편 마크 안드레센, 세 살 된 아들, 그리고 활발한 정원 달팽이 두 마리(필립과 오귀스틴)와 함께 살고 있다.

코니 발머

코니 발머는 발머 그룹의 공동 창립자이며 스티브 발머의 배우자다. 발머 그룹은 미국 내 아동과 가족의 경제적 이동성을 개선하는 데 전념하는 조직으로, 기회의 재창출과 구조적 불평등 해소에 실질적인 영향을 미친 리더와 조직에 자금을 지원한다.

코니는 필란트로피스트로서 오랫동안 위탁 보호를 받는 아동의 복지에 중점을 두었다. 그녀는 사회·경제적 이동을 제한하는 문제를 해결할 확장 가능한 방법을 지원하는 자금 협력체 블루 메리디언 파트너스(Blue Meridian Partners)의 창립 투자자이자 총괄 파트너(펀드를 운영·관리하는 주체)다. 또한 오바마 재단과 스트라이브 투게더(Strive Together)의 이사로 활동한다.

오리건주 출신인 코니는 오리건대학교 이사회의 창립 위원으로 활동했으며, 오리건대학교에서 학사 학위를 받고 언론대학 명예의 전당에 헌액되었다. 현재 그녀는 스티브와 슬하에 세 아들을 두고 워싱턴주 벨뷰에 거주하고 있다.

스티브 발머

스티브 발머는 발머 그룹의 공동 창립자이며, 코니 발머의 배우자다. 발머 그룹은 미국 내 아동과 가족의 경제적 이동성을 개선하는 데 전념하는 조직으로, 기회의 재창출과 구조적 불평등 해소에 실질적인 영향을 미친 리더와 조직에 자금을 지원한다.

스티브는 마이크로소프트의 전 CEO로, 재임기 동안 마이크로소프트사는 연간 매출 800억 달러 규모로 성장해, 미국 내 가장 수익성 높은 기업으로 손꼽혔다. 그는 현재 로스앤젤레스 클리퍼스(Los Angeles Clippers) 농구팀의 구단주이자 비영리단체인 USAFacts의 창립자다. 이 단체는 사실에 기반을 둔 공적 논의를 권장하고, 정부의 투명성을 높이는 것을 목표로 한다. 그는 스탠퍼드대학교에서 여러 강좌를 담당했다.

스티브는 디트로이트 인근에서 성장했으며, 그의 아버지는 포드자동차에서 관리자로 일했다. 현재 그는 아내 코니와 함께 슬하에 세 아들을 두고 워싱턴주 벨뷰에 거주하고 있다.

켄 프레이저

케네스 C. 프레이저는 2021년 7월 제약회사 머크의 CEO와 사장직에서 물러난 후 이사회 회장을 맡고 있다. 그는 1992년 머크에 입사하기 전, 법률회사 드링커 비들 앤 리스(Drinker Biddle & Reath)에서 파트너로 활동했다. 여러 이사회에서 활동하고 있으며, 원텐(OneTen)이라는 연합체의 공동 창립자이자 공동 의장이다. 원텐은 흑인 미국인 100만 명에게 가족을 부양할 수 있는 일자리를 제공하고자 이들의 역량을 강화하고 고용과 승진의 기회를 확대하는 일에 전념한다. 프레이저는 제너럴 캐피탈리스트(General Catalyst)의 건강보장 이니셔티브 의장이자 코퍼레이션스 리더스 카운슬(Corporation's Leaders Council)의 법률 서비스 공동 의장이다.

그는 사회 정의와 경제적 포용의 적극적인 옹호자로서, 법률, 경영, 인도주의 분야에서 다양한 상을 받고 명예를 인정받았다. 〈포춘〉으로부터 세계 최고의 리더로 선정되었고, 〈타임〉에서도 세계에서 가장 영향력 있는 100인에 두 차례 선정되었다. 〈포브스〉가 수여한 의료 서비스 분야 평생 공로상의 첫 수상자였으며, 동료들의 추천으로 〈최고경영자 Chief Executive〉가 선정한 올해의 CEO에 이름을 올렸다.

닉 하나우어

닉 하나우어는 벤처 캐피털 회사인 세컨드 애비뉴 파트너스의 공동 창립자이자 사회 변화를 추진하는 조직인 시빅 벤처스의 창립자다. 그는 성공한 기업가일 뿐만 아니라 최저 임금 인상, 총기 폭력 예방 같은 정책적 사안에서 미국 전역을 이끄는 리더다. 공교육의 열렬한 지지자인 하나우어는 워싱턴의 초당적인 단체인 리그 오브 에듀케이션 보터스(League of Education Voters)를 공동 설립했다. 또한 캐스케이드 랜드 컨버선시(Cascade Land Conservancy)와 워싱턴대학교 재단(University of Washington Foundation) 등 여러 단체의 이사회 위원으로 활동하고 있다. 하나우어는 공동 저자인 에릭 리우와 함께 《진정한 애국자 The True Patriot》와 《민주주의의 정원 The Gardens of Democracy》을 집필했으며, 정기간행물 〈민주주의〉의 자문위원을 맡고 있다.

하나우어와 아내 레슬리는 필란트로피의 힘을 굳게 믿는다. 하나우어 부부는 공교육과 환경에 대한 헌신을 바탕으로 닉 앤 레슬리 하나우어 재단(Nick and Leslie Hanauer Foundation)을 운영하고 있다. 두 사람은 함께 재산의 절반 이상을 필란트로피 활동에 기부하기로 약속했다.

칼리 헤어

칼리 헤어(포니족/양크턴)는 형평성과 공동체 참여를 증진하는 데 헌신한다. 그녀는 자랑스러운 어머니이자 딸, 자매, 이모, 동반자, 협력자이며 친구다. 그녀의 포니족 이름은 〈i kita u hoo 〈i]a hiks로, '사람들을 인도하는 친절한 지도자'라는 뜻이다.

헤어는 컬처 서지(Culture Surge)의 초대 전무이사다. 이전에는 체인지 필란트로피의 전국 국장을 지내고 필란트로피의 아메리카 원주민(NAP)을 이끌었다. 이외에도 미국 원주민 권리 기금(Native American Rights Fund)의 개발 담당 국장과 볼더카운티 커뮤니티 재단의 프로그램 국장을 역임했다. 또한 콜로라도주 독립 국회의원 선거구 조정 위원회(Colorado Independent Congressional Redistricting Commission)와 하이랜더 센터(Highlander Center), 그리고 교육 영향 위원회(Impact on Education)의 의장을 지냈다. 그녀는 콜로라도 여성 재단의 볼더카운티 마셜 화재 복구 기금(Boulder County Marshall Fire Recovery Fund)과 유색인종 여성&여성 청소년 기금(Women&Girls of Color Fund)의 자문 위원이다.

칼리 헤어는 품위와 근성을 조화롭게 갖추고, 너그러운 웃음과 강렬한 존재감으로 공간을 밝은 가득 채우는 인물로 유명하다.

멜로디 홉슨

멜로디 홉슨은 아리엘 인베스트먼트, LLC의 공동 CEO 겸 대표이며, 자사 상장 뮤추얼 펀드의 회장이다. 또한 자사의 사모펀드 자회사인 아리엘 얼터너티브(Ariel Alternatives, LLC)의 공동 설립자다.

현재 스타벅스 코퍼레이션의 회장이자 JP모건 체이스의 이사로 재직 중이다. 이전에는 드림웍스 애니메이션(DreamWorks Animation) 회장직을 맡았고 에스티 로더 컴퍼니(Estée Lauder Companies)의 이사로 오랜 기간 재직했다. 홉슨은 월드 비즈니스 시카고(World Business Chicago)의 부회장, 루카스 서사 미술관(Lucas Museum of Narrative Art)의 공동 회장, 조지 루카스 교육 재단(George Lucas Education Foundation)과 블룸버그 필란트로피(Bloomberg Philanthropies)의 이사회 위원이다. 이외에도 로스앤젤레스카운티 미술관(Los Angeles County Museum of Art, LACMA), 록펠러재단, 그리고 투자회사협회(Investment Company Institute)의 이사회에서 활동 중이다.

홉슨은 프린스턴대학교 공공 및 국제 문제학부에서 인문학 학사 학위를 받았다.

조지 카이저

조지 카이저는 카이저-프랜시스 석유 컴퍼니(Kaiser-Francis Oil Company)의 모회사 CEO이자 주요 소유주다. 그는 또한 BOK 파이낸셜 코퍼레이션(BOK Financial Corporation)의 이사회 의장이자 대주주이며 북미와 해외 지역에서 여러 다양한 사업체에 투자하는 주요 주주다.

카이저는 조지 카이저 가족 재단(George Kaiser Family Foundation, GKFF)의 설립자로, 이 재단은 어린아이들에게 평등한 기회를 제공하는 것을 주요 사명으로 삼는다. GKFF는 "어떤 신생아도 태어난 환경에 대해 책임이 없지만, 그 환경은 아이가 미래에 성공할 가능성에 지대한 영향을 미친다"라는 신념 아래 조기 유아 교육, 사회복지 지원, 형사 사법 개입 및 옹호, 시민 향상 프로젝트, 지역사회 건강 증진 사업 등 다양한 분야에서 프로그램을 개발하고 운영한다. GKFF의 시민 참여 프로그램은 이런 패러다임을 바꾸고, 오클라호마주 털사 지역의 다양성과 형평성, 그리고 활력을 증진할 목적으로 설계되었다.

카이저는 생전에 그리고 그의 유산을 통해 자신의 전 재산을 GKFF에 기부할 계획이다.

스트라이브 마시이와

스트라이브 마시이와는 범아프리카 통신·미디어·기술 기업인 에코넷 그룹의 창립자이자 회장이며, 에코넷은 29개국에서 사업체를 운영하고 투자하고 있다.

그는 유니레버(Unilever), 내셔널 지오그래픽 협회(National Geographic Society), 외교 협의회(Council on Foreign Relations)와 스탠퍼드대학교의 세계자문위원회를 포함한 여러 국제 이사회에서 활동하고 있다. 15년간 록펠러재단 이사로 활약했던 그는 또한 수년 동안 아프리카 녹색혁명 연합(Alliance for a Green Revolution, AGRA)의 이사회 의장직을 맡고 있다. 이전에는 아프리카 진보 자문단(Africa Progress Panel)의 위원과 힐튼 인도주의상(Hilton Humanitarian Prize)의 심사위원으로도 활약했다.

필란트로피스트로서 마시이와는 기빙 플레지(Giving Pledge) 운동에 참여하고 있으며, 교육·보건·개발 분야에 대한 공헌으로 널리 인정받고 있다. 마시이와와 그의 아내는 하이어라이프 재단(Higherlife Foundation)을 통해 지난 20년간 25만 명이 넘는 아프리카 어린이들의 교육을 지원했다.

최근 몇 년 동안 그는 자신의 페이스북 페이지를 통해 아프리카 차세대 기업가들을 멘토링하고 있으며, 현재 아프리카 전역에서 이 페이지를 팔로잉하는 젊은이들이 계속 증가해 약 400만 명에 이른다. 페이스북은 2년 이상 그의 플랫폼을 전 세계에서 가장 활발한 소통이 이루어지는 비즈니스 리더 계정으로 평가했다.

아이-젠 푸

아이-젠 푸는 전국 가사 노동자 연합(National Domestic Workers Alliance)의 대표이자 세대를 아우른 돌봄(Caring Across Generations)의 전무이사를 맡고 있다.

푸는 미래의 노동과 가족 돌봄의 미래에 대해 선도적인 인물로, 뉴욕주에서 제정된 가사 노동자 권리 장전(Domestic Workers Bill of Rights)의 입법화에 핵심적인 역할을 했으며, 이 법은 곧 전국적인 표준으로 자리 잡았다. 그녀의 활동은 돌봄을 필수적인 사회 인프라로 인식하고 투자해야 할 필요성을 널리 알리는 데 일조했다. 여성, 돌봄 노동자, 이민자, 가사 노동자의 권리를 위한 푸의 노력은 불평등을 해소하고 경제와 민주주의를 강화하려는 다양한 사회운동과 일맥상통한다.

푸는 아스펜 아이디어 페스티벌(Aspen Ideas Festival), TED 위민(TED

Women), 밀켄 연구소(Milken Institute), 백악관 고령화 회의(White House Conference on Aging) 등에서 주요 연사로 활약하고 있다. 그녀는 또한 《존엄의 시대: 변화하는 미국에서 고령 베이비 붐 세대에 대비하다 The Age of Dignity: Preparing for the Elder Boom in a Changing America》의 저자다.

푸는 2014년 맥아더 펠로우(MacArthur Fellow)로 선정되었으며 〈타임〉이 선정한 세계에서 가장 영향력 있는 100인('타임 100')에 이름을 올렸다. 현재 바이든 대통령 산하 아시아계 미국인, 하와이 원주민 및 태평양섬 주민 위원회(Asian American, Native Hawaiian, and Pacific Islander Commission) 위원이자 포드재단 이사회 위원으로 활약한다.

로렌 파월 잡스

로렌 파월 잡스는 에머슨 콜렉티브의 설립자이자 회장이다. 에머슨 콜렉티브는 필란트로피, 투자, 예술 및 문화, 그리고 협업을 교육, 환경, 이민, 건강 형평성 등 여러 분야에서 지속적인 변화를 촉진하는 기회를 창출하고 해결책을 모색한다. 파월 잡스는 20년 전 교육 분야에서의 활동을 통해 미국의 경직된 사회 구조를 쇄신하려는 헌신적인 노력을 더욱 강화했다.

1997년에는 학생들 간의 심각한 기회 및 성취 격차를 해소하기 위해 대학 과정 이수 프로그램인 칼리지 트랙(College Track)을 설립했으며, 현재 이사장직을 맡고 있다. 또한 미국 고등학교 교육을 혁신하는 앞장서고 있는 대표 기관인 엑스큐 인스티튜트(XQ Institute)의 공동 설립자이자 이사장이다. 언론을 중요한 시민 기관으로 지원한다는 신념에 따라 파월 잡스는 더 애틀랜틱(The Atlantic)의 소유주이자 이사장으로 활약하고 있다. 또한 시카고 CRED(Chicago CRED), 외교 협의회, 포드재단, 그리고 자신이 이사장을 맡고 있는 엘레멘털 엑설러레이터(Elemental Excelerator)의 이사회에서 활동하고 있다. 아울러 그녀는 미국 예술과학아카데미(National Academy of Arts and Sciences) 회원이며, 스탠퍼드 경영대학원으로부터 탁월한 경영 능력과 변화하는 사회적 요구에 대처한 기여를 인정받아 어니스트 C. 아버클 상(Ernest C. Arbuckle Award)을 받았다.

제프 레이크스

제프 레이크스는 아내인 트리샤와 함께 레이크스재단을 공동 설립했다. 두 사람은 사회적 구조가 개인의 정체성에 따라 차별적으로 작용하며, 인종이나 인종적 편견에 기반한 불평등하고 부당한 결과가 반복적으로 나타난다는 사실을 발견했다. 이 같은 구조가 모든 사람에게 공평하게 작동하고, 미국에서 모든 사람이 중요한 존재로 인정받고 성장할 기회를 가질 수 있도록 자신들의 역할을 다하고자 한다.

제프는 빌&멜린다 게이츠 재단의 전 CEO로, 재단이 전 세계 사람들의 형평성을 증진하도록 재단을 이끌었다. 이 재단에 합류하기 전에는 마이크로소프트에서 비즈니스 부문 사장을 지냈으며, 최고 경영진의 일원으로 전체 전략과 방향을 결정했다.

현재는 시애틀 마리너스(Seattle Mariners) 구단의 공동 소유주이며 이사회 위원이다. 또한 코스트코 홀세일 코퍼레이션(Costco Wholesale Corporation), 네브래스카대학교 링컨캠퍼스의 레이크스 스쿨, 그린 다이아몬드 리소스 컴퍼니(Green Diamond Resource Company), 그리고 허들(Hudl)의 이사회에서 활동 중이다. 스탠퍼드대학교 이사회에서는 10년간 임원으로 일한 뒤 명예 의장직을 맡고 있다.

트리샤 레이크스

트리샤 레이크스는 필란트로피스트이자 옹호자이며, 경영인으로서 지역사회와 정부, 기업 리더들과 협력해 미국 내 인종 정의와 형평성을 증진하고자 노력한다. 그녀는 우리 사회의 가장 고질적인 문제들을 해결하기 위해서는 현장 경험과 전문성을 갖춘 리더들에게 투자하고, 전략적 옹호 활동을 지원해야 한다고 믿는다.

트리샤는 남편 제프와 함께 레이크스재단를 설립했다. 두 사람은 자라면서 체득한 가치관을 바탕으로 그들의 재단은 청년 지원 제도들을 건강한 삶의 결과와 주체적인 삶을 영위할 수 있도록 공정하고 접근 가능한 방향으로 변화시키는 데 중점을 두고 있다.

트리샤는 마케팅 커뮤니케이션 분야에서 경력을 쌓았으며, 마이크로소프트에서는 크리에이티브 서비스 부문을 이끌었다.

오랜 기간 연구 중심 대학을 지지한 그녀는 현재 스탠퍼드대학교 교육대학원 자문위원회, 학부 자문위원회 그리고 네브래스카대학교 링컨캠퍼스의 컴퓨터과학 및 경영학 레이크스 스쿨(Raikes School of Computer Science and Management)의 자문위원으로 활동 중이다. 또한 시애틀 마리너스 구단의 공동 소유주다.

트리샤는 청년 노숙 문제의 예방과 해결을 위한 활동으로 오바마 대통령에게 백악관 변화의 챔피언(White House Champion of Change)으로 선정되었다.

데이비드 록펠러 주니어

데이비드 록펠러 주니어는 록펠러 캐피털 매니지먼트(Rockefeller Capital Management) 이사회 위원이자 록펠러 브라더스 펀드의 이사, 미국 외교 협의회 위원으로 활동하고 있다.

저명한 기업인이자 필란트로피스트인 그는 예술, 교육, 환경 보호 분야의 오랜 후원자다. 아시아문화협의회(Asian Cultural Council), 현대미술관(MoMA) 등의 이사, 미국 예술과학아카데미의 석학회원, 미국 국립공원재단(National Parks Foundation)의 시민 의장을 맡은 바 있다.

2004년에는 항해에 대한 열정과 환경 보호에 대한 책임감을 하나로 모아, 바다를 지키기 위한 비영리단체 세일러스 포 더 씨(Sailors for the Sea)를 창립했다. 이 단체는 현재 오세아나(Oceana)라는 프로그램으로 운영되고 있다.

데이비드 스코튼

데이비드 스코튼 박사는 미국 의과대학협회(Association of American Medical Colleges, AAMC)의 회장 겸 CEO다. AAMC는 미국 내 의과대학, 교육 병원, 보건의료 시스템, 학술단체를 대표하vous는 기관이다.

이전에는 스미스소니언 협회 사무국장으로 재직하면서 19개 박물관, 21개 도서관, 국립 동물원, 연구 센터, 교육 프로그램을 감독했다. 그에 앞서 코넬대학교와 아이오와대학교의 총장을 역임했고, 26년 동안 교수로 재직하면서 선천성 심장 질환이 있는 청소년과 성인 환자의 치료를 전문으로 가르쳤다.

그는 미국 국립의학한림원(National Academy of Medicine), 예술과학아카데미, 미국 철학 학회의 선출회원, 외교 협의회의 종신회원, 미국 과학진흥협회의 석학회원이다.

스코튼 박사는 노스웨스트대학교에서 학사 학위와 의학박사 학위를 취득했으며, 캘리포니아대학교 로스앤젤레스 캠퍼스(UCLA)에서 내과 레지던트와 심장학 펠로우 과정을 수료한 뒤, 주임 수련의(Chief Medical Resident)로 일했다.

존 스트라이커

존 스트라이커는 아커스 재단의 설립자이자 이사장이다. 전 세계 LGBTQ 인권 보호와 긴팔원숭이 및 유인원의 보전을 목표로 활동하는 비영리단체로, 설립 이후, 전 세계의 LGBTQ 권익 신장과 자연보전 활동을 위해 6억 달러 이상을 기부했다. 2006년부터 2012년까지 스트라이커는 〈필란트로피 연감 The Chronicle of Philanthropy〉에서 선정한 미국 50대 기부자에 이름을 올렸다.

스트라이커는 케냐의 올 페제타 보호구역(Ol Pejeta Conservancy)와 세계 최대 침팬지 보호소인 세이브 더 침프스(Save the Chimps)를 공동 설립해 이사로 활동하고 있다. 2017년에는 국제자연보전연맹(International Union for Conservation of Nature, IUCN)으로부터 '자연의 후원자(Patron of Nature)'로 선정되었다.

미시간주 칼라마주(Kalamazoo) 출신인 그는 현재 뉴욕시에 거주하고 있다.

로리 티시

로리 M. 티시는 로리 M. 티시 일루미네이션 펀드의 설립자이자 대표이며, 이는 모든 뉴욕 시민에게 더 폭넓은 기회와 접근성을 제공하고, 건강하고 활기찬 지역사회를 조성하는 데 전념하는 조직이다. 2007년 설립된 이후 파급력이 큰 다양한 프로젝트를 추진했으며, 대표적으로 2013년에 시작한 '건강한 식생활과 지역사회 변화(Healthy Food & Community Change)', 2018년에 출범한 '건강한 예술(Arts in Health)' 프로그램이 있다. 이 재단은 수많은 단체와 사업에 촉매 역할을 해왔으며, 뉴욕시의 다양한 민관 협력 사업도

적극적으로 추진하고 있다.

티시는 휘트니 아메리칸 아트 박물관(Whitney Museum of American Arts) 이사회의 공동의장이었고 현재 사무국장이며, 링컨 행위예술 센터(Lincoln Center for the Performing Arts) 이사회 부의장을 맡고 있다. 아스펜 인스티튜트(Aspen Institute), 줄리어드 음대, 유대인 커뮤니티 펀드(Jewish Communal Fund)의 이사이자 뉴욕 예술교육센터(Center for Arts Education)와 맨해튼 어린이 박물관(Children's Museum of Manhattan, CMOM)의 명예 이사장이다.

앨리스 월튼

앨리스 월튼은 필란트로피스트이자 앨리스 L. 월튼 재단(Alice L. Walton Foundation), 앨리스 L. 월튼 의과대학(Alice L. Walton School of Medicine), 아트 브리지스 재단(Art Bridges Foundation), 크리스털 브리지스 아메리칸 아트 박물관(Crystal Bridges Museum of American Art), 그리고 홀 헬스 연구소(Whole Health Institute)의 설립자다.

월튼은 오랫동안 전국 지역사회의 예술 접근성을 높이는 일에 전념했다. 이 목표를 달성하기 위해 그녀는 텍사스주 포트워스에 있는 아몬 카터 박물관(Amon Carter Museum)의 이사회, 워싱턴 D.C에 있는 국립 미술관의 이사회, 그리고 스미스소니언 미국 여성역사박물관의 자문 위원회의 위원을 역임했다.

월튼은 이 분야에서의 헌신적이고 모범적인 업적을 인정받아 스미스소니언 협회의 미국 미술 기록보관소 메달과 예술 및 인문학에 기여한 공로로 게티 메달(Getty Medal)을 받았다. 2012년 〈타임〉으로부터 세계에서 가장 영향력 있는 인물 중 한 명으로 인정받았으며, 2018년에는 국제 여성 포럼 명예의 전당(International Women's Forum Hall of Fame)에 헌액되었다.

감사의 말

필란트로피 세계의 안팎에서 거쳐온 수십 년의 여정을 되돌아볼 때 저는 많은 분들께 얼마나 큰 빚을 지고 있는지 느끼고 겸허해집니다. 수많은 멘토, 스승, 동료, 지지자, 친구들의 응원이 없었다면 이만큼 멀리까지 올 수 없었을 것입니다. 하지만 지금은 이 책과 그것이 담고 있는 모든 의미를 가능하게 해주신 분들께 특별히 감사의 말을 전하고자 합니다.

제가 필란트로피의 세계에 처음 발을 들인 것은 1989년 할렘에 있는 어린이 스토어프런트 학교(Children's Storefront School)에서였습니다. 그때 저는 이사회에 참여해 네드 오고먼(Ned O'Gorman)과 엘시 V. 에이드이노프(Elsie V. Aidinoff)로부터 헤아릴 수 없는 가르침을 얻었습니다. 스토어프런트를 통해 저는 아비시니안 침례교회의 훌륭하고 카리스마 넘치는 지도자인 고(故) 캘빈 버츠(Calvin Butts) 목사와 역동적인 카렌 필립스(Karen Phillips)를 만났습니다. 필립스는 아비시니안 개발 공사

(Abyssinian Development Corporation)의 초기 시절에 저를 채용했습니다. 웨스트 138번가의 작은 지하 사무실에서 일하는 동안 저는 할렘에 거주하며 그 역사적인 공동체의 회생에 기여할 특별한 기회를 얻었습니다.

아비시니안에서 근무하는 동안, 저는 몇몇 모범적인 재단 프로그램 담당자들을 처음으로 접했습니다. 메리 조 멀란(Mary Jo Mullan), 힐디 시몬스(Hildy Simmons), 낸시 루브(Nancy Roob), 그리고 카렌 로사(Karen Rosa)에게 고마움을 전합니다. 여러분은 제가 지원을 받던 시절에 인내심, 배려, 엄격함의 모범을 보여주었고 우리 조직을 신뢰와 존중으로 대했습니다. 또한 위대한 멘토 샤론 킹(Sharon King)에게도 감사의 말을 전합니다. 그녀가 세상을 떠나니 내 가슴에 구멍이 뚫린 듯합니다. 그것은 필란트로피에서의 제 여정과 오늘날 우리가 포드재단의 파트너와 동료들에게 봉사하는 방식에 깊은 영향을 미쳤습니다.

록펠러재단에서 US 프로그램 디렉터로 일할 수 있었던 것은 제게 큰 영광이었습니다. 필란트로피에 대한 지식이 보잘것없었고 경험은 더욱 부족했을 때 몇몇 내부 관계자가 "록펠러재단의 재목감은 아니다"라고 만류했음에도 과감하게 저를 채용한 줄리아 로페즈(Julia Lopez)와 고든 콘웨이(Gordon Conway) 경에게 감사드립니다. 록펠러에서 저를 부사장으로 발탁해서 리더십에 대한 귀중한 가르침을 준 사람은 주디스 로딘(Judith Rodin)이었습니다. 저는 보건과 농업, 회복탄력성과 혁신, 도시 계획과 국제 개발 등 다양한 분야에서 세계 최고의 전문가들과 함께 일하고 배울 수 있는 특권을 누렸습니다.

포드재단에 합류하기 훨씬 전부터 저는 전설적인 프랭클린 토마스(Franklin Thomas)를 20세기의 위대한 지도자 중 한 사람으로 존경했습니다. 그리고 지금, 재단의 회장으로서 저는 프랭크에게 깊이 감사하지 않을 수 없습니다. 프랭크는 수년간의 과잉 지출과 금융 시장의 악화로 파산 위기에 몰린 재단을 맡아 조직을 재정비하고, 영향력, 재정적 안정, 장기적인 성장을 위한 기반을 마련했습니다. 10년이 훌쩍 넘는 시간 동안 제게 변함없는 멘토십과 지지를 베풀었고, 그의 통찰력 있는 목소리는 지금도 포드재단의 복도뿐만 아니라 필란트로피 분야 전체에 울려 퍼지고 있습니다.

강력한 유산을 남기고, 제가 조언자로 의지하고 있는 수잔 베레스포드(Susan Berresford)에게 감사의 마음을 전합니다. 또한 록펠러재단을 떠나 포드재단의 리더십에 합류하라고 저를 설득했던 전임자 루이스 우비냐스(Luis Ubi as)에게도 깊이 감사드립니다. 회장으로서 저는 필란트로피 분야의 최고 이사회로부터 아낌없는 지혜와 조언, 지원을 받았습니다. 특히 세 명의 이사회 의장, 아이린 히라노 이노우에(Irene Hirano Inouye), 코피 아펜텡(Kofi Appenteng), 그리고 프란시스코 G. 시가로아(Francisco G. Cigarroa)에게 신세를 많이 졌습니다.

포드재단 이사회뿐만 아니라 재단의 동료들 역시 매일 제게 매일 도전을 제시하는 동시에 든든히 뒷받침하는 존재들입니다. 우리의 리더십 팀인 마틴 아브레구(Martín Abreg), 데펠샤 맥그루더(Depelsha McGruder), 사리타 굽타(Sarita Gupta), 니슈카 찬드라소마(Nishka Chandrasoma), 에릭 돕스타트(Eric Doppstadt), 미셸 무어(Michele Moore), 힐러리 페닝턴(Hilary Pennington), 다이앤 새뮤얼스(Diane Samuels)는 이 위대한 재단과 필란트로피 분야가 정의를 향해 나아가도록 이끄는 데 결정적인 역할을 했습니다.

2015년 가을, 저는 한 통의 편지와 〈뉴욕 타임스〉의 논평을 통해 새로운 부의 복음의 윤곽을 제시했습니다. 여러 출처에서 영감을 받았지만, 특히 앤드류 카네기의 원본 《부의 복음》과 필란트로피를 필요하고도 가능하게 만든 불평등에 관한 마틴 루터 킹 주니어 박사의 통찰, 그리고 자선과 정의를 구분한, 아난드 기리다라다스의 도발적인 견해에서 영감을 얻었습니다. 새로운 복음은 필란트로피의 가장 중요한 목소리들을 한자리에 모으는 수단이 되었습니다. 이후 수년 동안 많은 사람이 저와 함께 이런 중대한 질문을 고민했습니다. 자선에서 정의로 이어지는 연속선이 존재한다면, 우리는 어떻게 우리의 활동을 정의에 더 가깝게 만들 수 있을까?

새로운 부의 복음 프로젝트가 실현될 수 있었던 것은, 미셸 무어와 그녀의 헌신적인 팀이 이끄는 재단 커뮤니케이션부의 노고 덕분입니다. 여러분은 이 메시지를 재단의 울타리를 넘어 널리 확산시키겠다는 사명을 성공적으로 완수했을 뿐만 아니라 기대

이상의 성과를 거두었습니다. 덕분에 필란트로피 분야 전체가 더 발전할 수 있었습니다.

수년 동안 이 책과 다양한 작업에서 전략적 파트너십을 발휘한 웨스트 윙 라이터스(West Wing Writers)의 조너스 키퍼(Jonas Kieffer)와 그의 유능한 팀에 감사를 전합니다. 그리고 출판 과정의 온갖 우여곡절 속에서도 저를 끝까지 이끌어주고, 안팎으로 이렇게 멋진 책을 만들어낸 크리스 폴스(Kris Pauls)와 디스럽션 북스(Disruption Books)에도 진심으로 감사합니다.

수석 비서관 타라 랑가라잔(Taara Rangarajan)을 중심으로, 소용돌이치는 제 일상을 관리해준 성실하고 두려움 없는 동료들이 없었다면 저는 아무것도 이루지 못했을 겁니다. 여러분의 탁월한 조직력과 낙관적인 태도, 그리고 유머 감각 덕분에 저는 가장 분주한 날들도 가뿐하게 넘길 수 있습니다.

그리고 재단 밖에도 이 책에 활력을 불어넣고 제 사고와 경력에 영향을 주는 친구들이 있습니다.

로라 아릴라가-안드레센: 당신은 필란트로피의 정의를 확장시켰고, 스탠퍼드대학교에서 새로운 세대의 기부자와 리더들을 위해 헌신하고 있습니다. 당신은 멋진 협력자일 뿐만 아니라 그보다 더 멋진 친구이기도 합니다.

'필란트로피의 비공식 학장'인 조엘 플라이시먼(Joel Fleishman) 교수님: 기부의 역사와 미래를 고민하는 저와 모든 학자·연구자에게 수년간 멘토로서 아낌없이 조언을 나누어준 것에 고마움을 전합니다.

아그네스 건드: 당신의 독보적인 비전과 겸손한 리더십이 없다면 '정의를 위한 예술'은 존재하지 않을 겁니다. 창의성과 사회 정의를 연결하는 당신의 통찰력이 널리 퍼지기를 바랍니다.

로렌 파월 잡스: 당신은 선한 영향력을 실천하는, 새로운 세대의 대표적인 필란트로피스트입니다. 정의를 실현하는 새롭고 다양한 방식들을 혁신하고 몸소 보여주는 당신은 필란트로피의 미래를 비추는 등대이자 소중한 친구입니다.

존 스트라이커: 아커스 재단을 설립하는 여정에 참여할 기회를 주셔서 감사합니다. 그 과정을 통해 민간 재단이 초기 단계에서 성숙기로 나아가는 데 따르는 수많은 도전과, 그것들을 겸손하고 인간적인 태도로 대하는 법을 배웠습니다.

조앤 간츠 쿠니(Joan Ganz Cooney)와 홀리 피터슨(Holly Peterson): 두 분은 필란트로피에서 가장 역동적인 모녀 팀입니다. 아동 문제와 형사 사법 제도 개혁에 미친 여러분의 영향력은 수치로 헤아릴 수 없을 만큼 큽니다. 여러분과의 우정이 제게 무척 소중합니다.

짐 카날레스, 마크 말로크-브라운(Mark Malloch-Brown), 패티 해리스(Patti Harris), 알베르토 이바르귀엔(Alberto Ibarg en), 래리 크레이머(Larry Kramer), 립 랩슨(Rip Rapson), 밥 로스(Bob Ross), 라지 샤(Raj Shah), 존 팰프리(John Palfrey), 샘 길(Sam Gill), 마크 수즈먼(Mark Suzman), 라 준 몽고메리 태브론(La June Montgomery

Tabron): 당신들과 긴밀히 협력하며 배우는 모든 것이 제게 소중한 자산이 되었습니다.

저는 멜린다 게이츠와 맥켄지 스콧(MacKenzie Scott)의 나눔에서 큰 힘을 얻습니다. 이 두 여성은 필란트로피의 중심에, 문제를 가장 가까이서 겪는 사람들, 특히 여성과 소녀들을 두며, 원칙과 용기의 힘을 보여주었습니다.

저는 지난 몇 해 동안 세상을 떠난 거장들(멘토이자 친구들)을 자주 생각합니다. 바르탄 그레고리안(Vartan Gregorian), 버논 조던(Vernon Jordan), 그리고 물론 프랭클린 토머스를 자주 떠올립니다. 저는 여전히 그들의 어깨 위에 서 있으니, 운이 좋은 사람입니다.

마지막으로, 이 책을 위해 기꺼이 저와 이야기를 나눈 모든 활동가, 사상가, 그리고 정의를 향한 북소리를 울리는 분들에게 영원한 감사의 마음을 전합니다. 《자선을 넘어 정의로: 새로운 부의 복음》은 제 책인 동시에 여러분의 책입니다. 여러분의 통찰과 주장, 대화와 직면은 이 책의 핵심일 뿐만 아니라 이 책 자체입니다. 언제나 그렇듯, 저는 여러분의 비전과 목소리에 감사드리며, 여러분 곁에서 함께 분투하고, 씨름하고, 봉사하고, 그리고 우리가 함께라면 세상을 정의에 더 가까운 방향으로 옮길 수 있을 거라는 **급진적인** 낙관주의를 품을 수 있어서 영광스럽게 생각합니다.

미주

1. "The Gilded Age," PBS, http://www.pbs.org/wgbh/american-experience/features/carnegie-gilded/.
2. Lily Rothman, "How American Inequality in the Gilded Age Compares to Today," *TIME*, February 5, 2018, http://time.com/5122375/american-inequality-gilded-age/.
3. Chuck Collins and Josh Hoxie, "Billionaire Bonanza," Inequality.org, November 2017, https://inequality.org/wp-content/uploads/2017/11/BILLIONAIRE-BONANZA-2017-Embargoed.pdf.
4. Larry Elliott, "World's 26 richest people own as much as poorest 50%, says Oxfam," *Guardian*, January 20, 2019, https://www.theguardian.com/business/2019/jan/21/world-26-richest-people-own-as-much-as-poorest-50-per-cent-oxfam-report.
5. Rupert Neate, "World's witnessing a new Gilded Age as billionaires' wealth swells to $6tn," *Guardian*, October 26, 2017, https://www.theguardian.com/business/2017/oct/26/worlds-witnessing-a-new-gilded-age-as-billionaires-wealth-swells-to-6tn, Mark Price and Estelle Sommeiller, "The New Gilded Age? It's Everywhere," *The American Prospect*, August 14, 2018, http://prospect.org/article/new-gilded-age-its-everywhere, Susan B. Glasser, "The New Gilded Age," *POLITICO*, July/August 2014, https://www.politico.com/magazine/story/2014/06/editors-note-108020, Sarah Jones, "Lessons from the Gilded Age," *The New Republic*, June 13, 2018, https://newrepublic.com/article/149005/lessons-gilded-age.
6. Andrew Carnegie, "The Gospel of Wealth" (New York: Carnegie

Corporation of New York, 2017), https://www.carnegie.org/media/filer_public/0a/e1/0ae166c5-fca3-4adf-82a7-74c0534cd8de/gospel_of_wealth_2017.pdf.

7. Nina Martin and Renee Montagne, "U.S. Has the Worst Rate of Maternal Deaths in the Developed World," NPR, May 12, 2017, https://www.npr.org/2017/05/12/528098789/u-s-has-the-worst-rate-of-maternal-deaths-in-the-developed-world.

8. Henry Ford II, "Letter of Resignation," _Philanthropy Roundtable_, March/April 1977, https://www.philanthropyroundtable.org/home/resources/donor-intent/donor-intent-resource-library/when-philanthropy-goes-wrong/the-ford-foundation-and-safeguarding-donor-intent/letter-of-resignation-by-henry-ford-ii.

9. "The Power of Help and Hope After Katrina by the Numbers: Volunteers in the Gulf," Corporation for National & Community Service, https://www.nationalservice.gov/pdf/katrina_volunteers_respond.pdf.

10. Corporation for National & Community Service, "The Power of Help and Hope After Katrina by the Numbers."

11. Carl Quintanilla, "Billions in aid given to help Katrina victims," NBC News, August 29, 2006, http://www.nbcnews.com/id/14574567/ns/nbc_nightly_news_with_brian_williams-after_katrina/t/billions-aid-given-help-katrina-victims/#.XIFC5tFOlTZ.

12. Bruce Nolan, "Impoverished women from war-torn Uganda, many of them with HIV, perform arduous labor for weeks to raise nearly $900 for local hurricane victims," Meeting Point International, November 30, 2005, http://meetingpointint.org/home/2005/11/30/impoverished-women-from-war-torn-uganda-many-of-them-with-hiv-perform-arduous-labor-for-weeks-to-raise-nearly-900-for-localhurricane-victims/.

13. Adam B. Kushner, "I'm from New Orleans, and I didn't think we should save it. I was wrong," *Chicago Tribune*, August 29, 2015, http://www.chicagotribune.com/news/opinion/commentary/ct-wapo-new-orleans-rebuild-20150829-story.html.

14. Judith Rodin, "What We've Learned from New Orleans," Rockefeller Foundation, August 24, 2015, https://www.rockefellerfoundation.

org/blog/what-the-rockefeller-foundation-has-learned-from-new-orleans/.
15. "Citizen Participation in the Unified New Orleans Plan," Case Study Database, Duke Sanford Center for Strategic Philanthropy and Civil Society, 2007, http://cspcs.sanford.duke.edu/learning-resources/case-study-database/citizen-participation-unified-new-orleans-plan.
16. "The Rockefeller Foundation 2015 Annual Report," The Rockefeller Foundation,
2015, https://www.rockefellerfoundation.org/about-us/governance-reports/annual-reports/annual-report-2015/.
17. "Address by Nelson Mandela for the 'Make Poverty History' Campaign, London—United Kingdom," Speeches by Nelson Mandela, Nelson Rolihlahla Mandela, February 3, 2005, http://www.mandela.gov.za/mandela_speeches/2005/050203_poverty.htm.
18. "Giving Statistics," Charity Navigator, https://www.charitynavigator.org/index.cfm?bay=content.view&cpid=42.
19. Andrew Carnegie, "The Gospel of Wealth."
20. Carnegie, "The Gospel of Wealth."
21. Jeremy Deaton, "Hurricane Harvey hit low-income communities hardest," ThinkProgress, September 1, 2017, https://thinkprogress.org/hurricane-harvey-hit-low-income-communities-hardest-6d13506b7e60/.
22. Deaton, "Hurricane Harvey hit low-income communities hardest."
23. "Chimamanda Ngozi Adichie addressed the class of 2015 at Wellesley's 137th Commencement Exercises," Commencement Address, Wellesley College, https://www.wellesley.edu/events/commencement/archives/2015/commencementaddress.
24. Francesca Gino and Gary P. Pisano, "Why Leaders Don't Learn from Success," *Harvard Business Review*, April, 2011, https://hbr.org/2011/04/why-leaders-dont-learn-from-success.
25. Peggy McIntosh, "White Privilege and Male Privilege: A Personal Account of Coming to See Correspondence Through Work in Women's Studies," National Seed Project, 1988, https://

nationalseedproject.org/white-privilege-and-male-privilege.
26. Joshua Rothman, "The Origins of 'Privilege,'" *New Yorker*, May 12, 2014, https://www.newyorker.com/books/page-turner/the-origins-of-privilege.
27. Rothman, "The Origins of 'Privilege.'"
28. "The Rockefeller Foundation Charter," The Rockefeller Foundation, https://assets.rockefellerfoundation.org/app/uploads/20150530122332/Rockefeller-Foundation-Charter.pdf.
29. JP Mangalindan, "The secretive billionaire who built Silicon Valley," *Fortune*, July 7, 2014, http://fortune.com/2014/07/07/arrillaga-silicon-valley/.
30. "Laura Arrillaga-Andreessen," Biography, Laura Arrillaga-Andreessen Foundation, http://www.laaf.org/laura-arrillaga-andreessen.
31. Andrew Carnegie, "The Gospel of Wealth."
32. Laura Spelman Rockefeller, The Rockefellers, Rockefeller Archive Center, http://rockarch.org/bio/laura.php.
33. "Spelman College," Education Colleges and Universities, New Georgia Encyclopedia, last modified January 2, 2004, http://www.georgiaencyclopedia.org/articles/education/spelman-college.
34. "Mellon Mays Undergraduate Fellowship Program," The Andrew W. Mellon Foundation, https://mellon.org/programs/diversity/mellon-mays-undergraduate-fellowship-program/.
35. Hilary Holladay, "No Ordinary Woman: Lucille Clifton," *Poets & Writers*, March 4, 2010, https://www.pw.org/content/no_ordinary_woman_lucille_clifton?article_page=2.
36. James Baldwin, "Stranger in the Village," *Notes of a Native Son* (Boston: Beacon Press, 1955), http://swc2.hccs.edu/kindle/baldwin.pdf.
37. James Baldwin, *No Name in the Street* (New York City: Dial Press, 1972), 139.
38. Stephanie Eckardt, "With Ava DuVernay's Blessing, Agnes Gund Says Now Is 'the Time' to Reform America's Criminal Justice System," *W Magazine*, https://www.wmagazine.com/story/agnes-gund-interview-mass-incarceration-moma-ps1-gala.

39. Eden King and Kristen Jones, "Why Subtle Bias Is So Often Worse Than Blatant Discrimination," *Harvard Business Review*, https://hbr.org/2016/07/why-subtle-biasis-so-often-worse-than-blatant-discrimination.
40. "Factsheet on Persons with Disabilities," Resources, United Nations, https://www.un.org/development/desa/disabilities/resources/factsheet-on-persons-with-disabilities.html.
41. "How is poverty status related to disability?" Official Data Breakdown, University of California Davis Center for Poverty Research, https://poverty.ucdavis.edu/faq/how-poverty-status-related-disability.
42. "Persons with a Disability: Labor Force Characteristics," Bureau of Labor Statistics, https://www.bls.gov/news.release/pdf/disabl.pdf.
43. "Educational Attainment in the United States: 2015," United States Census Bureau, https://www.census.gov/content/dam/Census/library/publications/2016/demo/p20-578.pdf.
44. "About Crystal Bridges," Crystal Bridges Museum of American Art, https://crystalbridges.org/about.
45. Carol Ryrie Brink, *Caddie Woodlawn's Family* (New York City: Aladdin Books, 1990), 93.
46. Jim Dwyer, "'James Bond of Philanthropy' Gives Away the Last of His Fortune," *New York Times*, January 5, 2017, https://www.nytimes.com/2017/01/05/nyregion/james-bond-of-philanthropy-gives-away-the-last-of-his-fortune.html.
47. Dwyer, "'James Bond of Philanthropy' Gives Away the Last of His Fortune."
48. "An Entrepreneur Always," The Atlantic Philanthropies, https://www.atlanticphilanthropies.org/chuck-feeneys-story/chapter-1.
49. "Southern African HIV Clinicians Society," Grantees, The Atlantic Philanthropies, https://www.atlanticphilanthropies.org/grantees/southern-african-hiv-clinicians-society.
50. Judith Miller, "He Gave Away $600 Million, and No One Knew," *New York Times*, January 23, 1997, https://www.nytimes.com/1997/01/23/nyregion/he-gave-away-600-million-and-no-one-knew.html.

51. Emily Sanders Hopkins, "The Transformer: Chuck Feeney '56 champions the pleasure of giving while living," *Ezra Cornell's Quarterly Magazine*, Fall 2014, https://ezramagazine.cornell.edu/FALL14/cover.html.
52. "Bloomberg Billionaires Index," Bloomberg, May 2, 2019, https://www.bloomberg.com/billionaires/profiles/jon-l-stryker/.
53. Xaxa (Shasha), "I started Econet with only $75 says Strive Masiyiwa, urges graduates to create jobs instead of looking for them," *Pindula News*, April 6, 2017, https://news.pindula.co.zw/2017/04/06/started-econet-75-says-strive-masiyiwa-urges-graduates-create-jobs-instead-looking/.
54. Mfonobong Nsehe, "Zimbabwe Gets Its First Billionaire," *Forbes*, January 10, 2018, https://www.forbes.com/sites/mfonobongnsehe/2018/01/10/zimbabwe-gets-its-first-billionaire/.
55. "How We Work," Higherlife Foundation, https://www.higherlifefoundation.com/how-we-work/.
56. Higherlife Foundation, "How We Work."
57. Martin Luther King, Jr., *Strength to Love* (Philadelphia, PA: Fortress, 2010).
58. Pascal Robert, "Ella Baker and the Limits of Charismatic Masculinity," *Huffington Post*, December 6, 2017, https://www.huffingtonpost.com/pascal-robert/ella-baker-and-the-limits_b_2718608.html.
59. Robert, "Ella Baker and the Limits of Charismatic Masculinity."
60. Robert, "Ella Baker and the Limits of Charismatic Masculinity."
61. Robert, "Ella Baker and the Limits of Charismatic Masculinity."
62. Ted Conover, "'Just Mercy,' by Bryan Stevenson," *New York Times*, October 17, 2014, https://www.nytimes.com/2014/10/19/books/review/just-mercy-by-bryan-stevenson.html.
63. Terry Pristin, "Harlem's Pathmark Anchors a Commercial Revival on 125th Street," *New York Times*, November 13, 1999, https://www.nytimes.com/1999/11/13/nyregion/harlem-s-pathmark-anchors-a-commercial-revival-on-125th-street.html.
64. Kevin Conley, "Bryan Stevenson Is Working to Transform How Society's Most Vulnerable Access Legal Aid," *Town & Country*, May

2, 2016, https://www.townandcountrymag.com/society/politics/a5602/bryan-stevenson-equal-justice-initiative/.
65. Conley, "Bryan Stevenson Is Working to Transform How Society's Most Vulnerable Access Legal Aid."
66. Conley, "Bryan Stevenson Is Working to Transform How Society's Most Vulnerable Access Legal Aid."
67. "The National Memorial for Peace and Justice," Equal Justice Initiative, https://eji.org/national-lynching-memorial.
68. Equal Justice Initiative, "The National Memorial for Peace and Justice."
69. Henry Ford II, "Letter of Resignation by Henry Ford II."
70. Adam Smith, *An Inquiry into the Nature and Causes of the Wealth of Nations* (1776), http://geolib.com/smith.adam/won1-08.html.
71. "The 1969 Private Foundations Law: Historical Perspective on its Origins and Underpinnings," Caplin & Drysdale Attorneys, January 1, 2000, http://www.capdale.com/the-1969-private-foundation-law-historical-perspective-on-its-origins-and-underpinnings.
72. "Nick Hanauer Wants You To Know Everything You Know About Economics Is Wrong," *Forbes*, January 26, 2018, https://www.forbes.com/sites/robbmandelbaum/2018/01/23/nick-hanauer-wants-you-to-know-everything-you-know-about-economics-is-wrong/#3ffba86564fb.
73. Lynn Thompson, "Seattle City Council approves historic $15 minimum wage," *Seattle Times*, January 25, 2016, https://www.seattletimes.com/seattle-news/seattle-city-council-approves-historic-15-minimum-wage/.
74. "Wage and Hour Division (WHD)," U.S. Department of Labor, https://www.dol.gov/whd/state/tipped.htm, "Seattle Minimum Wage," Working Washington, http://www.workingwa.org/seattle-minimum-wage/.
75. Nick Hanauer, "To My Fellow Plutocrats: You Can Cure Trumpism."
76. Hanauer, "To My Fellow Plutocrats: You Can Cure Trumpism."
77. Rikki Renya and Erin Durkin, "Brownsville is Brooklyn's worst neighborhood for children due to high poverty, lousy access to fresh food and day care," *New York Daily News*, March 26, 2017,

http://www.nydailynews.com/new-york/brooklyn/brownsville-brooklyn-worst-neighborhood-children-article-1.3009978.

78. Renya and Durkin, "Brownsville is Brooklyn's worst neighborhood for children due to high poverty, lousy access to fresh food and day care."
79. Renya and Durkin, "Brownsville is Brooklyn's worst neighborhood for children due to high poverty, lousy access to fresh food and day care."
80. "Home," The Melting Pot Foundation, https://www.melting-potfoundationusa.org/.
81. The Melting Pot Foundation, "Home."
82. Ginia Bellafante, "Brooklyn's Anti-Gentrification Restaurant," *New York Times*, July 27, 2017, https://www.nytimes.com/2017/07/27/nyregion/claus-meyer-brownsville-culinary-center-brooklyn.html.
83. "Home," The Melting Pot Foundation, https://www.meltingpotfoundationusa.org/.
84. "Carly Hare," Council on Foundations, https://www.cof.org/person/carly-hare.
85. "About Common Counsel Foundation," Common Counsel Foundation, https://www.commoncounsel.org/about/.
86. "Now More Than Ever," D5 Coalition, http://www.d5coalition.org/2016/11/diversity-equity-and-inclusion-in-philanthropy-what-now/.
87. Carly Hare, "Now is the time to build a movement for philanthropic equity," *Alliance*, December 5, 2017, https://www.alliancemagazine.org/letter/now-time-build-movement-philanthropic-equity/.
88. According to the Indian Land Tenure Foundation: "the 1887 General Allotment Act (or Dawes Act), [was] legislation that was designed to assimilate American Indian people into white culture and was directly responsible for the loss of ninety million acres of Indian land. The Act required tribally-held land to be divided among individual tribal members and the remaining 'surplus' lands opened to white settlement." Source: "Land Issues," ILTF, https://iltf.org/land-issues/issues/.

89. Langston Hughes, "Motto," All Poetry, https://allpoetry.com/poem/8495523-Motto-by-Langston-Hughes.
90. "What is college for," Bard Prison Institute, https://bpi.bard.edu/.
91. William Easterly, *The Tyranny of Experts: Economists, Dictators, and the Forgotten Rights of the Poor* (New York: Basic Books, 2015).
92. Melinda Gates, "From condoms to toilets, why good design is essential for improving global health," *Vox*, May 20, 2015, https://www.vox.com/2015/5/20/8602499/melinda-gates-user-centered-design.
93. Linette Lopez, "The Tisch Dynasty: How Two Boys from Brooklyn Became the Biggest Name in New York," *Business Insider*, May 9, 2012, https://www.businessinsider.com/meet-the-tischs-2012-5.
94. "Our Mission," Who We Are, Laurie M. Tisch Illumination Fund, https://thelmtif.org/who-we-are/our-mission/.
95. "Interview of Ai-jen Poo," Democracy Collaborative, May 2014, https://democracycollaborative.org/content/ai-jen-poo.
96. "About the National Domestic Workers Alliance," National Domestic Workers Alliance, https://www.domesticworkers.org/about-us.
97. Randall K.Q. Akee, William E. Copeland, Gordon Keeler, Adrian Angold, and Elizabeth J. Costello, "Parents' Incomes and Children's Outcomes: A Quasi-Experiment," US National Library of Medicine National Institutes of Health, https://www.ncbi.nlm.nih.gov/pmc/articles/PMC2891175/.
98. "Visit to Buchenwald," Elie Wiesel Foundation for Humanity, September 25, 2017, http://eliewieselfoundation.org/news/visit-to-buchenwald/.
99. Sari Rosenberg, "October 13, 1970: Angela Davis Was Arrested, Setting off the 'Free Angela Davis' Campaign," *Lifetime*, October 13, 2017, https://www.mylifetime.com/she-did-that/october-13-1970-angela-davis-was-arrested-setting-off-the-free-angela-davis-campaign.
100. "Aretha Says She'll Go Angela's Bond if Permitted," *Jet Magazine*, December 3, 1970, https://books.google.com/books?id=njcDAAAAMBAJ&pg=PA54&lpg=PA54#v=onepage&q&f=false.

101. Lavanya Ramanathan, "Angela Davis is beloved, detested, misunderstood. What can a lifelong radical teach the resistance generation?" *Washington Post*, February 26, 2019, https://www.washingtonpost.com/lifestyle/style/legendary-activist-angela-davis-has-overcome-doubters-her-whole-life—and-at-75-shes-still-not-backing-down/2019/02/26/87ffd4c0-3392-11e9-af5b-b51b7ff322e9_story.html?utm_term=.945e7f647f7e.
102. Ramanathan, "Angela Davis is beloved, detested, misunderstood. What can a lifelong radical teach the resistance generation?"
103. "Aretha Says She'll Go Angela's Bond if Permitted."
104. "Aretha Says She'll Go Angela's Bond if Permitted."
105. "Fanny Lou Hamer. 'We're On Our Way.' Speech Before a Mass Meeting Held at the Negro Baptist School in Indianola, Mississippi (September 1964)," Voices of Democracy, http://voicesofdemocracy.umd.edu/hamer-were-on-our-way-speech-text/.
106. "The Inauguration; Maya Angelou: 'On the Pulse of Morning,'" *New York Times*, January 21, 1993, https://www.nytimes.com/1993/01/21/us/the-inauguration-maya-angelou-on-the-pulse-of-morning.html.
107. Andrew Ross Sorkin, "Apple's Tim Cook Barnstorms for 'Moral Responsibility,'" *New York Times*, August 28, 2017, https://www.nytimes.com/2017/08/28/business/dealbook/tim-cook-apple-moral-responsibility.html.
108. "Transcript: Gov. Nikki Haley of South Carolina on Removing the Confederate Flag," *New York Times*, June 22, 2015, https://www.nytimes.com/interactive/2015/06/22/us/Transcript-Gov-Nikki-R-Haley-of-South-Carolina-Addresses-Removing-the-Confederate-Battle-Flag.html?mcubz=0.
109. "Mitch Landrieu's Speech on the Removal of Confederate Monuments in New Orleans," *New York Times*, May 23, 2017, https://www.nytimes.com/2017/05/23/opinion/mitch-landrieus-speech-transcript.html?mcubz=0.
110. Colin Campbell and Luke Broadwater, "Citing 'safety and security,' Pugh has Baltimore Confederate monuments taken down,"

Baltimore Sun, August 16, 2017, http://www.baltimoresun.com/news/maryland/baltimore-city/bs-md-ci-monuments-removed-20170816-story.html.

111. Amy B. Wang, "University of Texas takes down four Confederate statues overnight," *Washington Post*, August 21, 2017, https://www.washingtonpost.com/news/grade-point/wp/2017/08/21/university-of-texas-takes-down-four-confederate-statuesovernight/?utm_term=.862325dd98ab.

112. John Simons, "Where Are All the Black CEOs?" *Wall Street Journal*, May 21, 2018, https://www.wsj.com/articles/where-are-all-the-black-ceo-1526868360.

113. "Our History," Merck, https://www.merck.com/about/our-history/home.html.

114. Linda Villarosa, "Why America's Black Mothers and Babies Are in a Life-or-Death Crisis," *New York Times*, April 11, 2018, https://www.nytimes.com/2018/04/11/magazine/black-mothers-babies-death-maternal-mortality.html, "Pregnancy Associated Mortality," New York City Department of Health and Mental Hygiene Bureau of Maternal, Infant and Reproductive Health, https://www1.nyc.gov/assets/doh/downloads/pdf/ms/pregnancy-associated-mortality-report.pdf.

115. Desmond Tutu, *No Future Without Forgiveness* (New York: Doubleday, 1999), 218.

116. "Meet George W. Merck," Featured Stories, Merck, https://www.merck.com/about/our-people/george-merck.html.

117. Isaiah 58:10 New International Version, Bible Gateway, https://www.biblegateway.com/passage/?search=Isaiah+58%3A10&version=NIV.

118. Rev. Dr. William J. Barber, II, "We Need a Moral Breakthrough: Re. Dr. William J. Barber, II's Remarks to the URJ Biennial 2017," Union for Reformed Judaism, December 6, 2017, https://urj.org/blog/2017/12/06/we-need-moral-breakthrough-rev-dr-william-j-barber-iis-remarks-urj-biennial-2017.

119. Fox News (@FoxNews), Twitter post, August 8, 2017, https://twitter.com/FoxNews/status/894856213426356224.

120. Fox News, "Would you do that in front of the graves of the fallen," Facebook, https://www.facebook.com/watch/?v=10154567220981336.
121. Dinesh D'Souza, "Dinesh D'Souza: Colin Kaepernick's big lie," Fox News, September 25, 2017, http://www.foxnews.com/opinion/2017/09/25/dinesh-dsouza-colin-kaepernicks-big-lie.html.
122. Joe Walsh, "Colin Kaepernick is an un-American jackass," Facebook, October 14, 2016, https://www.facebook.com/joewalsh/posts/@%5b145821335472117:274:colin-kaepernick%5d-is-an-un/948361541935875/.
123. Rebecca Beatrice Brooks, "The Boston Tea Party," History of Massachusetts Blog, September 27, 2011, http://historyofmassachusetts.org/the-boston-tea-party/.
124. "Women of Protest: Photographs from the Records of the National Woman's Party," Library of Congress, https://www.loc.gov/teachers/classroommaterials/connections/women-protest/history3.html.
125. Fred Fay and Fred Pelka, "Justin Dart Obituary," *Ability Magazine*, June 22, 2002, https://abilitymagazine.com/JustinDart_remembered.html.
126. Fay and Pelka, "Justin Dart Obituary."
127. "October 2016 Donations," Kaepernick 7, Official Website, https://kaepernick7.com/blogs/million-dollar-pledge/k7-october-2016-donations.
128. Kaepernick 7, "October 2016 Donations."
129. Jane Coaston, "Nike Reignited the Kaepernick controversy in naming him the face of 'Just Do It,'" *Vox*, September 4, 2018, https://www.vox.com/2018/9/4/17818162/nike-kaepernick-controversy-face-of-just-do-it.
130. Andrew Carnegie, "The Gospel of Wealth."
131. Carnegie, "The Gospel of Wealth."
132. Laura Arrillaga-Andreessen, *Giving 2.0* (Plano, TX: Jossey-Bass, 2012), https://books.google.com/books?id=8WwpKWioEtoC&pg=PT11&dq=%22anyone+who+gives+anything%22&hl=en&sa=X&ve

d=0ahUKEwimzsaEypfdAhVmdt8KHerSBgIQuwUILDAA#v=onepage&q=%22anyone%20who%20gives%20anything%22&f=false.
133. Michael F. Leonen, "Etiquette for Activists," *Yes Magazine*, May 20, 2004, https://www.yesmagazine.org/issues/a-conspiracy-of-hope/etiquette-for-activists.
134. MZ Many Names, "Attributing Words," Unnecessary Evils Blog, November 3, 2008, http://unnecessaryevils.blogspot.com/2008/11/attributing-words.html.
135. Ari Berman, "North Carolina's Moral Mondays," *The Nation*, July 17, 2013, https://www.thenation.com/article/north-carolinas-moral-mondays/.
136. Paul Blest, "Over 80,000 People Joined the Biggest-Ever Moral March in North Carolina," *The Nation*, February 13, 2017, https://www.thenation.com/article/over-80000-people-joined-the-biggest-ever-moral-march-in-north-carolina/, Cleve R. Wootson Jr., "Rev. William Barber builds a moral movement," *Washington Post*, June 29, 2017, https://www.washingtonpost.com/news/acts-of-faith/wp/2017/06/29/woe-unto-those-who-legislate-evil-rev-william-barber-builds-a-moral-movement/?utm_term=.76ca9b1f9dd2.
137. Cathy Lynn Grossman, "'Moral Monday' expands to a week of social justice action across U.S.," *Washington Post*, August 19, 2014, https://www.washingtonpost.com/national/religion/moral-monday-expands-to-a-week-of-social-justice-action-across-us/2014/08/19/27aec5d4-27e1-11e4-8b10-7db129976abb_story.html?utm_term=.ae8a390f621e, http://www.santafenewmexican.com/news/legislature/legislative-roundup-jan/article_c8be9dfb-e86c-5f0f-9294-401c82ac6ce6.html.
138. "Home," Poor People's Campaign, https://www.poorpeoplescampaign.org.
139. Tara Isabella Burton, "Poor People's Campaign rally revives Martin Luther King Jr.'s mission," *Vox*, https://www.vox.com/2018/6/22/17494070/poor-peoples-campaign-rally-revives-martin-luther-king-william-barber.
140. Sarah Ruiz-Grossman, "Sens. Warren, Sanders Hear Directly

from America's Poor at U.S. Capitol," *Huffington Post*, June 12, 2018, https://www.huffingtonpost.com/entry/warren-sanders-cummings-poor-peoples-campaign_us_5b2048ece4b09d7a3d782673.
141. Ari Berman, "On the 50th Anniversary of the March on Washington, a New Civil Rights Movement Emerges," *The Nation*, August 24, 2013, https://www.thenation.com/article/50th-anniversary-march-washington-new-civil-rights-movement-emerges/, "Interview with Harry Belafonte," Interview, Eyes on the Prize Interviews, Washington University in St. Louis, May 15, 1989, http://digital.wustl.edu/e/eii/eiiweb/bel5427.0417.013harrybelafonte.html.
142. Joan Walsh, "The radical MLK we need today," *Salon*, January 20, 2014, https://www.salon.com/2014/01/20/the_radical_mlk_we_need_today/.
143. Jason L. Riley, "An Unsung Hero of Black Education," *Wall Street Journal*, December 22, 2015, https://www.wsj.com/articles/an-unsung-hero-of-black-education-1450829422.
144. Riley, "An Unsung Hero of Black Education."
145. Glenn A. Walsh, "The Carnegie Formula and Early Carnegie Libraries," May, 1998, http://andrewcarnegie.tripod.com/carnformula.htm.
146. "Carnegie Libraries: The Future Made Bright," National Park Service U.S. Department of the Interior, https://www.nps.gov/nr/twhp/wwwlps/lessons/50carnegie/50carnegie.htm.
147. Rick Cohen, "The Challenge of Maintaining Andrew Carnegie's Library Legacy," *Nonprofit Quarterly*, July 10, 2013, https://nonprofitquarterly.org/2013/07/10/the-challenge-of-maintaining-andrew-carnegie-s-library-legacy/, Charles Strum, "Belleville Journal; Restoring Heritage and Raising the Future," *New York Times*, March 2, 1992, https://www.nytimes.com/1992/03/02/nyregion/belleville-journal-restoring-heritage-and-raising-hopes-for-future.html?src=pm.
148. Andrew Carnegie, "The Best Fields for Philanthropy," *The North American Review* 149, no. 397 (December 1889), https://www.

jstor.org/stable/25101907?seq=1#metadata_info_tab_contents.
149. Andrew Carnegie, "The Gospel of Wealth."
150. Carnegie, "The Gospel of Wealth."
151. Playboy Magazine, "'A Testament of Hope' by Dr. King," *Hef's Philosophy: Playboy and Revolution from 1965-1975*, accessed September 19, 2018, https://forthearticles.omeka.net/items/show/37.
152. Playboy Magazine, "'A Testament of Hope' by Dr. King."
153. Playboy Magazine, "'A Testament of Hope' by Dr. King."

저자 소개

대런 워커(Darren Walker)

160억 달러 규모의 국제 사회 정의 필란트로피 기관인 포드재단의 회장이다. 그의 리더십 아래, 포드재단은 코로나19 사태가 일어난 이후 비영리단체를 안정시키기 위해 미국 역사상 최초로 10억 달러 규모의 특정 사회 목적 채권을 발행했다.

포드재단에 합류하기 전, 대런은 록펠러재단 부사장을 지냈으며, 1990년대에는 할렘 최대 규모의 지역 사회 개발 기관인 아비시니안 개발공사(Abyssinian Development Corporation)에서 최고운영책임자(COO)를 맡았다.

그는 미국 임팩트투자 연합(US Impact Investing Alliance)과 대통령 직속 필란트로피의 장애포용을 위한 협의회(Presidents' Council on Disability Inclusion in Philanthropy)를 공동 설립했다. 또한 국립미술관, 스미스소니언 아프리카계 미국인 역사문화박물관, 언론인 보호위원회(Committee to Protect Journalists), 블록(Block, Inc.), 랄프 로렌 등 다양한 기관의 이사로 활동 중이다.

모든 교육을 공립학교에서 받은 대런은 헤드 스타트 프로그램의 1기 수료생이며, 텍사스대학교 오스틴캠퍼스에서 인문학사, 이공학사, 법학박사 학위를 취득했다. 그는 〈타임〉의 '세계에서 가장 영향력 있는 100인'과 〈아웃 Out〉 매거진의 '파워 50', 〈월스트리트 저널〉의 '2020년 필란트로피 혁신가'로 선정되었고, 하버드대학교의 W.E.B. 뒤부아 메달(W.E.B Du Bois Medal)과 열여섯 개의 명예박사 학위를 수여받았다. 2022년에는 프랑스 예술문학훈장을 받았고, 영국-미국 관계에 기여한 공로로 엘리자베스 2세 여왕으로부터 대영 제국 훈장을 받았다.

재단 소개

포드재단(Ford Foundation)

불평등을 해소하고 정의에 뿌리를 내린 미래를 건설하고자 노력하는 독립적인 기관이다. 85년 넘게, 이 재단은 민주적 가치를 강화하고, 빈곤과 불의를 줄이며, 국제 협력을 확대하고, 인류의 성취를 증진한다는 사명에 따라, 전 세계 사회 변화 활동의 최전선에서 활동하는 혁신가들을 지원했다.

현재 160억 달러의 기금을 보유하고 있는 포드재단은 현재 뉴욕에 본사를 두고 아프리카, 아시아, 라틴 아메리카, 중동에 10개의 지역 사무소를 운영한다.

※ 포드재단과 이 책에 소개된 여러 인물들의 인터뷰 영상 및 관련 자료에 대한 더 많은 정보를 얻고 싶은 사람들은 포드재단 홈페이지를 방문하길 바란다.
https://www.fordfoundation.org/news-and-stories/big-ideas/the-future-of-philanthropy/

역자 소개

이수현

계명대학교 영어영문학과를 졸업하고 동대학원 영어영문학과 석사학위를 취득하였으며, 한국외국어대학교 통번역대학원에서 수학했다. 현재 번역 에이전시 엔터스코리아에서 출판기획 및 전문 번역가로 활동하고 있다.

주요 역서로는 『데일 카네기 자기관리론』, 『완전히 새로운 지정학 수업』, 『드림 빅』, 『제임스 앨런 운의 법칙(공역)』, 『데일 카네기의 인간관계론』, 『7일 만에 끝내는 스트레스 처방전』, 『데일 카네기의 주도권 수업』, 『하루 24시간 어떻게 살 것인가』, 『나는 천천히 부자가 되기로 했다』, 『금융혁명 2030』, 『핀테크 전쟁: 세계 금융 시장의 거대한 트렌드』, 『미래의 역습, 낯선 세상이 온다』, 『무엇이 당신을 최고로 만드는가』, 『미국 대통령을 위한 NIC 미래 예측 보고서: 글로벌 트렌드, 진보의 역설』, 『트럼프의 진실: 우리가 그동안 보지 못했던 '진짜 트럼프'를 들춰다』, 『글로벌 트렌드 2030: 미국 국가정보위원회(NIC) 미래예측보고서』, 『친절한 리더십: 소통과 신뢰의 힘』, 『착한 고객』, 『흥미로운 사람은 뭐가 다를까』, 『리더는 어떻게 단련되는가: 리더의 일인자 존 어데어의 리더를 키우는 힘』, 『백인 오바마』, 『잭웰치 경영방식』, 『열심히 일해도 가난해지는 데는 이유가 있다』 등 다수가 있다.

From Generosity to Justice: A New Gospel of Wealth by Darren Walker
Copyright © The Ford Foundation
All rights reserved.
"Motto" from THE COLLECTED POEMS OF LANGSTON HUGHES by Langston Hughes,
edited by Arnold Rampersad with David Rossel, Associate Editor,
Copyright © 1994 by the Estate of Langston Hughes.
Korean translation rights © 2025 PYMATE
Korean translation rights are arranged with The Ford Foundation
through AMO Agency, Korea.

이 책의 한국어판 저작권은 AMO 에이전시를 통해 저작권자와
독점 계약한 피와이메이트에 있습니다.
저작권법에 의해 한국 내에서 보호를 받는 저작물이므로
무단 전재와 무단 복제를 금합니다.

사랑의열매 나눔총서 시리즈 12
자선을 넘어 정의로: 새로운 부의 복음

초판발행	2025년 10월 25일
지은이	대런 워커(Darren Walker)
옮긴이	이수현
펴낸이	노 현
편 집	이혜미
표지디자인	이영경
제 작	고철민·김원표
펴낸곳	㈜피와이메이트
	서울특별시 금천구 가산디지털2로 53, 210호(가산동, 한라시그마밸리)
	등록 2014. 2. 12. 제2018-000080호
전 화	02)733-6771
f a x	02)736-4818
e-mail	pys@pybook.co.kr
homepage	www.pybook.co.kr
ISBN	979-11-7279-163-6 03330

* 파본은 구입하신 곳에서 교환해 드립니다. 본서의 무단복제행위를 금합니다.

정 가   16,800원